专利默示许可研究

陈瑜 著

西南政法大学最高人民法院应用法学研究基地

应用法学文库 ｜ 张光君 主编

The Research on
Implied License of Patent

法律出版社
LAW PRESS·CHINA
北京

图书在版编目（CIP）数据

专利默示许可研究 / 陈瑜著. -- 北京 ：法律出版社，2022
（应用法学文库）
ISBN 978-7-5197-5369-6

Ⅰ.①专… Ⅱ.①陈… Ⅲ.①专利权法－研究－中国 Ⅳ.①D923.424

中国版本图书馆 CIP 数据核字(2021)第 031501 号

专利默示许可研究
ZHUANLI MOSHI XUKE YANJIU

陈　瑜　著

策划编辑 陈　妮
责任编辑 陈　妮　王　鸿
装帧设计 李　瞻

出版发行 法律出版社
编辑统筹 法治与经济出版分社
责任校对 王晓萍
责任印制 吕亚莉
经　　销 新华书店

开本 710 毫米×1000 毫米　1/16
印张 16.75　　字数 290 千
版本 2022 年 2 月第 1 版
印次 2022 年 2 月第 1 次印刷
印刷 北京虎彩文化传播有限公司

地址：北京市丰台区莲花池西里 7 号(100073)
网址：www.lawpress.com.cn
投稿邮箱：info@lawpress.com.cn
举报盗版邮箱：jbwq@lawpress.com.cn

销售电话：010-83938349
客服电话：010-83938350
咨询电话：010-63939796

书号：ISBN 978-7-5197-5369-6　　定价：93.00 元

总　序

百余年来，风云激荡，国家开启现代化进程，社会迭经变迁。中国法学与民族命运共浮沉，历经数变。改革开放，法学新生，日累寸进，乃有今日之成。国家顺应时代趋势，高瞻远瞩，倡导“建设社会主义法治国家”。及至今日，中国特色社会主义法律体系宣告建成，蔚为壮观。然当今中国，经济体制变革，社会结构变动，利益格局调整，思想观念变化，转型加剧突显结构矛盾，社会向学界提出挑战。社会转型催生法学转型，法学教育亟须“突围”。中国法学教育以解决中国问题为出发点，亦必以之为归宿。盖因中国有中国之问题，中国法学必须有中国意识，必须有能力把握和解决中国的法治问题。

“法者天下之公器也，变者天下之公理也。”法律是公共资源，立法者立法律为据，条贯社会；守法者以法律为凭，指导行为，充当法律请求权基础；执法者执行法律，让法律行于天下；司法者，秉持正义，衡断纠纷，匡正法度。然法律运行于社会，非有学术之研讨、化育与引导，无法建其功。法学本基于实践亦志于实践，是知识之学、智慧之学，更是实践之学，以依法合乎正义地解决社会纠纷为其要务。王泽鉴先生有言：“有实务而无理论，犹如盲目，有理论而不重实务，则近空谈。”中国并非缺乏法学理论，数十年来，主要法治国家之法学理论被大力引入。中国更不乏法律实务，“为有源头活水来”，三十年改革开放，现代化进程一路高歌猛进，为法学研究所准备之实务资源无限丰富。身处伟大时代，中国当今法治实践为展开法学研究提供了广阔天地,只是"犹在深闺人未识"。而今,从"立法主义"向"应用"转变的社会需求,促动中国法学转型,为中国法学教育锦上添花。挑战与机遇并存,西南政法大学2012年首创"应用法学"学科生逢其时。

"形而上者谓之道,形而下者谓之器。"法学理论界常以追求法学中的"形而上者"自居,带有追求弘法论"道"的自我优越感,鄙视法律实务"低级";法律实务界则谓法学理论界"玄而又玄",所研究者为"擒龙之术",无以应对社会实践。而在法学界内部,理论法学与应用法学的隔膜亦至如此。应用法学研究在法学实务界与法学理论界、教育界遭到了截然不同的命运,实务界如火如荼与理论界、教育界落寞孤寂适成鲜明对照。改革开放以来,大学全面卷入市场经济大潮,斯文扫地,人文精神丧失。与此相应,大学教育之技术导向与职业化蓬勃发展。曾几何时,大学教育之技术导向与职业化成为批评的众矢之的。然天不丧斯文,国学重建及文化软实力战略,助成大学人文精神恢复。唯中国法学教育,实无力承受技术导向与职业化教育指责。若然,中国法学教育以应用为导向当备受诟病。然而,现实所提问题恰恰相反,中国法学教育所培养之法科学生竟然仍需较长时间方能应付法律实务。果如是,则中国法学教育职业化程度还远远不够,无法培养出合格的"法匠"。原因何在?从法学教育角度看,缺乏沟通法学理论与法律实务的"应用法学",乃是一重要原因。

中国当前法学体系中,本有理论法学与应用法学之分。所谓应用法学者,是旨在直接服务法律实际生活、帮助解决法律实际问题之法学分支学科总称,其代表性学科是各种部门法学。在此意义上,应用法学几成一无所不包之庞然大物。盛名之下,其实难副。究其实质,这种"应用法学"还只是停留在部门法学层次。在这个庞大体系中,每一具体部门法学,皆形成各自独立之理论体系。尽管诸部门法学均以解决法律实际问题相标榜,却处于杂乱状态。各部门法学以研究对象和研究方法为主要标准,于应用法学名义下,纵向上各自确定自己之学科地位。而诸部门法学之间壁垒森严,扞格难通,成各自为政之局面,甚至相互挞伐,基于利益诉求争夺学术地盘。传统应用法学内部"纵向分割",各部门法学孤军奋战,有碍通盘考量。"一叶障目,不见泰山。"每一种分类,无疑都是一种遮蔽。遮蔽之后需去蔽。综合运用法学理论，有效衔接法律规范与社会事实，非各部门法学单打独斗所能独力完成。欲去现行法学教育之蔽，加强薄弱环节，当形成真正之“应用法学”学科。

此“应用法学”，旨在会通理论与实践，研究对象上一改传统之“纵向”划分，在横向上贯通各部门法学，精研各法律部门于“应用”过程中所生之共同问题与共同规律。“法之理在法外。”应用法学旨在为“法之理”与“法之外”搭建学科桥梁，实现法学内部各学科之间的交叉融合，提升法律人的法律综合应用能力，意欲为“仰望星空”和“脚踏实地”建立中介，打破以部门法为界的划分方法，从横断面切入各个部门法学，突出法学知识的综合运用，实现关注对象从“立法”到“法律实施”的转变，强化法律应用技术，特别是法律方法论研究。总而言之，应用法学要借助法律方法论，把作为权威系统的法、作为社会系统的法和作为价值系统的法有机协调起来，沟通实务与学说，促进法学进步。而应用法学，实有助于法律职业共同体的养成。法官、检察官、律师、公证员等只是法律人从事不同法律职业分化之结果，但在培养法律职业共同体的过程中，仍有赖于法律思维的训练乃至内化。就此言，应用法学的创立，是法律思维和法学教育理念的一场革命。

独立之精神、自由之思想，是现代大学之精髓。《诗经》有云：“周虽旧邦，其命维新。”思想自由与学术创新，亦是现代大学的社会职责。秉持创新理念，担当社会责任，西南政法大学首创“应用法学”学科，举“应用法学院”〔1〕一个学院之力，倾力打造“应用法学”。“应用法学文库”将以关注法律职业人员等特定主体运用法律的具体行为和实际效果为宗旨，概括、提炼法律职业主体在法律实务中应当遵循的技术、方法、规律和原则，期许为法

〔1〕“西南政法大学应用法学院”现已更名为“西南政法大学人工智能法学院（应用法学院）”。西南政法大学人工智能法学院（应用法学院）以“回应国家战略、坚持错位竞争”为发展理念，以“智慧法治研究前沿、法律实务教育高地”为发展目标，力争将学院打造成培养“通识和专才皆备、知识和技能并举”的应用型、复合型、创新型高素质法治人才的摇篮。学院是智能司法研究重庆市 2011 协同创新中心的牵头单位。学院有“人工智能法学”二级学科，下设“应用法学”方向；设有“人工智能法学”“法律职业伦理与技能”“仲裁学”3 个教研室；建有“西部基层卓越法律人才教育培养基地”和“西南政法大学最高人民法院应用法学研究基地”等教学科研平台。其中，西南政法大学最高人民法院应用法学研究基地始建于 2013 年 7 月，是最高人民法院研究室、中国应用法学研究所与西南政法大学签署的《关于加强应用法学与审判理论教学科研战略合作框架协议》的内容之一。

律的正确应用进而制度完善提供实际指引和理论支持。西南政法大学诚欲和海内外有志之士,共谋应用法学发展大业。

“海纳百川,有容乃大。”“应用法学”乃新生事物,初创时期,尚显幼稚;然所针对问题,实具普遍意义,直指中国当前法学教育软肋。“应用法学”欲深入理论,润养于经典;关注实践,立足于现实;阐幽发微,沟通实务与理论两端;回应时代需求,服务现实社会。“应用法学”之发展壮大,端赖法学理论与法律实务携手共进,践行法律,弘扬法治。涓涓细流,汇成大海。应用法学方兴未艾。唯愿法学理论与实务界,持开放心态,扶持发展,协力共进,共同推进中国法治事业。

唯今日为应用法学尽绵薄,希冀他日成蔚蔚大观。

是为序。

西南政法大学校长　付子堂

二〇一二年六月于重庆渝北宝圣湖畔

序

专利默示许可这一问题,引起学界关注,更多源自对标准必要专利默示许可的探讨。新技术、新业态的出现不断打破既有的知识产权利益格局,也迫使法律作出新一轮调整以重新达成各方利益平衡的状态。理论界、实务界对标准必要专利默示许可存在颇多争执,恰恰说明不同的利益相关方对这一问题的不同立场。为了回应技术、产业和社会发展的需要,多元的价值追求和政策考量被注入知识产权制度中,并通过不同主体之间的角力上升为正式的立法表达。立法中的利益博弈必然通过一定的制度设计表现,专利默示许可的去留之争正是如此。

抛开既有成见和利害得失之考量,专利默示许可作为与明示许可并存的一种客观的意思表示形态,确有值得研究的价值。例如,其在专利制度体系中扮演何种角色、有何功能?其是否应当进入立法,如何进入立法?在司法实践中如何运用?等等这些问题尚待学界对此进行深入研究和论证。本书作者陈瑜博士将专利默示许可作为研究对象,从专利默示许可在民法上的制度基础、判例中的历史演进、学理上的正当性、制度中的定位以及类型划分、立法设计等方面进行了全方位、多角度的论证。全书有破有立,大胆创新,为我们认识专利默示许可提供了全新视角和丰富素材。

本书的一大特点在于,从民法学基本理论出发,用默示意思表示和合同默示条款等制度对专利默示许可的法律性质进行解读,并借鉴其价值考量,从研究方法上在民法学和知识产权法学之间搭建起桥梁,将民法学的价值观和方法论运用于知识产权法学,使“知识产权是民事权利,是私权”这一理论论断具备了更现实的意义。本书开创性地对专利默示许可在美国、英国、德国和我国司法实践中的案例进行梳理,并对通过案例表现出的司法规律和裁判规则进行了总结和提炼。同时指出,就判断过程而言,专利默示许可是基于外观表象的一种法律推定,而正是由于推定所具有的可解释空间,为专利默示许可贯彻诚信原则,发挥维护交易安全、促进交易便捷、维系各方利益平衡之功能进行了有效的铺垫。在专利默示许可的制度定位上,作者提出了独到见解,将其定位于责任规则的新类型;同时,也对一些既有的观点和学说进行了反思,大胆提出了立法设计方案,并给出了解释。在论证过程中,作者展示了较强的学术功底、文字驾驭能力和勇于创新的精神。但是,对于一些观点的论证还有待进一步探究,论点的成立还有待斟酌。此外,由于书中涉及的切入点较多,难免会影响主题的集中和凝练,希望在今后的学术生涯中不断历练、不断提升。

从知识产权制度发展历史进程看,其制度内容并非一成不变,但也非一蹴而就。制度的生命力在于对现实的适应力和包容力,知识产权制度应对不断变化发展的技术和社会生活现实的诀窍在于制度的不断调整以及发掘未被发掘的制度内容之价值。从这个意义上说,这也正是本书带给我们的启示和值得进一步思考之处。

*

2021 年 1 月

* 西南政法大学民商法学院教授、博士研究生导师。

目录

引　言

人类社会的结构和进程是由技术和制度共同形塑的，技术与制度共同推动了社会的进步，二者缺一不可。人本质上是技术性的存在，技术与人类文明进程相伴始终。[1]“技术从来不是孤立存在的；它牵涉到经济需求、权力关系、对劳动的观念及劳动的社会组织等问题。这些问题不单说明了为什么某个发明会出现，而且还解释了它为何被接受，或相反地被排斥抗拒。”[2]上述论断说明，技术及其所衍生的利益与人类的命运息息相关。

作为调整技术资源分配的重要制度，专利法不仅需要考虑同时代不同利益主体之间技术资源分配的均衡问题，还需要考虑代与代之间技术的再创造问题。此外，技术中立的命题并不足以掩盖因技术特性、使用方式的不同导致的利益失衡问题。凡此种种，均需要专利制度作出回应，进行调整。这种回应和调整是渐进的，也是局部的。之所以是渐进的，在于专利制度在应对技术与市场的发难时，需要有一个逐步完善的过程，不可能一蹴而就。之所以是局部的，不在于对专利制度本身存与废的选择。美国经济学者佛

---

〔1〕 参见阿那克萨戈拉关于“人是一种技术性存在”的认识。对工具和技术的掌握使人类获得了区别于动物的本质特征，造就和改变了人类的生产生活方式。史学上“石器时代”“青铜时代”“铁器时代”等以对工具的使用为划分标志的中国文明史进程就是建立在对生产工具技术掌握的基础之上的。重大的技术革命使人类文明发展呈现阶段性特征，从原始文明、农业文明、工业文明逐步演进到信息文明。

〔2〕 何威：《导言》，载［法］布洛克：《年鉴史学论文集》，康乐、洪德先译，台北，远流出版事业股份有限公司 1989 年版，第 5 页。转引自王瑞杰：《从当代学者对布洛克（M. Bloch）史著的评介看布洛克的史学理论——兼论〈欧洲中世纪的“发明”〉》，载《湖南科技学院学报》2009 年第 11 期。

利茨·马赫拉朴指出:“如果我们没有专利制度,在对专利制度经济后果现有了解的基础上,建议建立专利制度将是不负责任的;但是我们既然已经在很长时间内实施了专利制度,在现有了解的基础上建议废除专利制度也是不负责任的。”[1]“作为一种知识财产分配规则,知识产权法律是迄今为止在人的理性能力范围内找到的真正能够在实践中运行的‘最不坏的制度’”。[2] 因此,只能在既有制度框架下,通过诸多子制度的创设、构建、改革和完善,力求实现专利制度整体运行上的和谐与顺畅。

布拉德·谢尔曼和莱昂内尔·本特利两位学者主张:“从历史上看,经济学依据、作者人格权理论以及自然法的论证在现代知识产权法的演进历程中并没有起到多少作用。双边条约的谈判行为、登记制度、调整专利说明书书写方法的规则、职业团体等,各种因素都在知识产权法现代化的过程中扮演了重要角色。”[3]这一主张让我们领悟的是,理论仅仅是事后的阐释者而非历史的推动者。制度变迁的诱因更多地源于历史中的各种因素而非纯粹的思想观念与理论学说。基于此,本书不再将关注的重心放在对知识产权制度正当性形而上的解释方面,而是选择了形而下的制度范畴作为研究对象。在针对专利制度的研究中,围绕专利权授予和专利权保护的研究成果十分丰富,但涉及专利权运用的研究相对较少。而这恰恰是体现专利制度设立目的的重要环节,专利权授予和保护都是为运用服务的。出现此问题的原因可能在于学界普遍认为专利转让、许可、质押等利用方式是由民法、合同法等予以调整,只要遵循上述法律即可,并无特别关注的必要,而事实并非如此。以专利许可为例,其许可方式的设计与专利技术的推广运用紧密相关,这本应属于专利制度关注的内容,但却往往被忽略。因此,本书以专利默示许可作为研究对象,剖析其制度构造,分析其实然,探究其应然,并将其置于专利制度所处的时代背景下,结合经济、技术等因素之考

---

〔1〕 黄海峰:《知识产权的话语与现实——版权、专利与商标史论》,华中科技大学出版社 2011 年版,第 159 页。尽管该论断带有强烈的路径依赖色彩,但作者更愿意将其解读为对调节和分配技术利益之制度的现实需要决定了专利制度存在合理性,无论其是否以财产权的形式出现。

〔2〕 胡波:《共享模式与知识产权的未来发展——兼评“知识产权替代模式说”》,载张玉敏主编:《西南知识产权评论》第 4 辑,知识产权出版社 2014 年版。

〔3〕 朱理:《惊异于历史的力量——读〈现代知识产权法的演进:英国的历程(1760~1911)〉一书》,载《网络法律评论》2010 年第 1 期。

量，厘清其应有的制度属性和功能。

一、理论意义

专利权赋予权利人排除他人使用的独占权，天生具有垄断性，而这与知识信息作为公共物品的属性相悖。正因如此，专利制度自产生以来就争议不断。证明专利权、专利制度的正当性似乎比哪一个法律部门都更重要。在知识产权理论学说史上，存在自然权利理论和功利主义理论两种基本立场。前者以洛克的劳动财产学说为基础，演绎出智力劳动者对其成果拥有自然权利的观念；后者则将专利制度视为纯粹的政策工具。两种理论各有道理也各存局限。制度总是在不断的调整中得到完善的，制度的缺陷也是在自身的不断完善中得以矫正的。专利默示许可作为专利制度中的一项内容，与其他制度设计一样，也在一定程度上纠正了专利权固有垄断性的偏颇。对其进行研究，可以为专利制度正当性解释提供有别于自然权利和功利主义的第三种思路。

尽管知识产权的民法传统是现实存在而非臆想的，但这一传统却招致诸多困境。[1] 知识产权法学研究的一个比较普遍的状态就是游离于民法学研究之外，自说自话。正如张玉敏教授指出的，当前知识产权领域并不缺乏对具体问题的研究，所欠缺的是民法的思维和方法。[2] 因此，当前知识产权学界亟待加强用民法理论和思维来指导知识产权理论和实务。本书的特点之一就在于将专利默示许可置于民法的背景下，从中寻根溯源。一方面，从民法视角解读专利默示许可的法律属性；另一方面，从民法的原理原则中获得理念指导，从民法的制度设计中获得灵感和启示。这也是本书在研究方法上的意义所在。

二、实践意义

本书立足于两个基本的现实背景：一是专利政策导向、立法修改的现实

---

〔1〕 参见康添雄：《论知识产权的民法传统和现代性》，载《知识产权》2010年第5期。

〔2〕 参见张玉敏教授在2016年知识产权法学年会上的主旨发言——《知识产权在民法中的地位》。

背景;二是国内外专利技术创造、运用、保护情况的现实背景。我国继2008年实施国家知识产权战略以来,知识产权的有效运用成为与知识产权创造、保护、管理并重的一项内容,是知识产权战略实施的根本目的。甚至有研究认为,专利制度的重心已经从创造与保护阶段向运用阶段过渡。2015年,《国务院关于新形势下加快知识产权强国建设的若干意见》明确提出要"促进知识产权创造运用",并通过"推动专利许可制度改革""加强知识产权交易平台建设"等具体措施来促进知识产权的实施和运用。专利默示许可是专利许可的一种形式,其既是对传统许可方式的拓展和补充,也是技术传播、扩散与运用的重要渠道。尽管专利默示许可在实践案例中已经得到运用,但由于立法没有明文规定,司法实践对于专利默示许可的运用和探索还处于"摸着石头过河"的状态。《专利法》在第四次修改过程中曾将标准必要专利默示许可纳入第八章"专利的实施和运用"中,但其内容仅有一个条文,同时实务界对此也存有不同意见。[1] 设立专利默示许可的必要性和可行性还有待进一步充分论证,其制度定位需要明确,具体规则需要完善。因此,对专利默示许可进行研究,可以为立法和司法实践提供建议和参考,有助于更好地贯彻落实《国务院关于新形势下加快知识产权强国建设的若干意见》,将专利权转化为现实的财富和生产力,促进专利技术交易、传播和运用。

近年来,尽管我国专利申请和授权数量逐年上升,但专利质量不高的问题仍然存在。"以2014年审结的专利申请为例,发明、实用新型和外观设计分别为43.1万件、92.5万件和53.3万件,发明的数量最少仅占22.8%。据此可知,我国专利面临总量高、含金量低的尴尬局面。"[2]在与国外专利权人的竞争中,我国在重要产业、关键产品和核心技术上的专利拥有情况并不占优势,大量先进技术的主导地位仍然由外国专利把控。因此,如何合理、合法地以最小的成本利用外国先进专利技术,维护国家利益就成为专利政策和制度设计必须考虑的问题。正如国家知识产权局时任条法司司长尹新天所指出,"我国如果不承认相关专利产品零部件销售构成默示许可,就会

---

〔1〕 该条文在2020年修正的《专利法》中被取消,足以说明各方对此争议较大。

〔2〕 张洋:《我国专利当然许可制度的适用性及完善——评〈专利法(修订草案送审稿)〉相关条款》,载《知识产权》2016年第6期。

在处理类似问题时处于不利地位。以 DVD 专利侵权为例,我国企业制造的 DVD 核心部件专用芯片从国外合法途径购买,该芯片除了用于制造 DVD 没有其他现实用途,此种情况下适用默示许可将有利于维护国内企业利益”。〔1〕 随着社会分工的加剧,专利产品零部件购买的情况将会更加普遍;同时,专利默示许可在一定程度上具有弱化专利权排他性的作用,能够防止专利权人滥用专利权设置不合理交易条件,在侵犯专利权诉讼中作为侵权抗辩事由与专利权人进行对抗。因此,根据当前我国与外国专利持有现状,专利默示许可是维护国家利益的有效措施,应当被纳入专利制度设计中以发挥其作用。

三、文献综述

(一)国内研究现状

国内外关于专利默示许可的文献并不十分丰富。就笔者所掌握的资料而言,国内相关研究大致始于 20 世纪末期。国家知识产权局条法司 2001 年编著的《新专利法详解》在解释专利权用尽原则(权利穷竭)时,针对关联专利产品销售等不能援用专利权用尽原则的情况,对默示许可理论进行了介绍。国家知识产权局时任条法司司长尹新天在《专利权的保护》《中国专利法详解》等著作中结合英、德等国家或地区权利穷竭与默示许可理论的起源背景,介绍了默示许可在销售关联专利产品等方面的作用空间,并主张建立专利默示许可有利于维护国家利益。基于对司法实践案例的思考,广西壮族自治区高级人民法院法官韦晓云在《专利的默认许可》一文中,对专利默示许可的法理基础、适用的具体情形和我国建立默示许可的必要性进行了论证;其后广西壮族自治区高级人民法院于 2008 年撰写了《专利默认许可问题研究》专题报告,囿于资料收集渠道,笔者未能获悉该报告内容。在最初的专利默示许可研究中,实务界走在了前面。随着研究的深入,专利默示许可问题逐渐得到了学术界的重视。袁真富教授《专利默示许可制度研究》一文对专利默示许可内涵进行了界定,归纳了 8 种基本的专利默示许可的

〔1〕 尹新天:《中国专利法详解》,知识产权出版社 2011 年版,第 172 页。

发生情形、对国外相关案例进行了介绍,并对其适用条件和具体内容进行分析,较全面地涉及了专利默示许可的相关问题。董美根在《知识产权许可研究》《专利许可合同的构造:判例、规则及中国的展望》等专著中,详细介绍了美国权利穷竭(普通法默示许可)与衡平法默示许可的关系、默示许可在修理重作问题中的运用,并对我国专利默示许可的采纳和适用提供了建议和思路。万琦在《专利产品首次销售侵权抗辩研究——以财产权转移理论为研究进路》一书中,将默示许可和专利权用尽原则作为专利产品销售后的侵权抗辩事由,对二者的制度源流、理论基础和适用限制性条件等问题进行了分析论证。王国柱在博士学位论文《知识产权默示许可制度研究》中,提出意思表示理论、信赖保护理论和利益平衡理论可以为知识产权默示许可制度提供理论支撑并证明其正当性;并对默示许可与权利穷竭的关系,专利默示许可的认定等问题进行了研究,提出了相关立法建议。郭威在《版权默示许可制度研究》一书中,论证了民法上的默示行为理论和合同法中的默示条款理论等基础问题。刘强、金陈力在《机会主义行为与知识产权默示许可研究》一文中指出,机会主义行为理论是知识产权默示许可制度构建的理论基础,可以为知识产权默示许可制度在范围和内容上的拓展提供理论支撑。此外,徐红菊在《专利许可法律问题研究》一书中,介绍了专利默示许可的概念和分类;齐爱民教授在《知识产权法总则》中认为专利许可包含强制许可与默示许可;北京市第一中级人民法院在《侵犯专利权抗辩事由》一书中,将专利默示许可纳入侵犯专利权抗辩事由。李江、王津晶、熊延峰等在《中国专利默示许可实践探究》一文中,对我国司法实践运用专利默示许可的案例进行了梳理。此外,一些教材也对专利默示许可进行了简要介绍,不少硕士学位论文也对其进行了研究。以上总结的关于专利默示许可的研究虽然各有侧重,切入点有所不同,但普遍存在的一个问题就是对默示许可的研究都绕不开权利穷竭原则。其原因就在于,在最早运用默示许可的英、美、德等国,默示许可与权利穷竭要么交织在一起,要么有着密切相关的联系。因此,厘清其关系成为准确定位二者功能的前提。同时,这些研究也为透视专利默示许可提供了多角度、全方位的视角,不仅追溯制度起源、分析具体问题,还将民法意思表示、默示条款、信赖利益保护等基础理论引入研究中,使默示许可研究的理论基础更厚重。

在我国,司法实践运用默示许可的典型情况出现在标准专利侵权案件中,因此,学术界也针对标准专利默示许可问题进行了专门研究。如黄姝在《沉默是“金”?——论标准中的专利默示许可》一文中,对实践中出现的标准专利默示许可案件进行了剖析,并就标准专利默示许可的法哲学基础、适用条件和具体内容等进行了论证。随着标准专利侵权纠纷日益增多,《专利法》在第四次修改过程中曾将标准专利默示许可纳入修改草案,进一步引发了理论界的关注。李文江在《我国专利默示许可制度探析——兼论〈专利法〉修订草案(送审稿)第85条》一文中,认为将标准专利默示许可写入《专利法》,不仅可弥补我国《专利法》缺少专利默示许可的空白,而且有利于妥善处理标准与专利之间的关系,促进专利技术的推广应用。[1] 但就该条款的引入,各界也存在争议,如宋柳平先生认为该条款将会使中国企业在涉及标准的国际竞争中处于不利地位。[2] 焦彦法官认为,该条款的引入不宜操之过急。[3] 张伟君教授认为,将不披露专利信息的行为一律视为默示许可,实际上相当于规定了一个专利法定许可制度,违背了《与贸易有关的知识产权协定》(Agreement on Trade-Related Aspects of Intellectual Property Rights,以下简称《TRIPs 协定》)规定的专利非授权许可必须“一事一议”的要求。[4] 各家观点纷呈,见仁见智,更全面、客观地揭示了标准专利默示许可中涉及的各种问题,也将相关研究不断引向深入。

(二)国外研究现状

国外关于专利默示许可的研究主要集中于美国,但美国理论界对专利默示许可的研究远远落后于司法实践。直至20世纪末,才始见相关著述和论文。尽管起步较晚,但这些研究以案例为基础,紧扣司法实践,而且并非

---

[1] 参见李文江:《我国专利默示许可制度探析——兼论〈专利法〉修订草案(送审稿)第85条》,载《知识产权》2015年第12期。

[2] 参见宋柳平:《专利法修改草案82条——不要缴了中国企业的枪》,载《中国知识产权(网络版)》2015年11月25日,http://www.chinaipmagazine.com/news-show.asp? id=18483。

[3] 参见焦彦:《对〈专利法修订草案(送审稿)〉的几点意见》,载《中国专利与商标》2016年第2期。

[4] 参见张伟君:《默示许可抑或法定许可——论〈专利法〉修订草案有关标准必要专利披露制度的完善》,载《同济大学学报(社会科学版)》2016年第3期。

众口一词、千篇一律,而是从不同侧面、不同切入点对专利默示许可进行剖析,全方位、多角度地将专利默示许可涉及的相关问题呈现出来。美国针对这一问题的研究首推夏威夷大学威廉·理查森法学院德雷特勒(Jay Dartler, Jr.)教授在《知识产权许可》一书中对专利默示许可的介绍。该书将专利默示许可作为非自愿许可的一种类型,以美国判例为线索,列举了默示许可主要的表现形式,并对传统衡平法中的懈怠、禁止反悔等原则与默示许可进行了比较。该书也论及了修理重作、间接侵权与默示许可的关联问题,但还不够深入。斯沃普(Michael J. Swope)将司法实践中的默示许可分为三种类型,并通过案例揭示了美国专利法上默示许可与间接侵权的冲突和矛盾。[1] 钱伯斯(Scott A. Chambers)将权利穷竭视作法定默示许可,并认为在生物技术产品销售领域,根据缔约环境和当事人意图推知的事实上的默示许可将会大有作为。[2] 卢克(Gregory M. Luck)追溯了默示许可的案例起源、默示许可产生的原因、默示许可适用时的举证责任及范围等。[3] 斯佩里(Christina M. Sperry)主张应采取默示许可来处理修理重作问题,且其关注焦点在于专利权人设置的销售条件对于默示许可认定的影响。[4] 詹妮丝(Mark D. Janis)也探讨了修理重作与默示许可的关联问题,认为修理与重作之间的界限本质上是默示许可范围认定的问题。[5] 哈特·菲尔德(Amber L. Hatfield)则对作为侵犯专利权抗辩事由的权利穷竭、默示许可和指使制造权进行了研究,着重探讨了"加工"案件中的默示许可和指使制造权问题。[6] 休伊(Rachel Clark Hughey)则专门研究了因法律禁反言而产生

---

〔1〕 See Michael J. Swope, *Recent Developments In Patent Law: Implied License—An Emerging Threat to Contributory Infringement Protection*, 68 Temple L. Rev. 281, 1995.

〔2〕 See Scott A. Chambers, *Exhaustion Doctrine in Biotechnology*, 35 IDEA 289, 1995.

〔3〕 See Gregory M. Luck, *The Implied License: An Evolving Defense to Patent Infringement*, 16 IPL Newsl. 3, 1997-1998.

〔4〕 See Christina M. Sperry, *Building a Mystery: Repair, Reconstruction, Implied Licenses and Hewlett-Packard Co. v. Repeat-O-Type Stencil Mfg. Corp.*, 5 B. U. J. Sci. & Tech. L. 193, 1999.

〔5〕 See Mark D. Janis, *A Tale of the Apocryphal Axe: Repair, Reconstruction, and the Implied License in Intellectual Property Law*, 58 Maryland Law Review 423, 1999.

〔6〕 See Amber L. Hatfleld, *Patent Exhaustion, Implied Licenses, and Have-Made Rights: Gold Mines or Mine Fields?*, 2000 Computer L. Rev. & Tech. J. 1, 2000.

的默示许可问题,分析了法律禁反言默示许可的构成和适用条件。[1] 瑞夫纳(Amber Hatfield Rovner)比较了权利穷竭和默示许可各自的异同,并分析了两种理论在修理重作问题中的运用。[2] 勒什莱泰(Daniel M. Lechleiter)继续关注了默示许可与间接侵权之间的关系,对美国联邦巡回法院在Anton/Bauer公司诉PAG有限公司(Anton/Bauer, Inc. *v.* PAG, Ltd.)案中适用默示许可导致的对间接侵权制度的冲击提出了批评。[3] 这些研究成果既回应了专利默示许可适用实践中的各种问题,也丰富了理论研究的内容。同时,美、英等国司法实务中法官对相关案例中专利默示许可认定的说理和论证,也是研究专利默示许可的第一手材料。

四、研究方法

(一)案例分析法

案例是研究法律制度必不可少的素材。在自成一统的英美法系,判例法是与成文法并重的法律渊源。即使在成文法传统的大陆法系,案例的指导意义和参考价值也不容忽视。案例产生于客观的生活世界,忠实地记录了诉争各方的利益需求、矛盾冲突,以及法官在判案过程中对利益的取舍和对法律的选择。法律制度在案例中得以适用;案例促成法律的生成和演化,暴露法律的缺陷,成为推动法律完善和发展的重要力量。判例既是历史事实的载体,亦是历史事实的组成。"我们的法律之学,绝离不开现实生活中出现的各种事例、判例与案例,也需要法律人对它们的评析、批判、解释、研究。对判例进行研究,既是研究法律的方式,也是学习和教授法律的方式,还是人们观察社会、体认社会法制状况的重要窗口。判例是我们生活的一部分,与抽象的法律理论和坚硬的法律条文相比,判例更为真实、鲜活、生

---

[1] See Rachel Clark Hughey, *Implied Licenses by Legal Estoppel*, 14 Alb. L. J. Sci. & Tech. 53, 2003-2004.

[2] See Amber Hatfield Rovn, *Practical Guide to Application of (or Defense Against) Product-Based Infringement Immunities Under the Doctrines of Patent Exhaustion and Implied License*, 12 Tex. Intell. Prop. L. J. 227, 2003-2004.

[3] See Daniel M. Lechleiter, *Dividing the (Statutory) Baby Under Anton/Bauer: Using the Doctrine of Implied License to Circumvent §271 (c) Protection for Components of a Patented Combination*, The John Marshall Law School 3 J. Marshall Rev. Intell. Prop. L. 355, 2004.

动。通过判例学习法律,是其他方式所不能奏效的。"[1]通过判例研究法律,也是必不可少的。

就本书而言,案例更是研究的起点和基础。各国专利成文法并未就专利默示许可进行明确规定,默示许可的理论学说和适用规则都是在案例中发展起来的。通过对不同时期典型案例的分析,可以了解司法对于相关问题的基本态度,洞悉默示许可规则是如何一步步成形并成熟的。同时,还可以挖掘这些案例背后隐含的社会政策背景、经济技术发展状况,比较、分析同一法院或不同法院对于相似问题的立场和区别处理的原因,为更合理、更妥当地设计和运用默示许可规则提供更有说服力的理由。因此,案例分析法是本书采用的一项重要研究方法。

(二)比较研究法

比较是认识事物的一种基本方法,通过比较此事物与他事物之间的区别和联系,揭示共性和相互间差异的存在,从而实现对该事物特性、本质更准确的认识。在法学研究中,比较法是常用的研究方法,以致在法学理论学科中形成了专门的比较法分支。"比较法是指一方面以法律为其对象、另一面以比较为其内容的一种思维活动。"[2]其特指国家间不同法律制度之间的比较。然而,比较研究法却并不限于此,凡有助于认识法律及其运行规律的都可以作为比较的对象。在本书中,就不仅涉及不同国家和地区间相同法律问题的比较,还涉及同一法律秩序之内不同规则之间的比较。具体而言,由于历史渊源、基础理论和考量重点的不同,各国对于专利默示许可的认识并不相同;对其进行比较,不仅可以对该问题的来龙去脉有更清楚的认识,还可以为我国的制度设计提供指导方向和思路。同时,专利默示许可在专利制度内部也并非孤立的存在,其与权利穷竭、强制许可等制度既有区别也有联系;比较这些区别和联系,可以更好地定位其制度性质,发挥制度功效。

(三)文献分析法

文献分析法是学术研究必不可少的研究方法,任何学术研究成果都不

---

〔1〕 刘春田主编:《知识产权判解研究》(2008年第1卷第1期),法律出版社2008年版,"卷首语"第2页。

〔2〕 [德]K.茨威格特、[德]H.克茨:《比较法总论》,潘汉典等译,法律出版社2003年版,第2页。

是凭空捏造的,即使是创新,也是在前人研究基础上的渐进式创新。文献资料是前人思想理论的结晶,是本学科领域研究成果的集中体现,并可借此搭建本学科领域的基本理论框架和知识体系。通过文献研究,可以了解本领域涉及的基本问题,梳理学说、理论发展的基本脉络,发现现有研究的不足,为学术创新做好积淀。文献资料涉及学理性和史实性等不同种类。学理性的文献资料汇聚了前人的思考和智慧,给后来者启示。史实性的文献资料还原历史背景,使研究者能够跨越时空的界限,便于进行史实考证。文献分析法是本书的基本研究方法,前一部分对相关文献进行了综述,涉及的文献资料包括著述、论文、相关法律法规文本以及各国判例资料等,力求展示出本书涉及问题的全貌,探究其细节,助益于认识的深入和实践的运用。

同时,社科法学与法教义学在价值和重要性上不分伯仲,各有其存在意义,为法学理论研究所必需。因此,本书还采取了多学科的研究方法,从哲学、经济学等学科视角解读专利默示许可的正当性,将其置于更广阔的背景中进行审视,为其正当性证成提供更充分的理由。

五、创新之处

(一)观点创新

1. 提出专利默示许可兼顾事实之真与价值之善。专利默示许可是一种与明示许可相对应的专利许可形式,但其内涵和价值绝非仅限于此。正如合同默示条款作为限制当事人绝对意思自由的制度设计反映了社会政策的转向,专利默示许可也可以贯彻立法者的政策意图:不仅要探求当事人的内心真意,而且要通过法律的适当运作赋予其意义。正是基于此,本书提出专利默示许可兼具事实之真与价值之善。与其他非自愿许可制度不同的是,专利默示许可并非完全罔顾专利权人意愿,其尊重基本的个案事实,并在此基础上进行合理推定;此种推定根据经验法则和逻辑法则,符合常识、常理、常情,遵循诚信原则,经得起时间和社会的检验,与正常心理状态下的当事人的内心真意具有高度吻合性,与事实真相相符具有高度盖然性。因此,专利默示许可追求事实之真。另外,专利默示许可也顾及价值之善。民法上默示意思表示解释原则在处理意思与表示不一致时无论是采取意思说还是表示说都难以兼顾表意人与相对人利益，专利默示许可也是如此。因此，必须折中处理，顾及相对人信赖、交易习惯、诚信原则等，在一定情况下，甚至舍内心真意而取价值所赋予的意义。

2. 提出专利默示许可是责任规则的新类型。专利权是一种带有垄断性的排他性权利，决定了在许可协议缔结过程中，专利权人可能违背诚信原则滥用权利，设置不合理的交易条件，使双方处于并不平等的交易地位。而一旦根据事实外观和诚信原则认定默示许可存在，就会大大削弱专利权人的要价能力，使专利权人无法通过侵权要挟而攫取不合理、不正当利益，从而纠正双方失衡的利益状态。专利权要价能力削弱的根本原因在于专利权人无法主张侵权，其实质是将绝对的排他权转化成了报酬请求权。此外，专利默示许可在分类上的立法与司法二分类型也与责任规则类型相一致。因此，其在价值功能、制度构造上均符合责任规则的本质和内涵。

3. 提出修理问题不应适用默示许可。修理权并非源于专利权人的授权，而是根源于专利产品的物权。修理并不需要获得专利权人许可，而只有落入专利权范围的重作才会涉及专利权人许可问题。

（二）内容创新

1. 认为专利默示许可在价值选择、制度构造上可以借鉴大陆法系的外观主义原则及相关制度。顾名思义，外观主义重在对既成事实外观的承认和尊重，哪怕当事人内心意愿与此有违。出于对交易安全的维护和对信赖利益的保护，外观主义赋予该事实外观以法律效力。专利默示许可，一方面，要保护相对人信赖，维护利益平衡；另一方面，还应基于促进技术流转、传播的考虑，使专利技术造福于人类，为更多的人所使用。因此，在适当的事实前提下认定默示许可有助于达到这一目的。

2. 认为专利默示许可本质上是一种法律推定，其符合司法过程中查明案件事实的规律。专利默示许可的认定过程是以经验法则为大前提、案件事实为小前提下的形式逻辑的推导过程，以此证明其具备程序正当性。

3. 认为专利默示许可的适用范围是不断扩张的，与其他制度相比具有适用范围更广、适用条件更灵活等优势，并在当前新兴技术和新兴创新模式下有一定的应用前景和空间。

第一章　专利默示许可在民法中的制度基础

对知识产权权利客体特殊性的强调导致了知识产权法对民法的疏离。“尽管知识产权与物权等传统财产权在权利发生的前提、权利内容、独占性程度等方面存在明显的差异，但是在财产性、私权性、权利位阶等本质特征上，又是相同的。”[1]特殊性的存在不应成为抹杀共性的理由。知识产权是私权已成为共识，私权对市民社会利益关系的界定调整有共同的规律可循。知识产权法不应游离于民法之外，而应植根于民法土壤中，从博大精深的民法理论制度中获取养料。研究专利默示许可在民法中的制度基础，可以在价值选择和制度构建上为专利默示许可的制度设计提供诸多参考和启示。

第一节　英美法系的合同法制度

合同默示条款的产生、发展折射出其背后社会历史背景的变迁和社会政策的转向。其不仅释明和补充当事人意思，还借由默示条款之名实现约束合同自由之实，成为贯彻立法、政策意图的制度工具。禁反言则是最能体现衡平法精神的一项原则，其由法官根据良心判断实现对诚信和公平价值的追求。诺言必须信守是禁反言原则的核心理念，无论此种承诺是以直接的书面、言辞抑或是其他暗示性的方式作出的。

---

〔1〕 刘春田：《知识产权作为第一财产权利是民法学上的一个发现》，载李雨峰主编：《西南知识产权评论》第6辑，知识产权出版社2016年版，第93页。

一、合同默示条款

(一)合同默示条款的源起

1.契约自由主义的确立

中世纪之后的欧洲,经历了文艺复兴与宗教改革的洗礼,逐渐摆脱了蒙昧与禁锢,将人从种种束缚中解放出来。个人独立于客观世界的主体地位得到认可,掌控客观世界的能力得到承认,人的正常欲求被予以尊重。正如韦伯洞见,整个西方世界从宗教社会向世俗社会的转型过程是一个逐渐祛魅的过程,也是人的理性逐渐回归的过程。"世界的理性化,以及对法术等神秘主义等作为灵魂救赎方法的摒弃方面,天主教信徒从来没有像清教信徒(以及它们之前的犹太教徒)那样做得干脆彻底。"[1]当神的光环渐渐褪去,人的理性取代神的理性成为西方资本主义社会兴起与发展的重要促成因素。与此相呼应的是,唯意志论成为占主导地位的哲学思潮。在其影响下,人被作为目的而非手段对待,人的理性与自由意志被空前放大。人文、宗教、思想领域的变革汇聚成一股合力,使人的主体地位在政治、经济、法律领域得以充分体现。其中,又以《法国民法典》关于私法自治与契约自由的规定最典型。

"依法成立的契约,在缔约的当事人之间有相当于法律的效力。"[2]对当事人自由意志的强调使私法自治作为近代民法三原则之一而得以确立,唯意志论的哲学思想也使契约自由成为19世纪契约法的基本原则。这一原则也深刻地影响了英美法系。英美法系的法官同样深受自由主义哲学的影响,并在此基础上发展出英美法系的古典契约理论。"直到19世纪,亚当·斯密的自由放任经济学和亨利·梅因的'从身份到契约'的法史观奇妙地结合起来,并与欧洲大陆的潘德克吞法学一起营造出了普通法上的自由主义契约论。"[3]在这一理论范式下,合同被认为是纯粹的当事人意志的产物,自由主义的契约理想意味着当事人有足够的理性营造自己的日常生

---

〔1〕[德]马克斯·韦伯:《新教伦理与资本主义精神》,李修建、张云江译,九州出版社2007年版,第149页。

〔2〕《法国民法典》第1134条。

〔3〕傅静坤:《二十世纪契约法》,法律出版社1997年版,第8页。

活,法律、法官应尽可能少去干涉其根据自由意志所达成的契约。合同法建立在“合同自由”与“合同神圣”的信仰之上,“法官不得为当事人订立合同”的司法信条被严格遵循。在这样一种强大的信念下,作为法官推断与解释当事人意图的合同默示条款几乎没有存在的空间。

2. 契约自由主义的衰落与合同默示条款的兴起

阿狄亚认为,1870~1980年这一时期是契约自由原则逐渐衰落的阶段。[1] 其主要表现为:格式合同的出现与大量使用、自由选择和合意重要地位的削减,以及作为合同弱势方的消费者的出现。[2] 在此期间,古典契约自由主义遭受了来自现实与理论两个方面的挑战。

古典契约自由主义建立的现实前提是自由交换的市场经济模式与当事人的充分理性。然而,这一前提却因种种新问题的出现而有所动摇。就市场而言,其本身并非完美,而是存有缺陷,市场功能的正常发挥有赖于完全充分的市场竞争。然而,在经济学家看来,这种完全竞争的市场在现实中是不存在的。因此,当事人双方达成交易时可能因为市场的原因而产生较大的交易成本。交易信息不对称导致对市场趋势的误判而引发市场失灵,大量涉及第三方契约的出现打破了契约的相对性,市场经济从宏观上的完全放任自由转向国家干预经济,这种转向在合同法领域则体现为完全的契约自由向有限契约自由的演进。同时,19世纪末至20世纪的社会经济现实也远非如昨,抽象的平等人格被有实力地位悬殊的具体人格所代替,雇员与雇主、消费者与生产者之间的身份差异要求必须通过外部的强制力量来矫正这种实力的悬殊,由此引发了现代民法“从契约到身份”的回归。[3] 就个人而言,因天赋的优劣不同、个人能力的高下不同、资源占有的多寡不同,人与人并不处在同样的起跑线上。私法中的人不再单单是强而智的人,差别境

---

[1] 参见[英]P. S. 阿狄亚:《合同法导论》,赵旭东、何帅领、邓晓霞译,法律出版社2002年版,第7~34页。

[2] 同上书,第15页。

[3] 自亚伦在为《古代法》一书所作的序言中提出是否存在“从契约到身份”的相反运动发生以来,该问题引发了民法学界广泛深入的讨论。学者认为这一命题的提出反映了现代民法从关注抽象人格平等到关注具体人格平等转向的重大变化,体现了现代民法对弱者的人文关怀和对因绝对平等、自由导致的利益失衡进行的矫正,是民法本位的现代转型。

遇和有限理性下弱而愚的人更需要法律的眷顾。[1]

在理论上,古典契约自由主义则遭到了新自然法学、法律现实主义和批判法学的质疑。新自然法学继受了自然法学的传统,将道德伦理引入对法律的评判之中。富勒认为,法律具有一种"内在道德",他创造性地提出了信赖利益理论,并在道德性与信赖利益之间建立起了联系。在富勒看来,合同利益包括期待利益、信赖利益与返还利益。契约法不仅要确保当事人的期待利益得以实现,同时,还要维护双方建立起来的信赖关系;即使合同没有成立,各方因信赖而招致的损失也应获得赔偿。此种赔偿责任正是基于法律内在道德的要求而产生的,是对当事人自由意志的突破。"美国的法律现实主义热衷于经验问题,尤其是那些试图洞悉司法决策的社会学和心理学因素的问题。对'运行中的法律'提出一种更具社会学性质的论述。"[2]正是这种社会学的视角和开阔的眼界,法律现实主义将公共政策与商业惯例等引入法律(包括契约法)之中,在维护个人利益的同时兼顾社会利益。批判法学带有强烈的后现代主义色彩,对一切主流的元叙事持怀疑态度,主张多元化、差异化。"批判法学运动从左翼攻击主流的自由主义理论出发,否认由基本的法律原则进行统治的可能性,它主张对所有法律都采取一种直截了当的政治方法。"[3]这些理论学说使建立在整齐划一无差别人格基础上的契约自由主义的主导地位岌岌可危。

现实与理论的困境都指向了当事人绝对的意志自由;契约不再是当事人双方之间的事,它还事关实质正义与公共政策。公平与正义需要在契约中予以实现,弱势群体的利益需要在契约中予以顾及,市场缺陷需要弥补,公共政策需要考量,种种困境都使固守绝对的契约自由原则难以为继。在这样的背景下,合同默示条款解释、补充合同甚至限制当事人滥用合同自由的功能才得以充分发挥。可以说,契约自由原则的衰落意味着合同默示

---

〔1〕 星野英一认为,近代私法中的人背后的是"在理性、意思方面强而智的人像",现代民法中的人在其背后的则是"从理性的、意思表面强而智的人向弱而愚的人"的转变。参见[日]星野英一:《私法中的人》,王闯译,中国法制出版社2004年版,第8~9页、第35页、第50页、第75~81页。

〔2〕 [英]雷蒙德·瓦克斯:《法哲学:事实与价值》,谭宇生译,译林出版社2013年版,第92页。

〔3〕 [美]克里斯托弗·沃尔夫:《司法能动主义——自由的保障还是安全的威胁?》,黄金荣译,中国政法大学出版社2004年版,第9页。

条款的兴起,合同默示条款在尊重当事人意愿的同时,为法官解释当事人意愿,能动地引入各种价值判断因素提供了自由裁量的余地。以致 20 世纪,合同默示条款超越了补充与解释的范围,成为英美法规制合同条款、实行政策权衡、对明示合同条款进行调整和修正的主要手段。

"朴素的社会正义要求,即使合同订立时没有一项明确的条款,当事人利益也应该受到保护。因此法院就要填补这项空白。"〔1〕填补空白的工具正是合同默示条款。其最早可以追溯至加迪纳诉格雷案(Gardiner *v.* Gray)时代。在该案中,被告交付给原告的最终货样与预先出示的货样质量不符,但原告不能拿出一份证明货样质量应当一致的书面保证,于是,其提出这项买卖中有一种默示的保证。法官认为,这其实是不需要保证而理应存在的默示条款。〔2〕以合同默示条款的方式来解释当事人在合同中未予明确指出,但又是为实现当事人意图与合同目的所必须的内容,既在情理之中,又在法理之内。只是在最初,合同默示条款仍然以当事人的意思表示为基准,法院还不能在意思自治的范围外走得太远,只有通过标榜探寻当事人内心真意来达成适用默示条款进行利益调节之目的。

(二)合同默示条款的分类

默示条款可以根据不同的判断标准分为三类:第一类是事实上的默示条款,指的是合同未明确规定但根据当事人的意图应当包含在内的条款;第二类是法律上的默示条款,指的是虽然当事人并无此意但法律规定应当包括的条款;第三类是习惯上的默示条款,指根据习惯和惯例应包括在合同中的条款。〔3〕

1. 事实上的默示条款

从默示条款与意思自治的关系来看,事实上的默示条款无疑是三种类型的默示条款中与当事人意思联系最紧密的一种,也是发展最早的一种。事实上默示条款的功能在于弥补合同当事人意思表示的缺陷,并非为了达

---

〔1〕［英］丹宁:《法律的训诫》,杨百揆、刘庸安、丁健译,法律出版社 2011 年版,第 43 页。

〔2〕同上书,第 44 页。

〔3〕Treitel, *The Law of Contrcat*, 6th ed. London, Stevens & Sons, 1983, p. 158. 转引自傅静坤:《二十世纪契约法》,法律出版社 1997 年版,第 101 页。

成一定的社会政策目标而予以强加，其是法官在个案中根据具体的案件事实，参酌公正、合理的价值取向对当事人内心真意的一种推定。因此，这种推定应尽可能从当事人的本意出发，遵从当事人的真实意愿。

受传统的契约自由的影响，这种推定被限制在必要而非合理的范围内，即运用的标准在于添加此条款是否必要。司法案例确立了认定必要性的相应规则，即“商业效果原则”和“好管闲事的旁观者原则”。前者是从整个合同订立的目的出发来解释默示条款的，如果根据合同的商业效果某项条款是不言而喻的，那么就应当认为双方就此达成了一致；后者则是指一个好管闲事的旁观者也认为合同中不言自明应当包括的内容。无论是“商业效用原则”抑或是“好管闲事的旁观者原则”，都只是一种所指内容丰富的话语表达，是司法先例所凝练并传达出的据以认定默示条款的基本精神和大致方向，而如何在具体案件中进行适用仍然必须取决于法官的综合判断。由于担心法官受制于个人情感、经历等主观偏见，为了防止偏差和稳妥起见，保守的英国上议院将其权力限制在必要的范围内，以此来控制法官的自由裁量，其后又经丹宁勋爵在利物浦案(Liverpool City Council *v.* Irwin)中将其修正为合理性要求。从必要性到合理性本质上反映了对于意思自治的限制程度；但正如阿狄亚所指出，二者的界限往往是不明显的，必要的往往也意味着是合理的。

2. 法律上的默示条款

法律上的默示条款得名于法律的强制性规定。与事实上的默示条款由法官在个案中认定不同，法律上的默示条款具有普遍适用性。这种普遍适用性根源于个案基础上的对于当事人意志的合理可能的规律性把握，又体现了立法精神中所蕴含的社会利益和公共政策考量。因此，当事实上的默示条款被反复适用以致形成相对稳定的规则时，其就成为判例法上的默示条款。尽管是从事实上的默示许可演变而来，且建立在个案中对当事人内心真意的推定基础上，一旦判例法上的默示条款在司法实践不断试错的过程中得以确证并形成规律，其就逐渐从当事人意思自治中超脱出来，获得了对同类案件的普遍适用效力。由此，“判例法上的默示条款通常适用于固定类型的劳动合同、房屋租赁合同中”。[1] 判例法默示条款帮助法官省去了考虑个案中当事人意思的环节，节约了司法资源，使判决结果更具一致性和可预期性。这些优势进一步促成了判例法默示条款向成文法默示条款的转变。

英国《1893 年货物销售法》(The Sale of Goods Act 1893)标志着成文法形式默示条款的诞生。默示条款一旦上升为成文法，并添加进立法者的倾向性价值，就可能与当事人的本意相去甚远，从而主要体现为国家对于合同的干预。因此，法律上的默示条款的本意并非为了追求与当事人的意志达成最大限度的一致，而是通过立法的推定，在合同领域中注入国家意志和公共政策，使之能够修正因过度的合同自由而导致的利益失衡的局面。

3. 习惯上的默示条款

如果当事人并未在合同中进行明确约定，但相关地区或行业存在通行的惯例，那么就可以将其作为默示条款添加进合同中以弥补意思表示的漏洞。适用习惯默示条款的条件包括：一是该惯例必须是相关领域的惯常做法，得到了广泛和一致的认可，且在同类交易中反复适用；二是该惯例必须为交易双方所清楚知道。习惯上的默示条款与事实上的默示条款的相似之处在于，二者在反复适用到一定程度后通常会上升为成文法，转化为成文法上的默示条款。但事实上的默示条款还包含了个案中千差万别的需要进行补充解释的不同情形。在没有习惯性做法的情况下，只能根据当事人的意愿结合事实上默示条款的认定规则来进行推定，该条款仅适用于个案不具有普遍意义。而习惯上的默示条款本身就是公知且广泛适用的惯常做法，具有一般性和普适性。

(三)合同默示条款与明示条款的关系

合同默示条款的产生最初就是为了弥补明示条款所未言明的内容。造成明示条款不完善、不明确的原因主要有：(1)当事人的疏忽大意，遗漏了本应规定进合同的内容；(2)当事人所采用的合同用语模棱两可，不能准确解读其含义；(3)合同成立后，发生了当事人无法预料的意外事件，履约背景发

[1] 杨圣坤：《合同法上的默示条款制度研究》，载《北方法学》2010 年第 2 期。

生了重大变化,原定的合同条款无法适应新情况的需要。凡此种种,都需要对合同条款进行解释,或通过引入默示条款对当事人意思进行补充和完善。

事实上的默示条款是法官在个案中根据案件事实结合理性与常识常情推定作出,其力求最大限度地符合当事人内心真意。同时,引入事实上默示条款的过程也是对合同进行解释的过程。“契约漏洞之补充,实际上常以法律解释的姿态出现。”〔1〕根据体系解释的要求,默示条款的确立应与整体合同保持统一与协调。“盖整体考虑相关的情况而不可断章取义,亦即体系因素与目的因素(缔约目的)的考虑,为准确把握多义性的语言或其他表示行为之比较有效果的方法。”〔2〕因此,事实上默示条款与明示条款出现冲突的概率较小。而法律上的默示条款与习惯上的默示条款由于超出了个案范围具有普遍的适用性,其与当事人的内心真意就更容易出现偏差,更易与明示条款发生紧张关系。一般而言,默示条款不应当超越于明示条款之上,或者与其具有同等的效力。“默示条款不能改变明示条款,如果二者产生冲突,应以明示条款为准。”〔3〕但在特殊情况下,当事人不得通过约定排除默示条款的适用。

1. 明示条款与法律上的默示条款的冲突。法律上的默示条款分为两类:一类是任意性默示条款,如果当事人明确表示排除这些条款的适用,这些条款就不对合同当事人生效,对其没有约束力。〔4〕这类条款主要在于弥补当事人意思表示的不足,而不在于限制当事人意思的自治。因此,如果当事人明确排除适用,则其不产生效力。另一类是强制性默示条款。这类条款加入了立法者的政策性考量,发挥着规制合同订立、履行秩序的功效;其效力在明示条款之上,不容许当事人约定排除适用。

2. 明示条款与习惯上的默示条款的冲突。惯例是在长期的商业实践中反复适用沿袭下来的,为相关人员所广泛知晓的惯常做法,其合理性得到了时间的验证。一般来说,同类合同适用相同的习惯,但也不排除在个案情况

---

〔1〕 黄茂荣:《法学方法与现代民法》,法律出版社 2007 年版,第 278 页。
〔2〕 同上书,第 277 页。
〔3〕 胡林龙:《合同条款初探——一个被遗忘问题的思考》,载《河北法学》2004 年第 3 期。
〔4〕 胡林龙、江辉:《合同默示条款论》,载《江西社会科学》2003 年第 11 期。

下存在更合理、更妥当的处理办法，这只能根据当事人的意志予以判断。因此，习惯上的默示条款一般不得与明示条款冲突，也容许当事人排除其适用。但是，这一规则也存有例外。在美国的一个案件中，法院认为：被告作为不动产代理商未向原告披露该房屋的真实市场价值的行为，违反了一个经济人对委托人负有的诚实地告知其所知信息的信托义务，而不动产代理商在信托合同中负有这一义务是不言自明的，因此，其与原告签订的房屋买卖合同应当解除。当事人排除习惯默示条款的约定必须受制于公正、合理的价值判断，如果排除适用明显违反诚信原则、公序良俗，致使合同目的根本落空，则默示条款的效力应当高于明示条款。

二、禁反言原则

（一）禁反言原则概说

禁反言原则在英美法系中有古老的传统和渊源。尽管存在丰富的规则群和不同的概念类型，但其共通的核心要义在于，禁止曾作出某种表示（无论该表示是明示抑或默示、积极抑或消极）的人在相对人已给予信赖并因此而有所损害的情状下，作出否认表示或不一致的表示。[1] 简言之，其是为了避免表示人的出尔反尔而给相对人造成不必要的损害。该原则是人际交往伦常关系的必然要求，是法律对于人际信任关系的肯定和维护，符合人之常情也符合法之理性。禁反言原则包括普通法禁反言和衡平法禁反言，两者均在美国专利默示许可案例中得到了运用。

（二）实体法上的禁反言

尽管实体法上的禁反言种类繁多，但万变不离其宗，均是为了敦促表意人言行前后一致，保护相对人的合理信赖，维护正常的交易及社会秩序。实体法上的禁反言主要表现为普通法禁反言与衡平法禁反言，而最能反映二者精髓的又莫过于表示禁反言与允诺禁反言。所谓表示禁反言，“即当事人一方居于交易上原来地位已获得利益，后因其故意或过失，以行为、言辞、承认或沉默等方法使他方当事人对其表示产生信赖，并据此从事某种行为

〔1〕 参见娄家杭：《禁反言规则的比较研究》，对外经济贸易大学2002年硕士学位论文，第2页。

时,该当事人即不得再否认其在原来地位与他方当事人因误信所为之行为,否则他方当事人势将蒙受损害”。[1] “表示禁反言又可分为沉默禁反言、默许禁反言等。”[2]普通法上的禁反言与衡平法之允诺禁反言的最大区别就在于前者针对的是既成事实的陈述或既成协议的存在,而允诺禁反言则针对的是当事人将来的意图或将来行为的陈述。其实质差异在于表意人是否获得了建立在契约基础上的对价,丹宁勋爵正是在这个意义上完成了对普通法禁反言的超越。

(三)衡平法上的允诺禁反言

由于普通法上的表示禁反言建立在因表意人获取对价而有效成立的契约基础上,因此,无法规制无对价的对未来行为的承诺,衡平法上的允诺禁反言应运而生。允诺禁反言原则经由之前一系列案件的铺垫,最终由丹宁勋爵得以在伦敦中央财产信托有限公司诉高树房屋有限公司案(Central London Property Trust Ltd. *v*. High Trees House Ltd.,以下简称高树案)[3]中确立。该案中,尽管原告是就未来减少租金进行了允诺,其并不是对既成事实的表述,丹宁勋爵仍然认为对未来行为的陈述适用于禁反言原则,因为如果允诺原告推翻他的许诺,这显然是不公平的。当某人的言行足以使对方相信并采取相应行动时,此人就不应当被允许反悔。

自高树案后,允诺禁反言在英国一直呈现扩张适用的态势,1970 年的潘乔德弗雷尔斯股份有限公司案(Panchaud Fr' eres Sa)[4]即为其中之典型。而丹宁勋爵在该案的又一贡献在于扩展了允诺的表示方式。其在审理本案时,“排除了传统英美法要求违约放弃追究必须明示的规定,将允诺禁反言原则扩张适用到禁反默示行为”。[5] 这一案例再一次贯彻了允诺禁反言的核心要义,与禁反言原则的初衷吻合。正如丹宁勋爵所言“我的允诺即为我的义务”,而无论该种允诺是以言辞、行为、默示抑或沉默等方式作出,只要

[1] 何孝元:《诚实信用原则与衡平法》,台北,三民书局股份有限公司 1986 年版,第 163 页。

[2] 娄家杭:《禁反言规则的比较研究》,对外经济贸易大学 2002 年硕士学位论文,第 4 页。

[3] (1947) KB 130.

[4] (1970) 1Lloyd's Rep. 53.

[5] 参见胡晓红、乔煜:《允诺禁反言原则——价值功能与适用》,载《科学·经济·社会》2004 年第 3 期。

其具有法律上的表意效果，则不允许表示作出人背信弃义地反悔而害及无辜相对人之利益。

(四)允诺禁反言的构成要件

允诺禁反言的构成通常包括如下要素：一是有确定性的允诺存在；二是相对人对该允诺产生了信赖；三是如果允许允诺撤回将会造成不公平的后果。

1. 有确定性的允诺存在。确定性之允诺的存在是适用允诺禁反言的当然前提。由于允诺禁反言突破了传统对价理论的限制，因此，该允诺可以是无对价之允诺。允诺是对将来行为之承诺，与既有事实不同，但二者共同之处在于造成了一种足以误导相对人的表象。在客观上，该允诺的内容应当明确，清楚，具体，使相对人能够准确地知悉该允诺之意思；而不能所指不明，含混不清。在主观上，不要求允诺人有诱导相对人之故意，当事人非必限于以故意诱导他方为一定行为之人，即有相当理由足以预测他方为一定行为者，亦包括在内。[1] 在表述方式上，不要求该允诺必须以明示方式作出，双方在接触中的行为或言辞也可以作出推定之依据，但不作为之沉默需要在法律规定或当事之间有约定之时方可推定作为允诺之表示。

2. 相对人对该允诺产生了信赖。衡平法之洁手原则要求，欲获得衡平法之救济者，必须自身并无过错。因此，对于允诺之信赖必须在诚信善意的主观状态下以客观理性人之标准进行合理认知。如果受诺人明知该允诺存在意思上之瑕疵而仍旧从事相关行为殊难谓善意。允诺不必是引起相对人行为的唯一原因，但必须是重要原因。[2] 如果相对人知悉后随即采取相应行动，则可以表明其对此产生了信赖，允诺人如欲证明信赖不存在则需承担举证责任。存在争议的是，有观点认为相对人只要产生了信赖即可，而有的观点则认为需依此信赖并采取了相应行动。事实上，行动是产生信赖的直接证明，信赖总是需要通过一定的载体表现出来，除非该允诺是在特定条件

---

〔1〕 参见何孝元：《诚实信用原则与衡平法》，台北，三民书局股份有限公司 1986 年版，第 163 页。

〔2〕 参见娄家杭：《禁反言规则的比较研究》，对外经济贸易大学 2002 年硕士学位论文，第 11 页。

下舍此无他的唯一选择,或者基于理性与常识的必然结论。在此情况下,无行动而有信赖,是否构成允诺禁反言还需要结合第三项要件公平之考量进行判断。

3. 允许允诺撤回将会造成不公平的后果。通过允诺撤回是否有违公平进行效果上的综合衡量和判断体现了衡平禁反言之本质。从衡平法的精神看,允诺禁反言原则的目的在于避免不公平结果的发生:如果允诺者背弃其诺言,将会对相对人利益造成不公平的结果。[1] 不公平可以通过相对人所受之损害进行判断但不限于损害。此处还应包括,如果允许允诺人撤回允诺,那么相对人合理的期待利益将会落空,即损害可能源于既有利益的减少,也可能源于期待利益的丧失。衡平法本就诞生于法官基于良心的公正审判。"衡平法官之处理案件,始则纯基于'衡平与良心之原则'。"[2] 因此,是否有违公平,端赖法官之自由裁量。此处强调的损害实际上是相对人地位的改变。损害是判断不公的通常标准但不是绝对和唯一的标准:如果法官在综合案件的交易背景及各种客观情况后,认为撤回允诺的结果对相对人不公,即使受允诺方不能证明有任何损害,禁反言仍可成立。[3]

(五)禁反言与专利默示许可

在美国法上,禁反言是有待初审法院自由裁量的侵犯专利权诉讼案件的衡平法抗辩。联邦巡回上诉法院认为,禁反言抗辩既不限于特定的事实情况,也不受制于简单抑或固定而迅捷的解决规则,尽管法院试图提供一套统一的适用原则,但大多数情况下,仍只是基于诉讼中的事实模式而提供一般性的指导原则。联邦巡回上诉法院要求在适用禁反言抗辩时,应当满足如下三个要件:(1)通常知悉真实情况的行为人以误导性的方式作出了某种表示,该表示要么通过言辞,要么通过行为或沉默;(2)相对方对该表示产生信赖;(3)如果允许行为人事后撤回其在先行为将使相对方受到实质性损害。此外,联邦巡回上诉法院还要求初审法院在自由裁量以决定是否适用

---

〔1〕 参见朱广新:《英国法上的允诺禁反悔》,载《比较法研究》2007 年第 2 期。

〔2〕 何孝元:《诚实信用原则与衡平法》,台北,三民书局股份有限公司 1986 年版,第 17 页。

〔3〕 参见娄家杭:《禁反言规则的比较研究》,对外经济贸易大学 2002 年硕士学位论文,第 12 页。

衡平法禁反言进行抗辩时还必须结合影响双方衡平地位的事实与证据予以考量。[1] 而在英国法上，法院在认定禁反言、默示许可以及懈怠时，并未刻意区分三者的区别，而是适用一套单一的模式。[2]

1. 在美国的适用。美国侵犯专利权案件中，在禁反言的基础上认定专利默示许可有两种情形：一是产生于衡平法禁反言基础上的默示许可；二是产生于普通法禁反言基础上的默示许可。阿克曼公司诉查迪斯公司案（A. C. Aukerman Company *v.* R. L. Chaides Construction Company）[3]、Wang Lab. 诉 Mitsubishi 公司案（Wang Lab. *v.* Mitsubishi Elecs. Am.，以下简称 Wang Lab. 案）[4]、史赛克公司诉齐默公司案（Stryker Corp. *v.* Zimmer Inc.）[5]以及施坦布勒诉戴博案（Stambler *v.* Diebold）[6]均是适用衡平禁反言的典型案例。在阿克曼公司诉查迪斯公司案中，专利权人阿克曼公司在向被告查迪斯发出的信函中控诉其侵犯专利权并申明主张权利之意图，然而，在其发出第一封信的 9 年之内，阿克曼公司因疏忽未能提出诉讼，查迪斯提出了懈怠和禁反言的衡平法抗辩并得到了地区法院的支持。与此类似，在史赛克公司诉齐默公司案中，专利权人在长达 10 年的时间内未向为数众多的已知侵权人主张权利，法院认为懈怠和衡平法上的禁反言原则阻止权利人的侵权主张，专利权人不合理的拖延使侵权人受到了实质性的损害，而且侵权人也对专利权人有意识的误导性沉默建立了信赖，正是此种沉默使侵权人判断专利权人已经放弃主张其权利。衡平法禁反言的认定导致被告获得争议中的专利的默示许可。[7]

而在 AMP 公司诉美国案（AMP, Inc. *v.* United States）[8]中，由于在许

---

[1] See John B. Campbell Jr., *A Decade of Aukerman: An Analysis of Laches and Estoppel in the Federal Circuit*, 43 IDEA 299, 2003.

[2] See Mark Finn, *When the Chips Are Down*, 24 European Intellectual Property Review 286, 2002, End notes 9.

[3] 960 F. 2d 1020(Fed. Cir. 1992).

[4] 103 F. 3d 1571 (Fed. Cir. 1997).

[5] 741 F. Supp 509 (DNJ. 1990).

[6] 11 U. S. P. Q. 2d 1709 (E. D. N. Y. 1988).

[7] See John B. Campbell Jr., *A Decade of Aukerman: An Analysis of Laches and Estoppel in the Federal Circuit*, 43 IDEA 299, 2003, p. 7.

[8] 389 F. 2d 448(CT. CL. 1968).

可协议形成之时许可人并不拥有专利权,法院认为衡平法禁反言并不适用。[1] 基于案件的具体事实,法院认定该案为建立在普通法禁反言基础上的默示许可。1950 年 AMP 公司与美国政府签订了用于连接电线的束缚工具的研发和供应合同。AMP 公司于 1952 年提交该发明的专利申请并于 1955 年获得专利。在 AMP 公司完成与美国政府的合同时,其获悉第三方于 1952 年获得的专利覆盖了自己的专利,于是起诉美国政府侵犯了在先的专利权。法院认为,根据双方协议,美国政府有权实施主题发明,而无论该发明是否拥有专利,并且,原告从中获得了有价值的约因,建立在普通法禁反言基础上的默示许可阻止专利权人背离存在于其他专利权上的协议而就在先存在事后获得的专利主张权利。

2. 在英国的适用。在 1993 年的勒克斯交通控制公司诉派克信号公司案(Lux Traffic Controls Ltd. *v.* Pike Signals Ltd.)[2]中,被告被控侵犯原告的专利权,由于原告积极督促英国运输部将其专利特征纳入运输部的相关说明书,因此被告采用禁反言原则予以抗辩。尽管法院认为原告并未针对被告从事不合理的引诱行为,更遑论鼓励或允许派克公司侵犯其专利权,因此不存在适用禁反言的可能,但该案却就禁反言原则的适用提出了有价值的参考意见:(1)依赖于所确立的标准的性质,如果该标准可供公共免费许可使用,那么相对人产生信赖的可能性更大,法院更倾向于认定禁反言的存在;(2)根据法院关于使用人应当知道专利的存在方能主张禁反言的意见,被控侵权人应当知悉专利权人涉及标准确立过程并知悉相关专利权问题;(3)就原告的诉求而言,如果其仅要求许可使用费而非停止侵权,法院也倾向于认定不构成禁反言。[3]

第二节 大陆法系的民商法制度

默示意思表示是人们含蓄、隐晦、间接地表情达意的一种方式,不仅在

---

〔1〕 See Rachel Clark Hughey, *Implied Licenses by Legal Estoppel*, 14 Alb. L. J. Sci. & Tech. 53, 2003-2004, p. 70.

〔2〕 R. P. C. 107(1993).

〔3〕 See Mark Finn, *When the Chips Are Down*, 24 European Intellectual Property Review 286, 2002, p. 6.

人际交往中常见,也具有正式的法律效力。如何正确理解默示意思表示的含义、妥善地处理相关各方利益是该制度设计的关键。外观主义原则主要涉及在事实外观与内心意思不一致时法律制度的立场选择问题,充分体现了对信赖利益与交易安全的保护。

一、默示意思表示

(一)意思表示概说

“意思表示,是指表意人向他人做出的其意欲使某行为或某陈述产生特定法律后果(或一系列法律后果)的一种表示。”[1]意思表示理论是大陆法系民事法律行为理论的灵魂,是注重理性抽象和提炼的概念法学的产物,其向上体现了自由意志的哲学思想,向下引申出自主行为与自己责任的制度建构,是近代民法“私法自治”范式和整个理论大厦赖以建立的根基。

意思表示由客观要件和主观要件两大部分构成。客观要件是指外部的表示行为;按照德国民法学说的通说,主观要件包括行为意思、表示意识和效果意思。之所以对主观要件进行如此“学究式”的区分,并非纯粹迂腐的文字游戏,人内心世界的思维活动丰富而且复杂,由于种种原因,很有可能出现意志与行为不相符的情况。单就主观要件而言,也有可能出现因对交易要素的误认而产生行为意思与效果意思不符,或者因为表示意识不存在而导致意思表示错误的情形。将意思表示划分为主客观诸多要件,对其内部关系进行厘定,有助于更清晰地对相关事实进行认定,进而根据民法的基本价值理念和原则进行制度设计和利益权衡,妥善地处理各方关系。意思表示理论通过细化主客观要素,为民事法律制度处理意思与表示不一致、内部意思欠缺或相互之间冲突奠定了理性认识的基础。

(二)默示意思表示的分类

默示意思表示是意思表示的一种,指由特定行为间接推知行为人的意思表示。默示意思表示间接,意义待定,需要受意方根据理性与逻辑推知。根据梅迪库斯的划分,默示意思表示可分为三种类型:一是“可推断的意思

---

〔1〕[德]卡尔·拉伦茨:《德国民法通论》(下),王晓晔等译,法律出版社2013年版,第450~451页。

表示”,即“通过可推断的行为表示的意思表示”。这种意思表示不是用话语表达的,而是用能够说明内心欲求的表示符号表达出来的。二是指通过补充解释添加进某项意思表示中的内容。三是指真正的沉默。纯粹的沉默虽然不存在任何表示符号,但在一定背景下可认定其具有意思表示的意义。[1]

在可推断的意思表示中,表意人不用通过语言和文字明确地表达自己的内心意愿,而是通过其他可以识别其意义的符号,如行为、肢体语言等借以达成内心意愿的外在表达。此种表达具有法律效力的合理性在于,其可能是基于当事双方的特殊约定,如双方约定以举手表示同意,抑或是根据长期沿袭的交易惯例,如将硬币投入自动售货机表明其购物意愿。还有一种情形是根据理性之社会人的符合经验常识之逻辑推断而得出的结论,即从行为人合乎逻辑的表述或正当行为中可以推断出他的法律行为意思。“当事人的思维‘符合逻辑’、行为‘正当’,这一点虽然不是一种经验事实,但它是一种法律制度必须作出的假设,因为法律制度是一种为理智的以及有能力领悟规范的生灵之间的共同生活所创制的秩序。”[2]较典型的例子是,房屋租赁合同到期后,出租人继续接受承租人向其交纳的租金,即是一种同意续租的默示意思表示,其后即不得以未经明确同意为由而否认租赁合同继续有效的意思表示。

就补充解释而言,正如其字面含义所指,意在补充。当事人虽然就某项法律行为以话语或文字的方式作出了意思表示,但该意思表示是不完整、有缺陷的。其既可能归因于当事人的有限理性、考虑不周;也可能根源于客观情势的变化,超出了原有预期的范围。因此,必须留待补充解释以填补漏洞。补充解释涉及对表示的补充和对意思的补充:前者通常发生在表示用语含糊、语焉不明或者表示内容尚不足以涵盖所有交易要素的情形,后者通常发生在当事人内心意思无明确外在表示的情形。“补充解释的目的在于回复意思表示的圆满,解释者(法院)应当回到意思表示作出时的特定语境中,设身处地,尽可能置身于当事人在从事法律行为时的角色中去,从当事

---

〔1〕 参见[德]迪特尔·梅迪库斯:《德国民法总论》,邵建东译,法律出版社2013年版,第252页。

〔2〕 [德]卡尔·拉伦茨:《德国民法通论》(下),王晓晔等译,法律出版社2013年版,第487页。

人实际所欲求的角度出发，将当事人的想法一以贯终地思考下去。”〔1〕

“沉默云者，指单纯不作为而言，即当事人既未明示其意思，亦不能籍他项事实，推知其意思。沉默原则上不具意思表示的价值。”〔2〕但在两种特定条件下沉默始具意思表示意义：一是约定沉默；二是规范沉默。在约定沉默情形中，当事人赋予了沉默特定含义，如在定期供货合同中，双方约定如购买方沉默则意味着同意出卖方提出的交易条件，此时沉默便具有了承诺的效力。在规范沉默情形，法律强制性地赋予当事人沉默以意思表示的效果，其在措辞上多采取“视为”的表达方式，在本质上是一种法律的推定，这种推定在一定程度上超越了当事人的意思自治，是法律基于效率、秩序、公平等价值对弱而愚的当事人所给予的关照。在我国《民法典》条文中也有对当事人沉默的推定，如第171条第2款规定在无权代理中被代理人经催告在一个月未作表示的，视为拒绝追认。需要注意的是，规范沉默虽然超越但并不完全抹杀当事人的意思，其是对意思表示的推定，这与法律拟制完全无视当事人意思的强制规定有所不同。

（三）默示意思表示的解释

1. 默示意思表示解释的对象与内容

意思表示解释的基本规则适用于默示意思表示。一般认为，表示行为是意思表示解释的对象。由于表示行为是在具体的时空中作出的，因此，对行为的解释必须推及其成立的过程、成立的背景，方能对表示行为作出恰当公允的解释。从时间顺序的维度，解释表示行为必须虑及该行为是否为一项具有法律意义的意思表示，该意思表示具体内容、构成要素为何，其是否有效成立，是否完整，是否存在欠缺。明示意思表示需要解释的原因源于语言的歧义、理解的多样性，而默示意思表示需要解释则主要是因为其表意行为的间接性。在明示意思表示的情形下，由于表示的方式明确、直接，因此，在解释上主要涉及对表示内容范围的界定和表示内容的补充。而对于默示意思表示，由于其表意的模糊性和间接性，因此，是否构成具有法律意义之意思表示尚存疑虑，其解释的内容必然比明示意思表示更广泛和复杂。从

---

〔1〕［德］迪特尔·梅迪库斯：《德国民法总论》，邵建东译，法律出版社2013年版，第260页。

〔2〕王泽鉴：《民法总则》，中国政法大学出版社2001年版，第339页。

交易背景的维度来看,客观情势的变更、交易基础的丧失、表示的形式要件是否具备等因素都会影响意思表示的解释。但这些情形只是解释的辅助手段,而非解释对象,其存在目的是更完满、更妥帖地对意思表示进行解释。

2. 默示意思表示解释的一般规则

意思表示解释的初衷是通过解释,使不完整、有欠缺的意思表示回复完满、清晰明了。因此,解释的方向应尽量向当事人的原意靠拢,探求其内心真意。然而,对真意的探求必须受到相对人信赖、交易习惯、诚信原则等诸多因素的限制。民法学说将意思表示分为无须受领的意思表示与需要受领的意思表示。无须受领的意思表示表明该意思表示无相对人。在此情况下,无论表意人的意思表示如何,均不会损及无辜之人,此种情形自然应当努力探求真意。在意思表示有相对人的情况下,应当考虑受意人能够在多大程度上正确理解该意思表示,此外相对人也应尽合理必要注意去正确了解表意人的意思,因此解释该意思时应考虑"相对人明知或可得而知的事实,并结合磋商过程、交易目的及利益状态,依交易惯例及诚实信用原则进行综合判断"。[1] 在探求真意时兼顾价值所赋予的意义,哪怕此种被赋予的意义有违当事人真意。从客观地探求真意到主观地赋予意义,这样一种解释目的的跨越在宏观上反映了民法理念从尊重意思自治到保护信赖利益的价值转向,在微观上则反映了从单纯保护表意人利益到综合考量各方利益平衡的对个案公正的追求。

(四)内心意思与默示表示不一致时的处理原则

意思表示要成就法律上之效力,需要内部意思与外部表示的通力合作。在常态下,表意人的欲求即为其内心意思,并通过外部行为将其表达出来,使受领人得以了解,实现内心意思与外部表示的统一。然而,人内心世界的复杂性、心智的完善与成熟程度不一、认知能力的高下不同,可能导致表意人有意或无意地割裂意思与表示之间的联系,使意思与表示不一致。如何应对这种不一致给法律提出了难题。学说上对于意思与表示的关系存在 3 种见解:一是意思说,即强调意思表示的成立以表意人内心的意思为

---

〔1〕 王泽鉴:《民法总则》,中国政法大学出版社 2001 年版,第 409 页。

准，该说重在保护表意人利益；二是表示说，即以外部的表示为准，因表意人内心意思难以查知，故以表示所创制的外部状态推知表意人意思，以保护相对人的信赖及交易安全；三是折中说，即就意思说和表示说进行折中，统筹兼顾各方利益。三种学说各有利弊：以内心意思为准，似乎是一个不可能完成的任务，因为人的心理观念永远不能得到确证。以表示行为为准，又可能会害及意思自治。而折中说则可能割裂原本一致的理论脉络，成为不同观点的拼盘而顾此失彼。[1]

不同的理论学说根源于不同的时代要求和价值诉求，无论是意思说还是表示说，都无法较好兼顾各方当事人利益。因此，折中说相较而言更妥当，但折中说绝非仅仅是观点的拼接，折中体现的是综合权衡的思想，是涵盖各种因素考量后的结果，其在具体的规则设计和制度建构上也得到了运用。[2] 当事人之所以对合同条款的理解不一致，是因为表意人内心所欲求的意思与受领人就其表示所理解的意思发生了矛盾，此时无论适用意思说抑或表示说，均有失偏颇；因此，合同法综合了合同文义、体系、目的等诸多因素，并结合交易习惯与诚信原则之考量，不偏不倚兼顾各方立场，充分体现了折中思想。此外，各国立法就意思与表示不一致导致的错误允许表意人予以撤销，但同时也控制撤销在表示错误中的适用。[3] 一方面，对表意人的意思自治予以充分尊重；另一方面，也注重保护受领人的信赖利益，不致使利益的天平失衡。

二、外观主义原则

（一）外观主义的概念、起源、性质与存在语境

有学者指出，传统民法学“私法自治”的一元范式已经向着现代民法学

---

〔1〕 参见朱庆育：《意思表示解释理论——精神科学视域中的私法推理理论》，中国政法大学出版社2004年版，第267页。转引自黄佳：《默示意思表示解释理论研究》，吉林大学2012年博士学位论文，第50页。

〔2〕 例如，根据我国《民法典》第142条、第466条的规定，当事人对合同条款的理解有争议的，应当按照所使用的词句，结合相关条款、行为的性质和目的、习惯以及诚信原则，确定意思表示的含义。

〔3〕 参见童蕾：《合同法中的错误制度研究——由“意思自治”向“交易安全”复归趋势之探讨》，复旦大学2013年博士学位论文，第181页。

"私法自治"与"信赖保护"并存的二元范式转化。[1] 在新的二元范式中,外观主义原则及其制度对于信赖的保护发挥着关键作用。其起源于日耳曼法上的占有转移行为(*Gewere*),即凭借占有的外观事实而推定适法物权的存在,含义为:当相对人对法律要素的外观事实产生信赖而为一定行为致使法律关系成立、变更和消灭时,行为人意思表示、外部要件是否真实不影响该法律关系效力。"简而言之,外观主义是'以交易当事人行为之外观为准,而认定其行为所生之效果也'。"[2]外观主义重行为人的外在行为轻表意人的内心真意,当内心真意与外在行为相左时,保护因受行为人影响的善意相对人的信赖利益。[3]

从语义上看,有将外观主义表述为一项原则,[4]有将外观主义表述为一种法理。[5] 无论何种表述,都倾向于从理念层面对外观主义的性质进行界定,都反映出外观主义相对形而上的本质特点。与诚信原则类似,外观主义并非一项具体制度,而是对借外观事实对相对人进行信赖保护的各种制度的抽象,是对其精神实质的一种凝练和提升。在层次上,外观主义居于民法的价值取向、基本原则与具体的制度设计之间;在实际功效上,是民事立法进行相关制度设计时的指导性原则,其在司法适用中的效果是间接的而非直接的,需要通过各项制度的中介作用才能达致信赖利益保护的价值诉求。"作为部门法学所提炼出来的概念,外观主义是对若干法律制度的适用要件和法律后果中所体现出来的某种法律思想的总结。"[6]因此,外观主义是法理,也是原则,是对具有共性制度的普适性理论概括和原则性统领。民法调整平等主体之间的人身和财产关系,商法调整商主体之间的商事关系,无论是财产关系抑或商事关系,很大部分均是通过交易完成的。民商事主体之间的交易关系正是外观主义发生和适用的场域。交易必须在交易主

---

〔1〕 参见丁南:《民法理念与信赖保护》,中国政法大学出版社 2013 年版,"序言"第 1~14 页。

〔2〕 张国健:《商事法论》,台北,三民书局股份有限公司 1980 年版,第 45 页。转引自郭富青:《外观主义思维模式与商事裁判方法》,载《西部法学评论》2015 年第 2 期。

〔3〕 参见丁南:《论民商法上的外观主义》,载《法商研究》1997 年第 5 期。

〔4〕 参见丁南:《民法理念与信赖保护》,中国政法大学出版社 2013 年版,第 38 页、第 41 页。

〔5〕 参见郭富青:《外观主义思维模式与商事裁判方法》,载《西部法学评论》2015 年第 2 期。

〔6〕 张洪松:《外观主义论纲》,载李琦主编:《厦门大学法律评论》第 18 辑,厦门大学出版社 2011 年版,第 79 页。

体之间进行，而交易主体并不局限于熟人社会，其可能来自不同的地域甚至不同国度。此外，网络交易的普及使交易磋商、谈判过程均隔空进行，交易各方不必面对面接触。由于这些客观因素的限制，交易各方无从深入探究对方的内心意思，而只能通过外在的表示和行为来判断交易的各种事项。因此，通过外观主义保护交易方的合理信赖，促进经济流转和交易的达成就尤为必要。

（二）外观主义的价值

1. 体现法的安全价值，保护交易安全

安全是法的基本价值。安全的核心在于有序性、稳定性、可预期性，法的安全价值正是通过法律确立行为规则和行为效果实现的。法的安全涉及静的安全和动的安全：静的安全也被称为"所有的安全"；动的安全则为财产流转之安全，并主要体现为交易安全。交易规则设定了交易中的行为模式，遵从该模式即可取得法律认可的并为交易方能够预见的法律效果。如果交易规则缺乏连续性、稳定性，交易结果因人因时因地而异，交易一方的主观意愿可以否定相对方据以建立信赖的外观事实，这种不确定性和不稳定性最终将危及市场信心，导致交易效率低下并影响资源的流转速度。

2. 体现法的秩序价值，稳定财产秩序

平稳、和谐的社会秩序是生活于其中的人们得以从事各种活动的基础条件和前提。"与法永相伴随的基本价值，便是社会秩序。"[1]"法律调节社会秩序并为其提供保障。"[2]与传统观念重视物的使用价值不同，当前物的价值主要体现为交换价值，资源正是通过交易才会掌握在最为珍视它的人手中；因此，频繁的交易行为和迅速的财产流转成为交易市场的常态，同一物品在短短的时间内可能会经历数个交易环节，几易其手，数度变更所有人。一旦最初的交易效力被否定，受影响和波及的人可能不在少数，不仅浪费社会资源，甚至还可能引发经济动荡危及社会秩序。因此，承认既成的财产秩序、维护社会经济生活的稳定变得至关重要。根据外观主义原则，善意

---

〔1〕［英］彼得·斯坦、［英］约翰·香德：《西方社会的法律价值》，王献平译，中国法制出版社2004年版，第45页。

〔2〕卓泽渊：《法的价值论》，法律出版社2006年版，第392页。

相对人对权利外观、意思表示外观、行为外观的合理信赖以及据此导致的法律行为的合法性、有效性得到承认,大大降低了交易被外观创造人突发性地主张无效的风险,既有财产秩序和利益格局得以维护。

3. 体现法的正义价值,保护信赖利益

乌尔比安认为正义"乃是使每个人获得其应得的东西的永恒不变的意志"。亚里士多德将正义分列为分配正义和矫正正义的一对范畴。认为正义乃是一种关注人与人之间关系的社会美德,是一种"他者之善"。〔1〕外观主义最大的矛盾体现在事实之真与价值之善的冲突,二者实质上反映了表意人与信赖人的利益冲突。外观主义为何舍事实之真而取价值之善,对权利和利益作出非此则彼的分配,这正是出于正义的要求。将人人应得的给予人人也就意味着人不应不合理地被剥夺他本应享有的东西。另外,从他者之善的角度看,正义也意味着他人不应因自己有意或无意的疏忽而导致利益的损失。纵然外观事实可能与客观真实不同,无论本人对于外观事实的产生是否存在过错,法律仍然选择站在善意信赖者的立场,不使其利益被不合理地剥夺。

(三)外观主义的制度表现与类型

外观主义是大陆法对于经由外观事实实现信赖利益保护的民法理念的法理综合,其保护信赖利益之功效必须经由各项具体制度的运用方能达成。"体现外观主义的制度,存在于民事主体制度、法律行为制度、物权法、债权法以及票据等商法制度中。它主要包括:民事主体的强制有效、心中保留(或称单方虚伪表示或真意保留)、表见代理、债权的表见让与、善意取得以及取得时效等。"〔2〕其作用机理就在于在交易中凡是能够识别为交易要素之典型的权利、意思、主体资格等的表征现象(外观),且当外观与交易要素原本真实的状况不相符时,令该交易按通常相符时的有效性评价,发生相同之法律效果。作为外观事实表征的因素包括主体、权利和意思,其分别对应于表见代理制度、动产善意取得制度和心中保留制度;这是信赖人据以建立

---

〔1〕 参见[美] E. 博登海默:《法理学:法律哲学与法律方法》,邓正来译,中国政法大学出版社2004年版,第277页。

〔2〕 丁南:《民法理念与信赖保护》,中国政法大学出版社2013年版,第38页。

信赖的原因要素,也是外观主义各项制度得以建立的表征要素。信赖人可能就所表现出来的交易相对人的主体资格、权属状况和表示意思信以为真,法律则通过适用外观主义法理和制度对此信赖予以保护。

从交易要素和法律关系构成看,外观主义可以分为三方主体两种法律关系与双方主体一种法律关系两种类型。动产善意取得制度和表见代理制度是三方主体两种法律关系的代表,而真意保留和时效取得制度则是双方主体一种法律关系的典型。动产善意取得中交易方是动产占有人和信任该占有的交易相对人,其构成买卖法律关系,而第三方动产所有人与动产占有人则基于动产转移的原因构成另外一种法律关系。在表见代理中,表见代理人与相对人之间法律关系的后果由被代理人承担,被代理人与表见代理人之间则成就其内部法律关系。在真意保留的情况下,尽管表意人的内心真意与表示意思不同,但基于相对人对表示意思的信赖仍然只产生一种法律关系,而取得时效也只涉及双方主体和动产取得一种法律关系。上述类型划分有助于我们梳理外观主义制度的内部构造,并准确地贯彻外观主义的法理精髓。

(四)外观主义的构成

日本学者认为,外观主义的适用要件主要包括:“(1)有法律意义的外观事实的存在;(2)外观导致善意交易相对人的信赖;(3)外观的作出有可归责于本人的事由。”〔1〕目前,外观主义结构的三要件说成为学界通说。

1. 外观事实的存在

外观事实是一种客观存在。相对人根据此种客观存在作出判断并采取行动,但此种事实可能与事实真相存在偏差。所以其作为事实只能是外观意义上的,而非真实意义上的。外观事实的形式必须法定。“外观形式的法定性体现在外观可以通过明示的表示、推断的行为以及特别的单纯容忍这几种法定形式产生。”〔2〕例如,对动产的占有导致所有权推定的外观事

〔1〕［日］服部荣三:《商法总则》(第2版),有斐阁1983年版,第76页。转引自丁南:《论民商法上的外观主义》,载《法商研究》1997年第5期。

〔2〕郑青:《外观主义与禁反言制度在商法中的适用——以德国和美国公司设立瑕疵问题为视角》,载王保树主编:《商事法论集》第17卷,法律出版社2010年版,第128页。

实，对侵犯所有权的容忍导致时效取得的适用，被代理人的默认导致表见代理权利外观的存在。必须注意的是，仅凭某种带有一定法律意义的事实的存在并不足以认定其就是外观事实，还必须结合相关的交易领域的平均水平参加人的理解可能性进行判断。即存在一个外观事实，“取决于一个一般理性人对于该形成外观的理解，并且转化为一个相对客观的标准”。[1] 对于动产的占有可以导致外观事实的推定，这是因为动产占有所具有的公示公信力；而对于不动产的占有却不能产生外观事实推定的效果，因为作为法律上的理性人应知不动产的权属依据在于登记而非占有。

2. 善意相对人的信赖

丁南先生将相对人信赖划分为一般信赖与特定信赖。一般信赖是从一个具有正常智力水平和常识的理性人角度进行界定的。凡是善意诚信之一般理性人均能够作出一致的判断；这种判断基于常识常情常理，不会因人而异，具有社会性。而特定信赖是在具体的交易语境中发生的，其必须依赖于交易相对人根据该特定交易环境的判断。“当交易相对人于外观事实以外，尚知道真实权利和状况及其与外观不一致时，就不具备特定信赖。”[2] 仍以动产占有为例，一般的动产占有导致所有权推定的效力；但是如果相对人明知占有人并非真正所有权人，则不能成就这一特定情况下之信赖。换言之，相对人之信赖必须善意。建立信赖后，相对人基于此种信赖采取了某种行动（包括作为或不作为），这种行为应该在具有法律意义的交易的范围内存在，且行为与已知悉的外观事实之间必须存在因果关系，这也从另外一个角度证明了对相对人信赖进行保护的必要性与合理性。

3. 本人原因力

在本人利益与相对人利益之间，外观主义选择了后者，其中关键的因素就在于本人在外观事实形成中的可归责性。此处的可归责性并不完全等同于过错，其内涵与外延比过错更加宽泛。在本人对外观事实的形成具有过错的情况下将不利的法律后果加诸其上毋庸置疑；当本人对外观事实形成

---

〔1〕 郑青：《外观主义与禁反言制度在商法中的适用——以德国和美国公司设立瑕疵问题为视角》，载王保树主编：《商事法论集》第17卷，法律出版社2010年版，第128页。

〔2〕 丁南：《民法理念与信赖保护》，中国政法大学出版社2013年版，第211页。

并无过错时,法律则通过"危险归责"对加诸本人的不利后果进行正当性阐释。拉伦茨指出:"关于归责原则主要有两种:有责原则及危险责任。依据后者,可否归责乃取决于:较诸信赖者,造成信赖的构成事实之人是否'更宜于'承担因误导或——在持有证件的情况——滥用所生的危险。"[1]此处"更宜于"在于本人对于外观事实形成的控制力。该种不利益的风险产生于资源分配的过程中,而不管本人主观意愿如何;其作为资源的享有者,于法、于情、于理均应该为避免这种风险负担更多的义务。

(五)专利默示许可与外观主义的比较

专利默示许可与外观主义在价值取向、法理基础和制度构造上,有诸多相似性与共同点,具有可比性,在制度设计上也存在可相互借鉴之处。

二者共通之处表现为以外观事实为基点进行价值取舍和制度构造。外观事实是外观主义法理中的核心概念,使相应法律关系得以成立并生效的关键在于外观事实的存在。就专利默示许可而言,使其成立的外观事实就在于授权许可之外观。因此,外观事实(许可之意思外观)是外观主义和专利默示许可最基本的成立要素。而一旦外观事实形成,基于此事实表象产生的法律关系就成立,哪怕当事人内心真意与此有违。法律在重外观事实轻内心真意的表象下,蕴含对交易安全、信赖利益进行保护的价值取向。在专利默示许可中,专利权人并未就专利许可使用进行明确表示,而是由相对人甚至法院在事后根据权利人的行为推测得知,是一种根据推定得出的外观事实;其意在保护诚信善意之相对人的合理信赖,并维护在此信赖基础上产生的交易秩序。这种价值选择是通过将外观事实凌驾于内心真意之上的制度构造实现的。在外观主义与专利默示许可的环境下,本人的内心真意让位于外观事实,只要有构成默示许可的外观事实存在,这一外观事实所具有的法律效果就会得到认可。

二者的区别之处在于以下两点:(1)外观主义的适用范围宽于专利默示许可。在外观主义法理中,构成外观的表征包括主体外观、权利外观、意思外观,而专利默示许可一般而言只涉及意思外观的情形,相对人和法院仅就

[1] [德]卡尔·拉伦茨:《法学方法论》,陈爱娥译,商务印书馆2003年版,第350页。

专利权人是否进行专利许可的意思表示进行推定,不涉及主体资格和权属状态。(2)外观主义涉及的主体和法律关系宽于专利默示许可。前已述及,外观主义中存在三方主体两种法律关系这样一种类型。典型的表现为动产善意取得制度中原所有权人、动产占有人与动产受让人三方主体以及原所有权人与动产占有人、动产占有人与动产受让人两对法律关系,而在专利默示许可中,仅存在专利权人与相对人双方主体之间的法律关系。

第三节　制度基础的启示性意义

制度基础的启示性意义在于,提供了一种看待问题、思考问题、解决问题的角度和方式。上文所述的大陆法系、英美法系的相关制度无论是在政策背景、理念价值还是制度构造等方面均为专利默示许可提供了知识储备。专利默示许可立法和司法可以从中获取指引和方向。

一、合同默示条款与默示意思表示法律性质之界定

(一)专利许可属于合同法调整范围

专利许可是专利权人通过合同约定将专利技术授予他人使用的一种专利权行使方式,这一概念最早起源于美国。"19世纪中叶美国出现了大量涉及专利许可的诉讼,在借鉴同时又要区别于有形财产的处分(disposition)的基础上,美国联邦法院的法官创造了'许可'(license)与'转让'(assignment)这两个法律概念,并为美国专利法所吸收并采用。"[1]在英美法上,专利许可被看作侵权的豁免事由。"专利权人对本来可以构成侵犯专利权行为的豁免(专利许可)通常是通过'合同'的形式实现的。"[2]我国《民法典》分编专章规定了技术合同,并将专利实施许可合同纳入技术转让合同中。在美国,专利许可受联邦专利法和各州合同法的双重调整。专利许可人通常能通过提起一个州的合同法律诉讼或者联邦专利侵权诉讼来选择执行其诉求。[3]"在法国、德国和日本等多数国家,知识产权法只是原则性地规定了

---

〔1〕 董美根:《专利许可合同的构造:判例、规则及中国的展望》,上海人民出版社2012年版,第12页。

〔2〕 马海生:《专利许可的原则——公平、合理、无歧视许可研究》,法律出版社2010年版,第5页。

〔3〕 Robert P. Merges, *A Transactional View of Property Rights*, Ssrn Electronic Journal (March, 2005), http://www.researchgate.net/publication/228209628_A_Transactional_View_of_Property_Right.

许可合同的一般问题，具体问题则放到民法、商法或合同法中去解决。”[1] 专利许可的表现形式是专利许可合同，专利许可合同作为合同的一个类型理应接受合同法的调整。

（二）专利默示许可形式上体现为默示合同或合同默示条款

作为与专利明示许可相对应的一种许可形式，专利默示许可以权利人非言辞和文字的缄默行为（包括作为和不作为），经由立法的规定和司法的诠释，在权利人与相对人之间实现授权使用专利的法律效果。“默示许可”可以被看作一种特殊的豁免侵权责任的合同，属于默示合同的一种形式。[2] 当专利默示许可作为一项独立的法律行为出现时，其就是一个完整的默示合同。如在专利权人明知相对人未经授权而使用专利的情况下，长期不提出异议或诉讼，且其不主张权利没有明显合理的理由，法院就倾向于认定双方达成了使用专利的默示合同。当专利默示许可附着于其他法律行为同时出现时，其就被作为合同的默示条款而对存在于当事人意愿之中却未予言明的许可意思进行了补充。如专利权人销售了仅能用于实施方法专利的机器设备，尽管在该机器设备的买卖合同中未明确提及对于方法专利的实施许可，但针对该方法专利的默示许可条款的存在却是毋庸置疑的；若非如此，则买卖合同将丧失意义。默示合同或合同默示条款是专利默示许可的法律性质和制度归依；默示合同或合同默示条款在基本理念、分类方法等方面的既成经验可以运用于专利默示许可，为其提供坚实的理论支撑和制度依据。

（三）专利默示许可实质上是默示意思表示

如前所述，专利默示许可在形式上表现为默示合同或合同的默示条款，而合同是由要约与承诺两项意思表示所构成的双方法律行为。法律行为的实质在于意思表示。《德国民法典》相关法条就不加区分地使用“法律行为”与“意思表示”两个概念，其《立法理由书》对此解释道：“就常规言，意

---

[1] 陈志刚等：《比较专利法》，兰州大学出版社 1993 年版，第 156 页。转引自马海生：《专利许可的原则——公平、合理、无歧视许可研究》，法律出版社 2010 年版，第 6 页。

[2] 马海生：《专利许可的原则——公平、合理、无歧视许可研究》，法律出版社 2010 年版，第 5 页。

思表示与法律行为为同义之表达方式。使用意思表示者,乃侧重于意思表达之本身过程,或者乃由于某项意思表示仅是某项法律行为事实构成之组成部分而已。"[1]法律行为分为明示的法律行为与默示的法律行为;相应地,意思表示也分为明示的意思表示与默示的意思表示。默示意思表示通过行为而非言辞或文字的方式,传达表意人内心意愿。"知识产权许可是将知识产权中的全部或者部分权能许可给他人使用的行为,许可行为是许可人与被许可人之间具有创设权利意图的表意行为,知识产权许可行为是以当事人之间的意思表示为核心的。"[2]专利默示许可通过权利人以默示意思表示的方式实现授权使用的法律效果,是默示的法律行为,实质上即为默示之意思表示。如果说合同默示条款是英美法系"地方性知识"的成果,[3]与我们所承袭的大陆法传统及其现存制度设计有所隔阂的话,那么默示意思表示则是大陆法本土成长之理论,对其运用没有知识谱系上的障碍和认知上的困难。将专利默示许可界定为默示意思表示,无异于在民法这一宏大的坐标系中找准了专利默示许可的位置,使其规则的制定与适用有据可依、有章可循。

二、合同默示条款分类方法之参考

英美法中的合同默示条款通常被分为事实上的默示条款、法律上的默示条款和习惯上的默示条款:前两者基于法官对于事实的推定抑或法律的规定而予以区分,习惯上的默示条款则根据默示条款内容的来源而定。当习惯上的默示许可上升为成文法之规定后,其实际上成为法律上的默示条款,而未成文化之习惯则包含于事实上的默示条款之内,即习惯上的默示条款完全可以被纳入前两种默示条款的类型。因此,我们可以主要基于事实上与法律上之两分法探讨默示条款类型划分的意义。法律上的默示条款最初源于事实上之默示条款,在其反复适用并形成规律后被纳入法律。立法

---

[1] [德]迪特尔·梅迪库斯:《德国民法总论》,邵建东译,法律出版社2013年版,第190页。

[2] 邱永清:《专利许可合同法律问题研究》,法律出版社2010年版,第5页。

[3] 此处援引吉尔兹的"地方性知识"的话语表达,但并非表达其所指的主流与非主流的知识谱系,而是指地缘意义上的知识谱系,其并不存在优劣高下之分,仅体现了文化、地域、认识等方面的不同。参见李耕:《"地方性知识"在法学语境中的使用》,载《法律和社会科学》2010年第2期。

在承认事实上默示条款之时，必然融入了一定的价值考量和倾向性的公共政策因素；而默示条款一旦普适化，很可能就会偏离个案中当事人的意愿，体现为对绝对合同自由的限制。英美法就有学者认为，法律上的默示条款实际上并非真正的合同条款，而是为了避免不公平的利益分配，通过技术化的处理，由法律虚构出来并冠之以合同条款之名，以达至利益公平分配之实。[1] 因而，事实上之默示条款与法律上之默示条款本质上反映了二者对待当事人意思自治的不同态度，即对合同自由的干涉程度不同。态度的不同在规则的适用上体现如下：(1)就强制性法律默示条款而言，只要具备适用条件，则无须再参酌当事人的内心意愿即可直接援用。而事实上的默示许可仍然需要基于个案的具体背景，在尊重当事人内心意愿的基础上进行推定，且推定的规则与标准较法律默示条款而言更加复杂。(2)在一般情况下，强制性的法律默示条款不允许合同当事人以明示的方式排除适用，而事实上的默示条款则不应与当事人明确的意思表示相冲突，除非这种明示的意思表示有违诚信原则和法律规定，致使当事人利益明显失衡。

尽管在专利默示许可中，占主导地位的是类似于事实上默示条款的由法官在个案中予以认定的司法型默示许可，但由法律对默示许可进行规定以强制适用的做法已经走进了立法者的视野。在我国《专利法》第四次修改过程中，征求意见稿和送审稿均就标准必要专利的默示许可作出了规定，国家知识产权局《专利侵权行为认定指南（试行）》也明确将专利默示许可作为侵权的抗辩事由，尽管还只是一种未有先例的尝试，但其毕竟迈出了专利默示许可成文化的第一步。而建立在事实上与法律上默示条款的两分法及其适用规则将为专利默示许可的分类及适用提供有益的借鉴。

三、合同默示条款成文化之范例

合同默示条款经历了从个案调整到逐步成文化的过程，但这一过程并非一蹴而就，而是在漫长的合同实践中发展、演变而来。就这一过程而言，可以从两个方面进行解读：其一，在默示条款成文化的过程中，习惯在其

---

[1] See Melvin A. Eisenberg: *Contracts*, Harcourt Brace Legal and Professional Publications, Inc. ,2002, p. 155-156. 转引自刘昕：《默示条款研究》，吉林大学 2006 年硕士学位论文，第 2 页。

中发挥了重要的中介作用。默示条款起源于对当事人意思表示缺陷的补充。因此,在最初引入默示条款的司法实践中,必要性被作为判断是否需要默示条款的根本标准,并具体化为"商业效用原则"和"好管闲事的旁观者原则"。当同样的合同内容的遗漏反复出现时,根据相同标准而引入的默示条款得以反复适用,并逐渐成为特定地区和行业的通行做法,尤其是在流通票据领域、海事运输领域等。这些通行做法成为行业和地域惯例,为相关公众所知悉,成为其在合同交往中不言自明、理当适用的习惯性默示条款。某些商业性的习惯默示条款在发展到一定程度时往往会得到编纂,从而使其具有法律上的确定性。比如,"英国在 1882 年就将有关商业票据的习惯性做法加以编纂,成为《流通票据法案》(Bill of Exchange Act)"。[1] 英国《1893 年货物销售法》的制定成为真正以成文法形式固定默示条款的标志。由于这些默示条款大多源于惯例,因此,在形式上表现为任意性法律默示条款,在适用上仍然需要尊重当事人意愿,不得与其明示意思相冲突。其二,法律上的默示条款除了经由长期沿用形成的惯例演变而来以外,还包括基于公共利益和政策、诚信原则等价值考量由法律强制添加到合同中的条款。此类条款通过合同默示条款的形式将立法者意图注入其中,是法律对利益和价值进行权衡的结果,体现了法律对于绝对意思自治和合同自由的限制。审视和评判此类条款正当性的标准不再是必要性而在于合理性。换言之,默示条款的加入不再仅因为当事人意思表示的疏漏,当法律认为必要时,也可以引入默示条款以实现潜在的立法意图和情理与正义的要求。正如丹宁勋爵所建议的那样,"应该回到早些时候那种正确的暗含(默示)条款理论即法律上的暗含(默示)条款理论上来。只要是为了做到合理,为了在双方间维持公平和正义,法院就可以归结出或硬加上一项条款"。[2] 因此,此类默示条款的内容可能与当事人意思相符,也可能完全偏离当事人意愿;但作为加诸合同中的法定义务,当事人不得排除其适用。

专利默示许可规则在美国最为发达,应用最为广泛;但其仅仅是法官根据具体案件事实作出的个案判断,而并未上升为成文法之规定。究其原

---

〔1〕 傅静坤:《二十世纪契约法》,法律出版社 1997 年版,第 111 页。

〔2〕 [英]丹宁:《法律的训诫》,杨百揆、刘庸安、丁健译,法律出版社 2011 年版,第 47 页。

因，一方面在于美国作为普通法国家，其判例法传统源远流长，建立在经验基础上的法官造法本身为普通法渊源注入了生生不竭的动力和源泉，遵循先例的要求使法官可以在众多的在先案例中寻找适用规则的灵感，并造就了他们以案释法的娴熟技巧；另一方面在于专利默示许可所面对的千变万化且复杂的个案背景以及不断变迁的技术发展态势，致使无法用一个模子去丈量各种具体的案件事实，而只能留待法官通过自由裁量实现个案公正。但这并不意味着专利默示许可没有成文化之必要与可能。法律上的默示条款主要功能在于融入了立法者的倾向性价值与公共政策的考量，当专利制度的正当性因为种种权利滥用和权利异化现象而备受质疑之时，专利默示许可应当借鉴法律上默示条款的经验，在矫正专利权人与社会公众日益失衡的利益格局中发挥积极的作用。

四、默示意思表示解释规则之借鉴

专利默示许可通常表现为两种情形：一是当事人双方以默示的方式就专利许可达成了默契和共识，许可得以顺利和正常进行；二是专利权人控诉侵权而被控侵权人以权利人默示许可予以抗辩，由法官根据案件事实背景对权利人意思进行推定。第一种情形不会产生专利权人与被许可人之间的冲突，也不会出现权利人意思与表示不一致的问题；而在第二种情形中，被控侵权人与权利人之间产生争议，必然会就是否存在专利默示许可提出不同的主张。被控侵权人主张权利人的外部表示行为成立默示许可，而权利人则主张其内心真意并未意图授予许可。孰是孰非有待于法官的居中裁决，裁决需依据公平正义的法律理念、诚信等法律原则以及相关的法律规定，在程序上取决于双方证据的客观、真实及合理程度。同时，专利默示许可是根据权利人行为进行的推定，相较语言和文字，行为表意更间接、意思更隐晦，需要对其作出解释。因此，专利默示许可同样面临着解释以及意思与表示不一致的问题，默示意思表示的解释规则及处理意思与表示不一致的方法为其提供了参考，对事实的认定和案件的审理大有裨益。

默示意思表示解释的突破在于将相对人纳入考量的范围，实现了从探求真意到赋予意义的转变；这不仅是解释规则和方法的改变，更体现了蕴含其中的民法理念的现代转型。表意人的利益固然重要,受益人的利益也不容忽视,双方的利益并非总是一致的,更多地体现为相互矛盾和冲突。“认识所涉及的利益、评价这些利益各自的分量、在正义的天平上对它们进行衡量,以便根据某种社会标准去确保最重要的利益的优先地位,最终达到最为可欲的平衡。”[1]要做到不偏不倚或者在相互冲突的利益之间进行公平取舍,必须根据社会的、习惯的、历史的、伦理的诸多标准对默示意思表示进行解释,从单纯地探究表意人的内心真意到从多角度、多方面对表意人意思进行诠释,将解释的过程融入利益权衡的过程,使经由解释的默示意思表示对于表意人而言合乎情理与逻辑,对善意相对人而言又不失公允。当专利权人主张内心意思并非意图许可,而被控侵权人又主张构成默示许可,且双方都能够举出足够有力的证据时,法官可以参酌意思与表示不一致时的处理方法,在兼采证据以及当事双方过错程度等因素的基础上,根据折中法,结合事情与法理,客观、妥帖地认定事实,实现法律所欲实现的价值与政策。

五、禁反言与外观主义的价值取向与制度构造之效仿

(一)价值取向:价值之善优于事实之真

合同默示条款、默示意思表示以及禁反言与外观主义原则面对的核心问题就是如何处理事实之真与价值之善的关系。事实之真代表着表意人真实的内心意愿,价值之善则意味着信赖利益、交易安全等价值诉求。在近代民法向现代民法的转型过程中,社会本位逐渐取代个人本位,成为引导民法理论与制度建构的基本哲学思想。在此背景下,法律的天平偏向于以相对人信赖利益、交易安全为表征的社会利益和秩序的维护。而法律事实对于客观事实的挑选、剪裁使完全还原案件真实既无必要也无可能。“所有经法律判断的案件事实都不仅是单纯事实的陈述,毋宁是考量法律上的重要

---

[1] Richrad Groshut, *The Free Scientific Search of Françeois Gény*, 17 American Journal of Jurisprudence 14, 1972. 转引自[美] E. 博登海默:《法理学:法律哲学与法律方法》,邓正来译,中国政法大学出版社 2004 年版,第 151 页。

性,对事实所作的某些选择、解释及联结的结果。"[1]理念上与技术上的原因使价值之善获得了优于事实之真的地位。"合法性原则被奉为至高无上的原则,并使客观真实性原则臣服于它,就是这种特殊规律和特殊原则的重要体现。"[2]基于此种规律与原则,客观真实可以被超越、偏离甚至背离,并为法律所宽宥,这对同样依赖于外观事实认定的专利默示许可而言,无疑具有价值上的引领和导向作用。在此意义上,专利默示许可并不仅是与明示许可相对的一种许可形式,更应作为一种承载着价值判断与政策考量的制度设计,并经由立法与司法的权衡兼顾事实之真与价值之善,或者在必要的情况下在二者之间作出选择。

(二)制度构造:三要件构成法

如果说默示意思表示的解释规则还停留在理念层面的话,那么禁反言与外观主义原则就进一步将此种理念具象化为具体的制度,并通过对构成要件的提炼使制度更具确定性和可操作性。禁反言原则中允诺、信赖与损害的三要件构成与外观主义原则中外观事实、信赖、本人与因的三要件构成虽然有所差异,但在很大程度上趋于近似。当事人的允诺形成的是一种意思上的外观,而这种外观使相对人产生了合理信赖。至此,禁反言与外观主义的大致轮廓已经被勾勒出来,二者存在的价值、所欲实现的功能以及核心理念也基本上得到了体现,即两原则均意在维护相对人因表意人的言行而产生的信赖,并使这种合理信赖关系下的利益秩序不致因表意人的出尔反尔和相对人不能预见的其他原因而招致破坏,至于损害和本人与因只是为进一步的认定提供更具说服力的理由。专利默示许可产生的根源在于专利权人有意或无意的行为或承诺造成了授予许可使用的外观事实,相对人对此外观事实产生了合理信赖,其构成与禁反言和外观主义基本一致。在具体认定上,还可以借鉴禁反言与外观主义对双方主观过错程度、相对人受损害情况等因素的考量进行综合判断。

---

〔1〕[德]卡尔·拉伦茨:《法学方法论》,陈爱娥译,商务印书馆2003年版,第161页。

〔2〕郑成良:《法律之内的正义——一个关于司法公正的法律实证主义解读》,法律出版社2002年版,第114页。

小　结

本章论述了专利默示许可在两大法系中的制度基础,从方法论角度提出了民法上的基础制度对于专利默示许可价值选择和制度构建的意义。英美法系的合同默示条款起源于对绝对合同自由进行限制的社会背景,发挥着弥补合同漏洞、矫正因绝对合同自由导致的当事人利益失衡的功能,经历了事实上的默示条款、习惯上的默示条款到法律上的默示条款的演进过程。衡平法上的禁反言原则要求作出允诺之人恪守诺言、诚信不欺地履行义务,禁止其出尔反尔给善意信赖之人造成损害。大陆法系的默示意思表示制度要求在解释默示意思表示时,不仅要尽力探求当事人的内心真意,也要参酌合同订立、履行的客观环境,公允、诚信地加以解释;在处理意思与表示不一致时,遵循从单纯的意思主义或表示主义到兼采二者的折中主义。外观主义原则则不问造成外观的具体原因,只要存在足以使善意相对人产生信赖的外观事实,则赋予此种事实应有的法律效力。传统民法中的理念和制度为专利默示许可提供了诸多启示。专利默示许可是默示合同,是授权许可的默示意思表示;这是其最本质的法律属性,也是其规则建构与适用的基本前提。合同默示条款的分类方法和成文化、默示意思表示的解释规则、禁反言和外观主义原则对信赖利益的保护和具体构成要素可以为专利默示许可提供借鉴。

第二章　专利默示许可在判例中的历史演进与运用

专利默示许可的历史是一部判例史，其在各国专利成文法中并无规定，适用规则的完善和适用范围的拓展均由判例完成。因此，探寻其历史必须回到具体个案中，通过对重要节点和典型案例的剖析，勾勒出其发展的大致脉络，梳理其演变轨迹，厘清其来龙去脉，把握其发展演变背后的推动力量和本质规律，以期通过回顾历史，烛照当下并洞悉未来。

第一节　专利默示许可在美国判例法中的历史演进

尽管专利默示许可的理论和实践并非最早诞生于美国，但美国众多适用默示许可的案例在不同时期表现出不同的特点，为我们解读专利默示许可原理提供了生动的素材。对这些案例所提出的不同问题的解答以及由这些案例所衍生出的规则群也建构起了专利默示许可较完善的理论体系。

一、19 世纪中后期：产生萌芽期

（一）基于专利产品销售的默示许可

德雷特勒认为，作为起源的默示许可判例是 De Forest 无线电话电报公司诉美国案（De Forest Radio Telephone & Telegraph Co. *v*. United States，以下简称 De Forest 案）。[1] 但实际上，默示许可在 19 世纪中后期的案例中已初

---

〔1〕 参见［美］Jay Dratler，Jr.：《知识产权许可》，王春燕等译，清华大学出版社 2003 年版，第 183 页。

露端倪。在1873年亚当斯诉贝克案(Adams *v.* Burke,以下简称亚当斯案)[1]中,法院基于权利穷竭的思想就专利产品售后使用是否侵权进行了认定。“由于各种原因,美国的专利权用尽原则与默示许可又有某种程度的关联。”[2]该案“虽然没有明确专利权穷竭与默示许可的关系,但案件事实都清楚地表明,购买者能够自由地使用与转售是‘已存在于当事人心中、但没有通过书面或其他形式来反映当事人内在的主观意图的条款’,即购买者的使用与转售是基于合同法所产生的默示许可”。[3] 因此,一些学者提出了权利穷竭型默示许可的概念,并将该案作为此种类型默示许可的起源。[4] 在该案中,洛克哈特和西利(Lockhart & Seelye)是一项棺材盖改进发明专利的第一位受让人,享有在以波士顿为中心的16.09公里(10英里)范围内制造、使用、销售以及转让该专利的权利。原告亚当斯是该专利的第二位受让人,权利范围在以波士顿为中心的16.09公里(10英里)范围之外。被告贝克获得了第一位专利受让人销售的专利产品并在距波士顿约27.36公里(17英里)的纳提克从事丧葬服务的过程中使用了受该专利保护的棺材盖。原被告双方分别就是否侵权提出了不同的主张。米勒法官在代表法庭作出的意见中认为,就其实质而言,当专利权人或相关权利人销售了其唯一价值在于使用的机器或仪器,并就该使用获得了相应的对价时,就已经放弃了限制该使用的权利。用法庭的话来讲,就不再受制于专利权的限制。该意见充分体现了建立在对价基础上的权利穷竭思想。根据权利穷竭原则,专利发明的销售赋予了购买人使用和再销售该发明的权利,该权利对购

---

[1] 84 U. S. 453(1873).

[2] 万琦:《专利产品首次销售侵权抗辩研究——以财产权转移理论为研究进路》,知识产权出版社2014年版,第77页。

[3] 董美根:《专利许可合同的构造:判例、规则及中国的展望》,上海人民出版社2012年版,第117页。

[4] See Michael J. Swope, *Recent Developments In Patent Law: Implied License—An Emerging Threat to Contributory Infringement Protection*, 68 Temple L. Rev. 281, 1995, p. 287; Daniel M. Lechleiter, *Dividing the (Statutory) Baby Under Anton/Bauer: Using the Doctrine of Implied License to Circumvent* § 271 (*c*) *Protection for Components of a Patented Combination*, The John Marshall Law School 3 J. Marshall Rev. Intell. Prop. L. 355, 2004, p. 364.

买人来讲实质上是从事使用和再销售行为的一种默示许可。[1] 法院认为,尽管亚当斯制造和销售发明的权利受制于地域限制,在其售出后,购买人贝克在没有任何类似限制的情况下获得了使用该发明的默示许可。[2] 该案的重大意义在于将解决专利产品销售中专利权与所有权冲突问题的权利穷竭理论基础归结于默示许可,尽管该观点在案件审理之时并不通行,但至少在美国专利法史上首次将专利产品销售适用默示许可的思路呈现出来,并为以后判例采用默示许可理论奠定了基础。根据无条件的专利产品的授权销售,购买人获得了使用和再销售该产品的许可。因为该许可并非以明示协议的方式作成,因此其应被视为默示许可。[3]

(二)从产品专利到方法专利

在联邦法院 1888 年判决的劳瑟诉汉密尔顿案(Lawther v. Hamilton)[4]中,首次提出了非专利产品销售后用于实施方法专利的问题。在该案中,原告拥有从亚麻籽中提炼亚麻油的方法专利,该发明是对旧的提炼方法的改进,因为其能以更少的步骤提炼更多的油。原告销售用于炼油的设备,该设备既能实施旧的方法,也能实施新的方法,被告购买了原告的设备并将其用于实施改进后的新方法。被告主张原告销售设备的行为产生了使用该方法的默示许可。法院则认为,由于该设备也可用于实施旧的专利方法,因此,设备的销售并不意味着产生使用新方法的默示许可。尽管本案仍然涉及基于产品销售而引发的默示许可问题,但与亚当斯案不同的是,销售的产品本身并非专利产品,涉及的专利也非产品专利而是方法专利,从而将专利发明所包含的产品专利和方法专利均纳入了默示许可的考量范围。由于本案中非专利设备并非仅有实施方法专利的唯一用途而致使被告默示许可的

---

〔1〕 See Daniel M. Lechleiter, *Dividing the (Statutory) Baby Under Anton/Bauer: Using the Doctrine of Implied License to Circumvent §271(c) Protection for Components of a Patented Combination*, The John Marshall Law School 3 J. Marshall Rev. Intell. Prop. L. 355, 2004, p. 364.

〔2〕 Daniel M. Lechleiter, *Dividing the (Statutory) Baby Under Anton/Bauer: Using the Doctrine of Implied License to Circumvent §271(c) Protection for Components of a Patented Combination*, The John Marshall Law School 3 J. Marshall Rev. Intell. Prop. L. 355, 2004, p. 365.

〔3〕 Mark D. Janis, *A Tale of the Apocryphal Axe: Repair, Reconstruction, and the Implied License in Intellectual Property Law*, 58 Maryland Law Review 423, 1999, p. 495.

〔4〕 124 U. S. 1 (1887).

主张被驳回,但其却为法官及专利发明所涉及的相关利益各方提供了考虑问题的新视角,从而为默示许可适用范围的进一步扩展埋下了伏笔。

二、20 世纪上半叶:适用范围扩展期

(一)基于权利人行为的默示许可

被德雷特勒誉为“专利默示许可起源”的 De Forest 案,尽管并非真正默示许可第一案,但却开启了默示许可在 20 世纪的新历程。在该案中,原告 De Forest 无线电话电报公司(以下简称 De Forest 公司)与美国电话电报公司(以下简称 AT&T 公司)签署了专利权相互许可协议,并且两公司均有权进行分许可。在交易过程中,De Forest 公司许可 AT&T 公司制造 De Forest 公司享有专利权的电子管。不久以后,AT&T 公司收到了美国政府的信函,该信函陈述了其打算让通用电子公司生产此种电子管以供美国政府使用的意图。AT&T 公司在回应中表示:在美国政府同意以 AT&T 公司不会放弃其因上述生产所涉及的任何专利权的前提下,其不会作出妨碍电子管直接生产的任何举动。之后,AT&T 公司通过一系列图纸,向通用电子公司的代表说明了电子管的制造方法。De Forest 公司发现美国政府使用其电子管发明专利后,随即提出了侵权诉讼。双方诉请法院裁定是否 AT&T 公司的行为构成许可美国政府使用 De Forest 公司专利的分许可。法院认为:产生法律效力的许可并非必须要以正式的许可形式作出,任何足以能合理推断出同意使用专利发明的权利人的语言和行为都可以构成许可。法院进而认定美国政府基于 AT&T 公司行为的推断是合理的,因此,美国政府能够基于 AT&T 公司行为证明默示许可的存在从而免除其侵权责任。

De Forest 案作为经典案例在专利默示许可案例的发展史上具有里程碑式的意义。具体表现为:一是将默示许可关注的焦点从专利产品转向权利人的行为,使默示许可的起因不再局限于专利(或非专利)产品的销售,从而在实质上大大拓展了默示许可的适用范围;二是该案确立了建立在禁反言基础上的默示许可规则。既然默示许可关注点转向了权利人行为,那么因其行为而使一个理性之人对此产生信赖并采取进一步行动,权利人的行为就足以成立专利使用的默示许可。就本案而言,虽然没有出现专利(非专

利)产品的销售,但 AT&T 公司表示其不会干预专利产品生产以及其向通用电子公司提供设计图等行为足以使美国政府基于此建立充分的确信,法院据此认定作为被授权许可人的 AT&T 公司的行为构成分许可既保持了对事实的充分尊重,也符合朴素的正义感和法律的衡平精神。可以说,De Forest 案为后来出现的案件起到积极的导向和引领作用,圣约瑟夫钢铁厂诉农业制造公司案(St. Joseph Iron Works *v.* Farmers Manufacturing Co.)、AMP 公司诉美国案等案件沿袭了 De Forest 案"行为导向"的进路,通过权利人的行为来判断默示许可的存在。尽管权利人行为以不同的形式出现,有的表现为积极地为相对人制造专利产品提供帮助,有的表现为在先协议中的约定,但其使相对人产生信赖的效果却是相同的。因此,法律禁止其反悔,并成立禁反言基础上的默示许可。

(二)对相关部分权利要求的默示许可

作为技术方案的权利化,专利权的范围是通过权利要求来予以界定的。"因此,用来明确界定发明边界的专利权利要求,便成了专利中最重要、最核心的部分。"[1]"在过去近 130 年来,专利法原先仅要求一特定的权利要求。"[2]然而,作为适格专利客体的专利方法,可能包含了一系列复杂的工艺流程,这些工艺流程往往体现为不同的权利要求。美国诉 Univis 眼镜公司案(United States *v.* Univis Lens Co.)[3]则提出了针对部分权利要求的默示许可问题。在该案中,Univis 眼镜公司拥有关于制造多焦点眼镜方法的几项权利要求,这些权利要求涵盖了制造、打磨、抛光眼镜片毛坯的方法。Univis 眼镜公司使用其中一些权利要求制造眼镜毛坯,并将其销售给批发商和零售商。在购买眼镜毛坯后,批发商和零售商根据其他的权利要求完成了整个眼镜的制造。摆在法院面前的问题是,未完成产品的销售是否意味着给予了购买者实施其余权利要求以完成产品的默示许可。法院结合专利立法的宗旨对该案进行了阐释:专利法的目的在于给予专利权人排他权

---

〔1〕[美] Martin J. Adelman, Randall R. Rader & Gordon P. Klancnik:《美国专利法》,郑胜利、刘江彬主持翻译,知识产权出版社 2011 年版,第 117 页。

〔2〕同上书,第 118 页。

〔3〕316 U. S. 241 (1942).

以促进实用技术的进步。当专利权人销售其未完成产品时,已经就其获得了相应的对价,眼镜毛坯的销售价格中本身就包括了实施其余权利要求所应支付的许可费;如若不然,专利权人将获得双重补偿。此外,尽管权利要求有多项,但专利却只有一项,直至打磨和抛光整个程序完成,专利方法才算实施完毕。因此,法院认定未完成产品的销售产生了实施植根于产品中的权利要求以及为完成产品而"必要"的其他权利要求的默示许可。通用电气公司诉大陆灯具公司案(General Electric Co. *v*. Continental Lamp Works, Inc.)〔1〕则可以作为此种"必要性"的注解:"如果未获专利的电灯底座还有其他用途并且在其上的通知中已拒绝许可,那么出售这种电灯底座并不导致对有专利的电灯进行制造和销售的默示许可。"〔2〕即判断实施其他"权利要求"是否必要的关键在于其是否为实施专利所必需,且没有其他用途,专利权人也未对其使用进行明确限制。

为了将半成品制成最终成品,美国诉 Univis 眼镜公司案认可了实施其他部分权利要求的默示许可。而在 Cyrix 公司诉 Intel 公司案〔3〕中,涉及的则是已完成的微处理芯片,为了使芯片发挥正常功能,具备商业上可行的用途,其必须与外部存储器结合使用,而该外部存储器则含有专利权人的其他权利要求。法院在美国诉 Univis 眼镜公司案的基础上更进一步,认定使已完成产品发挥其正常功能而实施其他部分权利要求构成默示许可。在该案中,作为微处理器芯片本身已是独立的产成品,但是法院将"必要性"界定为"营利性地销售以及为业务经营提供发展和持续性的能力"。到此为止,实施其他部分权利要求的合理性不仅仅限于为完成产品,为实现产品的商业目的也成为默示许可的正当理由。因此,就使用其他部分权利要求而言,其涉及两个关键因素:一是技术的复杂性导致对专利权界定时必须以多权利要求的形式出现;二是特定商业环境使相对人产生使用其他权利要求的合理期待,这种合理期待基于权利人对于相关产品的销售行为产生,从而促使

---

〔1〕 280 F. 846(2d Cir. 1922).

〔2〕 [美] Jay Dratler, Jr.:《知识产权许可》,王春燕等译,清华大学出版社 2003 年版,第 194 页。

〔3〕 Cyrix Corp. *v*. Intel Corp., 846 F. Supp. 522 (E. D. Tex.), aff'd, No. 94-1273, 1994 WL 685455 (Fed. Cir. Dec. 8, 1994).

法院对各方利益配置予以权衡，并通过推定默示许可而达成此目的。

三、20 世纪下半叶：适用规则完善期

（一）“两步测试法”的提出

尽管美国诉 Univis 眼镜公司案提出了相关部分权利要求的默示许可问题，但适用于该问题的“非侵权用途两步测试法”却是在 1984 年奔达克公司诉阿尔布尔瑟轮胎有限公司案（Bandag, Inc. *v.* Al Bolser's Tire Stores, Inc.，以下简称奔达克案）[1]中由联邦巡回上诉法院予以确立。该案中，作为专利权人，奔达克公司拥有修理轮胎方法的专利权利要求，奔达克公司向其特许经销商销售用于实施该方法的设备。其中一个特许经销商因无力偿还奔达克公司的债务，就将该设备销售给阿尔布尔瑟轮胎有限公司。阿尔布尔瑟轮胎有限公司利用该设备实施奔达克公司的修理方法，被诉侵权。法院首先明确该案不能适用首次销售原则，因为该案中专利权利要求指向的是修理方法而非售出的设备。因此，法院不得不另辟蹊径，改采默示许可对案件进行裁判，并确立了授予方法权利要求适用默示许可的两步测试法：一是该设备必须没有非侵权用途；二是销售环境必须清楚表明，授予一项许可是可以推断出的。就该案而言，法院认为被告并不符合这两项要求，因为该设备可以被修改以实施其他修理方法或者可以销售设备的部件以作为配件使用。此外，特许经销商销售设备的行为也并不产生默示许可之推定。设备购买人与专利权人之前并无协议，因此，其对专利方法的实施并非源于专利权人的行为。然而，奔达克案的意义并没有就此打住，其不仅仅明确了销售非专利产品以实施专利技术的默示许可规则，更重要的是其为后来的案例留下了丰富的讨论空间：关于非侵权用途如何认定，构件产品的销售来自专利权人以外之人时如何适用。这些问题都有待法院根据案件的具体情况一一作出解答。

就非侵权用途的认定而言，确定具体的指导原则是相当困难的。然而，对两个问题的分析将提供基本框架：一是何为足以阻止默示许可适用的

---

[1] 750 F. 2d 903 (Fed. Cir. 1984).

非侵权用途;二是所购买产品的何种性质对非侵权用途的存在具有决定作用。[1] 在奔达克案中,联邦巡回上诉法院给出了广义的解释:凡是合理的且具有实践性的使用都应包括在非侵权使用中。在 Cyrix 公司诉 Intel 公司案中,地区法院将非侵权用途解释为商业上可行的用途。对非侵权用途的不同理解反映了不同法院对于适用默示许可规则宽严程度的不同把握。同样存在争议的问题还包括:所指的非侵权用途是就整个产品而言,抑或仅针对产品的特定部分;产品部件一部分有合法授权,另一部分没有合法授权,是否构成默示许可,等等。在 Trico Products 公司诉 Delman 公司(Trico Products Corp. *v.* Delman Co.)、环球电子公司诉鼎盛电子公司(Universal Electronics, Inc. *v.* Zenith Electronics Corp.,以下简称环球电子公司案)、斯图肯堡诉美国(Stukenborg *v.* United States)、Anton/Bauer 公司诉 PAG 有限公司(Anton/Bauer, Inc. *v.* PAG, Ltd.)等一系列案件中,法院给出了不同的解释。解释的不同导致默示许可适用范围的不同,也折射出隐含其中的法官对于衡平的理解以及对利益平衡的态度。从中可以看出,默示许可的认定是个案性的,案件事实的些许变化可能会导致完全不同的判决结果,法院在具体案件中探索出的适用规则必须与案件事实相结合,而并非放之四海而皆准。

(二)间接侵权制度下的专利默示许可适用规则

美国诉 Univis 眼镜公司案与奔达克案均涉及所销售的产品对于相关权利要求的实施问题。此外,二者的共同之处还在于:该产品均由权利人售出,并不涉及权利人之外的第三人。然而,在实践中往往还存在用于实施专利或其权利要求的产品由第三人售出,如果未经授权第三人的销售行为应当如何定性,由此引发专利间接侵权制度下默示许可的适用问题。

在 Met-Coil 公司诉 Korners 无限公司案(Met-Coil Systems Corp. *v.* Korners Unlimited, Inc.,以下简称 Met-Coil 案)[2]中,联邦法院面临默示许可如何影响权利人控制方法专利实施过程中易耗品的销售问题。Met-Coil 公司

---

〔1〕 Amber L. Hatfleld, *Patent Exhaustion, Implied Licenses, and Have-Made Rights: Gold Mines or Mine Fields?*, 2000 Computer L. Rev. & Tech. J. 1, 2000, p. 17.

〔2〕 803 F. 2d 684 (Fed. Cir. 1986).

作为专利权人拥有用于加热和空调设备的连接管系统的方法和设备权利要求,也制造并销售用于实施上述权利要求的机器设备;同时,当用户在使用过程中用于连接导管的角片发生弯曲时,向其提供特定的角片进行替代,该角片本身并不被权利要求所覆盖。Korners 无限公司也制造用于替代的角片并将其销售给 Met-Coil 公司机器的所有人。Met-Coil 公司主张机器的所有人使用这些角片实施其专利方法,因此,控诉 Korners 无限公司构成间接侵权。法院认为:仅用于专利的产品的购买产生使用专利的默示许可,这种默示许可的内容还包含更换替代部件以保证使用能够继续正常进行,既然不存在直接侵权,间接侵权也不成立。Met-Coil 案将奔达克案确立的默示许可测试规则扩展到用于专利发明的易耗部件。同时,还将专利默示许可与间接侵权的认定联系起来,将专利默示许可纳入整个专利制度的体系之中,使专利默示许可不仅局限于内部理论与规则构建上的逻辑自洽,还必须兼顾与其他专利法制度的协调运作。

继 Met-Coil 案后,环球电子公司案[1]延续了经由唯一用途判定默示许可的思路,认为原告售出遥控设备后,其顾客就获得了使用遥控器的默示许可,并将证明遥控器有非侵权用途的责任赋予原告,使原告陷入证明间接侵权存在与默示许可不存在的两难境地。专利默示许可可能给间接侵权制度带来的影响,引发了学界不同程度的忧虑。环球电子公司案的观点使国会通过间接侵权制度保护专利权人的意图落空。[2] "任何非专利权人都可以购买者享有默示许可为手段,而就明知的和故意的侵权行为(亦即,未经授权而销售作为非主要部分的产品构件)逃避责任。"[3]因此,德雷特勒主张,应通过默示许可的第三项要求:对产品构件的销售必须经由使用该构件的产品的专利权人进行明示或默示许可。[4] 这一解决方案说明:所有用于专利产品制造和专利方法使用的部件均应当具有合法来源。同时,这也回答了一些案例中存在的部分构件来源于合法授权但部分未经授权是否成立

[1] 846 F. Supp. 641 (N. D. Ill. 1994).

[2] Michael J. Swope, *Recent Developments In Patent Law: Implied License—An Emerging Threat to Contributory Infringement Protection*, 68 Temple L. Rev. 281, 1995, p. 303.

[3] [美] Jay Dratler, Jr.:《知识产权许可》,王春燕等译,清华大学出版社 2003 年版,第 197 页。

[4] 同上。

默示许可的问题。此种解决办法的问题在于，既然部件都有合法授权，专利权人一般不会就此提出侵权诉讼，致使默示许可作为侵权抗辩事由的作用大打折扣，其制度价值还有多大不无疑问。而且，从司法实践的角度来看，一些案例并未遵循这一思路，而困局究竟如何破解，还有待理论和实践的进一步探索。

四、20世纪末以来：对新问题的回应

20世纪中叶以来，生物技术、通信技术等高新技术发展迅速，同时，技术的存在方式、人类对于技术的运用形式也发生了革命性的变化。技术的标准化、生物领域的自体复制技术等不仅涉及技术本身，也引发了利益格局的变动并将一系列法律问题带到人们面前。技术的变化带来规则的变化，作为与技术联系最为紧密的专利法，必须据此进行调整。对于技术标准化引发的问题，同样可以在相关判例中找到出处和回应。

尽管人类将技术标准化的活动最早可以追溯至18世纪末期(如1789年美国艾利·惠特尼在武器工业中用互换性原理以批量制备零部件，制定了相应的公差与配合标准)，[1]但技术标准涉及的法律问题在20世纪才逐渐凸显。标准制定组织的规则对于知识产权管理具有重要意义，但直至最近才在法律文献中得到了不多的关注。[2] 技术标准与专利权相结合引发的利益失衡问题也在20世纪末期以来的案例中得到体现。美国20世纪八九十年代的判例法明确：根据衡平禁反言、默示许可以及懈怠等原则，参与制定产业标准但却未公开其知识产权的人在标准制定后不得主张权利。[3]

Wang Lab. 案[4]是美国规制标准专利滥用行为的典型案件。在该案中，Wang Lab. 的员工詹姆斯·克莱顿(James Clayton)发明了体积更小、成本更低的可替代计算机内存——“单行存储器模块”技术(single in-line

---

[1] 参见杨帆：《技术标准中的专利问题研究》，中国政法大学2006年博士学位论文，第6页注①。

[2] Mark A. Lemley, *Intellectual Property Rights and Standrad-Setting Organizations*, 90 Cal. L. Rev. 1889, 2002, p. 1894.

[3] See Mark Finn, *When the Chips Are Down*, 24 European Intellectual Property Review 286, 2002.

[4] 103 F.3d 1571 (Fed. Cir. 1997).

memory module,SIMMs)。Wang Lab. 作为该发明的受让人于 1983 年提出专利申请,但因缺乏创造性被驳回。Wang Lab. 对权利要求进行修改后又于 1986 年重新提出专利申请,并于 1987 年获准专利(专利号为 4656605,以下简称 605 号专利)。Wang Lab. 在 1987 年又就另两项权利要求提出申请,并于 1988 年获得专利(专利号为 4727513,以下简称 513 号专利)。1983 年,Wang Lab. 的专家委员会向计算机产业出版社的成员介绍了 SIMMs 技术。专家委员会向联合电子装置委员会(Joint Electron Device Engineering Council,JEDEC,该委员会负责产业标准的制定)表达了 Wang Lab. 力促将存储器格式纳入存储器技术标准的意愿。詹姆斯・克莱顿在 JEDEC 的会上表示,Wang Lab. 不会生产 SIMMs,其目的在于鼓励其他生产商制造该模块,并回购用于自身产品。在回应问题时,专家委员会的一位成员声称 Wang Lab. 不会就 SIMMs 技术申请专利权。1983~1986 年,Wang Lab. 一直寻求将 SIMMs 技术纳入标准,并于 1986 年终获成功。在此期间,Wang Lab. 并未告知 JEDEC 其正在进行的专利申请。与此同时,几个生产商开始与 Wang Lab. 合作大规模生产和销售 SIMMs,Wang Lab. 则成为该模块的主要采购者。

在 Mitsubishi 公司与 Wang Lab. 的接洽过程中,Wang Lab. 向 Mitsubishi 公司提供了图纸和其他详细技术资料并一再要求 Mitsubish 公司生产 SIMMs。在 1985 年的会晤中,Mitsubishi 公司按照克莱顿的建议修改了 SIMMs 的结构后进行大规模生产。1987 年 Wang Lab. 开始购买 Mitsubishi 公司的 SIMMs,但 Wang Lab. 从未通知 Mitsubishi 公司其专利申请、专利或其他执行许可和收取使用费的意图,直至 1989 年的书面通知指称 Mitsubishi 公司侵犯其 605 号和 513 号专利权,并于 1992 年向法院提出诉讼。

加利福尼亚中区地区法院认为,被告的产品和原告 605 号专利的权利要求并不等同,因此,被告并不侵犯 605 号专利权。就 513 号专利权,陪审团认为被告已经就默示许可提供了优势证据,地区法院基于陪审团的裁定判决认为在法律禁反言的基础上产生了默示许可。联邦巡回上诉法院维持了一审法院的判决,认为 Wang Lab. 的行为创造了一个许可。此处联邦巡回上诉法院就认定默示许可构成要素的约因进行了广义的解释:Wang Lab. 不仅让 Mitsubishi 公司推断同意之存在,也收到了对应的报偿。Wang Lab. 以各种方式表示其意欲获得补偿,如其努力促使 JEDEC 将其 SIMMs 技术采纳为标准,Mitsubishi 公司与其他公司的贡献已使 Wang Lab. 收到了足够的补偿,且因 SIMMs 低廉的价格与广阔的市场,Wang Lab. 一直从中获益,只是案件中默示许可源于衡平禁反言而非法律禁反言。Wang Lab. 案是涉及技术标准专利侵权的开创性案例,通过适用建立在衡平禁反言之上的默示许可,其为后来案例的救济措施提供了大致的方向,以致 Rambus 系列案件〔1〕、高通公司诉博通公司案(Qualcomm Incorporated *v.* Broadcom Co-ro.)〔2〕均通过衡平法上的原则对专利权人在标准制定过程中不披露专利的行为予以规制,并使其成为国际上处理类似问题的通行做法。

生物技术领域的自体复制技术是诱发利益格局变动的又一重要技术。传统专利法通过适用权利穷竭来处理专利权与生物技术产品所有权之间的冲突。然而,由于自体复制技术的出现,这一原则的运用面临困境:一是难以就自体复制技术中使用与制造之间的界限进行明确划分;二是美国不同法院对于专利权人是否可就专利权穷竭另行规定限制条件的态度并不统一。因此,学界和实务界纷纷将目光投向以考量当事人意愿为核心的默示许可上。以致有学者认为,默示许可将在因产品使用产生自体复制品或相关产品的生物技术领域产生影响。〔3〕

在鲍曼诉孟山都案(Bowman *v.* Monsanto Co.)〔4〕中,法院恰好面临上述适用权利穷竭的两个困境。鲍曼是印第安纳州的一个普通农民,孟山都则是制造和销售转基因种子的巨头公司。孟山都公司在向农民销售转基因种子时均签有协议,要求他们不得将购买的种子留种和复种,否则将被起诉侵权。鲍曼在购买该转基因种子后用于复种,因为其认为按照农业习惯,种子的用途当然就包括复种,因而被诉侵权。在该案中,三级法院一致认为,权利穷竭并不包括制造权的穷竭,制造与使用的二分在自体复制技术上

〔1〕 Rambus *v.* Infineon Technologies AG, 22 F. R. D. 280 (E. D. Va. 2004); FTC *v.* Rambus, 522 F. 3d. 456(D. C. Cir. 2008).

〔2〕 548 F. 3d 1004 (2008).

〔3〕 Scott A. Chambers, *Exhaustion Doctrine in Biotechnology*, 35 IDEA 289, 1995.

〔4〕 133. S. Ct. 1761(2013).

仍然适用。然而,卡根(Kagan)法官在提供法院意见时也透露出关于默示许可在解释当事人意愿上的优势:无疑,孟山都公司就农民的复种行为进行了限制,但其不能——也不现实——排除所有的种植。毕竟,一个理智的农民不会购买不能生产出大豆的种子。因此,孟山都公司将转基因大豆种子销售给农民的同时也就产生了使用该种子种植的许可,当然,这种许可是隐含在销售行为之内的。

在 2013 年的有机种子种植及贸易协会诉孟山都公司案(Organic Seed Growers and Trade Association *v.* Monsanto Co.)[1]中,有机种子种植等公司以及农场和农民个人诉求法院就孟山都公司在未来可能提出的专利侵权诉讼作出其不侵权的确认判决。起诉的原因就在于上述公司和个人认为他们所种植的传统作物可能因为种种客观上的原因(如风将转基因种子吹入种植有传统作物的土地)而混入孟山都公司的转基因种子。孟山都公司在其网站上明确发布申明:就因不可预见方式而出现在农民土地中的少量专利种子主张专利权绝非孟山都公司的策略。尽管联邦法院认为微小数量的侵权也是侵权,但"考虑微量专利侵权产品的制造者能够基于默示许可规则而获得侵权豁免,对不可避免的自我复制者可以比照适用"。[2]

发生在自体复制技术领域中的两个案例说明,新兴技术的发展可能导致技术的利用和存在方式发生不可预见的改变。此种改变可能会对既存的利益格局造成冲击,并引发法律规则的调整。"自我复制行为可能会对于专利权人的市场利益产生显著影响,使专利权人获得的经济回报减少。由于专利产品购买者有能力再次制造同样的产品,并且保留原产品所有实质性的技术特点和使用功能,因此无须再从专利权人处获得许可及支付费用。"[3]纵然专利权人可以提高首次销售价格避免损失,但市场份额的不可预见导致难以确定具体价格以及会将风险转嫁给购买人都使提高首次销售价格这一做法不具备可操作性。借助合同默示条款理论,斯科特教授将权

---

〔1〕 718 F. 3d 1350(Fed. Cir. 2013).

〔2〕 刘强:《自我复制专利侵权问题研究——以 3D 打印等自我复制技术为视角》,载《法商研究》2015 年第 5 期。

〔3〕 同上。

利穷竭解读为法律上的默示许可,而将对合同术语的解释视为事实上的默示许可,认为由于法律上的默示许可由成文法明确规定,在保持相对稳定的同时也难免失之于僵化。事实上的默示许可因兼顾个案的特定情况,灵活适度地处理问题,必将成为应对技术难题时更为理想的选择。

以上对于美国历史上专利默示许可案例的梳理,只是对其演进历程相对粗线条的勾勒。事实上,专利默示许可所涉及问题的广度和深度还远远不止于此。因此,对于专利默示许可的认识还有待从全景概要式的浏览到纵深细节性的洞察。在众多案例所传达出的信息中,我们能够捕捉出的信号是,在专利默示许可适用规则的演进过程中,商业市场环境与技术变迁在其中扮演了重要的角色,究其根源就在于二者的变革引发了利益格局的变更。

就商业市场因素而言,知识产权制度就是因应市场需要的一种制度设计,知识产权法可以说是利用市场机能的巧妙体系。〔1〕“知识产权是一种为市场环境而生又存在于市场环境中的权利。”〔2〕专利权参与市场经济是为了助力营利目的的实现。基于商业利益的考虑,专利权人可能不会直接销售专利产品,而是选择将用于制造专利产品的零部件或设备投放销售市场,以谋求利润最大化。同时,由于技术的复杂性加剧,一件产品中可能包含众多专利技术,或由众多专利产品作为零部件组合而成,很难想象一个购买者的目的不是正常利用该产品;而在多专利产品作为零部件的情况下,零部件产品正常的商业用途与专利的技术用途均应成为专利用途的考量范畴。可见,商业市场因素将对专利权人以及被许可人的行为产生影响,理性人行为目的通常是追求利益最大化,行为模式变动引发的利益格局变动必然要求法律对此作出回应。就技术因素而言,郑成思教授早就指出:专利法必须随着科学技术发展所提出的新问题而变化。〔3〕专利标准化强化了专利权,自体复制技术则弱化了专利权。有趣的是,无论是强化还是弱化,专利默示许可均能够充当利益均衡的调节阀。原因就在于通过尊重当事人意

〔1〕 参见[日]中山信弘:《多媒体与著作权》,张玉瑞译,专利文献出版社1997年版,第4页。
〔2〕 [澳]彼得·德霍斯:《知识财产法哲学》,周林译,商务印书馆2008年版,第119页。
〔3〕 参见郑成思:《知识产权法通论》,法律出版社1986年版,第3页。

愿的方式赋予了专利默示许可适用的灵活性：由于当事人意思是立法或司法推定的结果，因此，根据案情需要作可左可右的倾向性选择就成为贯彻立法价值的有效方式。"在知识产权法出现之前，合同是人们用来保护创新成果的主要法律手段；当知识产权法面对新技术带来的法律问题日益显得捉襟见肘时，权利人为保护知识财产而再次启用合同作为权利保护的手段。"〔1〕相较于明示许可而言，立法与司法通过推定的法技术将立法价值取向与政策考量注入默示许可中，使之更有助于贯彻立法与政策意图，并在保护权利人利益与公众利益之间进行适度平衡。

第二节 专利默示许可在其他国家判例中的历史演进

作为专利制度的起源国和当前拥有较发达专利制度的国家，英、德两国对默示许可理论的运用和在实践中采取的做法各具特色，反映出两国司法实践对相关问题的思考和应对，具有借鉴价值。

一、英国

"英国是世界上最早建立专利制度的国家，基于专利产品首次销售的默示许可理论也首先产生于英国。"〔2〕尽管英国专利默示许可出现的时间最早，但其后的发展并未保持优势，无论是在案例的丰富程度抑或是规则的完善程度上，英国均无法与美国相提并论。尽管如此，英国专利默示许可原则仍然表现出自身相对独立的特色：一是深受衡平法传统中关于合同默示条款与禁反言规则的影响，将衡平法之精髓、理念和规则纳入专利侵权案件的审理中；二是专利默示许可的案件相对集中于专利产品销售与使用零部件对专利产品进行修理替换这两个领域。在时间跨度上基本可以划分为19世纪中后期至20世纪前半叶和20世纪中后期及其之后两个阶段。

---

〔1〕 J. H. Reichman & Jonathan A. Franklin, *Prinately Legislated Intellectual Property Rights: Reconciling Freedom of Contract with Public Good*, 147 U. Pa. L. Rev. 875, 1999. 转引自梁志文：《论知识产权法的合同限制》，载《国家检察官学院学报》2008年第5期。

〔2〕 万琦：《专利产品首次销售侵权抗辩研究——以财产权转移理论为研究进路》，知识产权出版社2014年版，第67页。

（一）19 世纪中后期至 20 世纪前半叶：专利产品销售的默示许可

由于英国默示许可理论最初源于解决专利权与专利产品销售后所有权之间的冲突问题，因此，英国法上解决首次销售之后再次转售问题的默示许可规则雷同于其他国家的权利穷竭原则。“一直以来，英国法院正是根据默示许可而非专利权用尽原则来解决专利产品售后的一系列问题。”[1]而将默示许可运用于判断使用零部件对专利产品进行替换是被允许的修理抑或不被允许的重作则是英国对默示许可传统认识的逻辑结果。英国的理论和实践认为：专利产品售出后，购买者即取得了使用、销售该专利产品的默示许可，为了保证产品能够正常使用，修理不可避免，因此，修理被包含在广义的使用中，对使用的默许也意味着对修理的默许。

英国学者认为，默示许可的起源最早可以追溯到 1842 年的柯兰克诉普莱斯案（Cranc *v.* Price）[2]。但审理该案的韦伯斯特（Webster）法官更多的是从专利权终止的角度而非从专利权人许可意思的角度来诠释案件。该案后的托马斯诉亨特案（Thomas *v.* Hunt）[3]则更具默示许可原理的雏形。在托马斯诉亨特案中，托马斯作为专利权人拥有一项改进肥皂制造工艺的专利，托马斯许可一家公司使用该专利制造肥皂，并基于其自身使用和获利的目的占有、使用和销售经由该专利制造的肥皂。被许可公司支付使用费并制造肥皂后，向亨特销售了肥皂，而亨特再次转售了这些肥皂。因此，托马斯起诉亨特侵犯其专利权。威廉斯法官在判决中认为，经由专利制成的产品的购买人与普通产品购买人一样，拥有对产品的转售权利。如若不然，被许可人获得的专利许可将丧失意义。尽管许可中要求被许可人基于自身使用和获利从事被许可行为，但其并未对许可人之外的购买者构成限制，因此，亨特享有以任意方式处理肥皂的权利。被告的代理律师认为：被许可人所支付的许可费已经足以成为使用专利权的充分对价，若非如此，专利权人将就一项专利多次获利并阻碍专利产品在市场上的自由流通；授予被许可

---

〔1〕 万琦：《专利产品首次销售侵权抗辩研究——以财产权转移理论为研究进路》，知识产权出版社 2014 年版，第 67~68 页。

〔2〕 (1842) 1 Webster's Patents cases 377.

〔3〕 (1864) 17 CB(NS)183.

人制造、使用、销售的许可包含了授予被许可人向购买者销售产品的许可。无疑其主张了销售时默示许可的存在，与法官所解释的无限制条件即构成许可的思维模式如出一辙。

贝茨诉威尔莫特案(Betts *v.* Willmott，以下简称贝茨案)[1]确立了专利产品销售适用默示许可的一般规则，将之运用于专利产品平行进口领域，成为时间最早且后世援引次数最多的经典案例。贝茨同时在英国和法国拥有内容相同的专利，其在英国自己制造并销售该专利产品，在法国则通过代理人制造并销售专利产品，贝茨要求代理人不得将专利产品出口至英国。被告在英国境内使用的专利产品并非来自英国的经销商，因此被诉侵权。哈瑟利法官认为，除非原告能够证明，不是对于其代理人有明确的销售范围的限制，而是就该专利产品的购买者有明确的限制。否则，他的理解是，由于原告有权在法国、比利时、英国以及世界上任何其他地方销售专利产品，其实际上在转让商品的同时也向购买者授予了以其所希望的任意方式使用该产品的许可。当购买者购买了销售者希望继续加以控制的产品时，必须有相反的清楚明确的协议证明销售者并未给予购买者销售该产品或者以其愿意的任何方式使用该产品的许可。由此，法院表明了对于处理专利权与产品所有权冲突问题的立场：如果专利权人没有就专利产品的使用和再销售向特定相对人进行明确限制，则视为其在转让专利产品时即授予了购买者使用和销售的默示许可。

从上述两个案例可以看出，英国在处理专利产品销售时所持的立场为：专利权并未随着专利产品的销售而耗尽，其仍然为专利权人所有，只是在专利产品销售的同时产生了同意购买人予以使用和销售的默示许可，且这种默示许可受制于专利权人明示条件的限制。这一立场在 1911 年澳大利亚国家留声机有限公司诉门克案(National Phonograph Company of Australia Limited *v.* Menck)[2]中也得到了充分的体现。该案原告是留声机等电子产品和唱片的制造商，拥有涉及留声机和唱片的专利，其制造的专利产品经由批发商、零售商两个环节向最终用户进行销售。原告分别与批发商和零售

[1] LR 6 Ch. 239(1871).

[2] AC 336(1911).

商签订了合同:要求批发商只能向原告指定的零售商销售产品,并且在合同中也对零售商销售产品的最低价格、不得经营原告竞争对手的产品等事项进行了诸多限制。被告门克违反了约定的限制性条件,以不为合同允许的方式处置原告产品,被控诉侵权。该案争议的焦点在于原告销售合同中限制性条件的效力问题。枢密院的肖法官在表达法庭意见时首先肯定了普通商品销售的自由流通原则,即产品所有人不应受任何使用或转售产品限制的约束。如果任何其他规则可以在此适用的话,那么这将违背公共利益和贸易安全,并与所有权相关的权能相抵触。然而,当所售产品是专利产品时则另当别论:在专利产品的情形下,绝对自由地处置普通产品的原则将受到上述限制的影响,从而购买专利产品并知晓专利权人施加限制的购买者将会受到约束,只要其在购买产品时知道上述限制。本案的限制性条件涉及专利产品的销售,而专利法恰恰给予了专利权人对产品施加这种限制的权利。该意见包含两个主要的观点:一是如若没有限制性条件,则使用与销售专利产品的默示许可应当存在;二是该限制性条件源于专利权,为专利法所确认,与普通合同中的销售限制条件有根本的不同。

(二)20 世纪中后期及其之后:专利产品零部件修理替换的默示许可

在一些英国法官看来,专利产品销售默示许可理所当然包含对专利产品零部件进行修理替换的默示许可,因为修理替换的目的是正常地使用专利产品。这一观点在 1977 年汤姆森太阳能工程公司等诉巴顿案(Solar Thomson Engineering Co. Ltd. and Another *v.* Barton)[1]中得到了充分诠释。该案法院认定被告的行为是原告予以默示许可的修理行为从而判定其不构成侵权。在该案中,原告向 B. S. C 公司销售一种传输系统,在该系统中,电缆被置于大量滑轮的凹槽中。滑轮受到专利保护,该发明的目的是在外围凹槽中提供带有塑料环的滑轮,以使其能够被固定并且塑料环能够被替换。当滑轮损坏后,解开插销,移除钢环,插入并闩上新环就是必要的。B. S. C 公司一直希望能移除其旧的钢环并装配上新的塑料环,但原告则认为:因为费用原因将用过的环报废而完全换上新的在经济上将更为便宜,而 B. S. C

[1] R. P. C. 537(1977).

公司事实上也是这样做的。在使用该发明十年后,B. S. C 公司接受了被告的服务,被告应 B. S. C 公司的要求通过自己的秘密方式从钢环上移除并清洗损坏的塑料环,并通过模具铸造新的塑料环放置在原来的位置。原告起诉被告侵犯专利权。格拉哈姆法官援引了贝茨案所确立的一般规则:当专利权人销售专利产品时,他实际上也向购买者授予了以其所希望的任意方式使用该产品的许可。并且,格拉哈姆法官补充道:专利权人也给予了购买者修理专利产品的权利以便在其能力范围内保持专利产品在其有效期内的正常运行。同时,只要专利权人没有就此提出限制性条件,该一般规则就应适用。随后,格拉哈姆法官将论证的重心转移到对修理抑或重作的判断上。与格拉哈姆法官不同的是,巴克利法官首先判断被告的行为是否构成修理。如果是,那么无论是从专利权人还是从专利权人的许可人抑或是从专利权人或许可人的购买人那里获得产品的购买者,就获得了自己行使权利或通过签订合同由他人行使权利的默示许可,并且该默示许可能够随着专利产品的转让而转移,也允许代理人或合同相对方从事产品所有权人有权从事的行为。

然而,专利产品零部件修理替换是否应适用默示许可这一问题在英国并非没有争议。世纪之交的联合电线有限公司诉苏格兰屏幕维修服务有限公司及其他案[United Wire Ltd. *v.* Screen Repair Services (Scotland) Ltd. and others,以下简称联合电线有限公司案][1]就反映了英国司法界对于专利产品修理默示许可问题的不同态度。该案原告是关于筛查屏和过滤屏改进发明的专利权人,两项专利均用于原油勘探工业振动型筛查过滤机器中。筛查屏专利描述了用于振动筛查机器的组合。该组合包括由金属部分制成的方形框架和两个屏或者由编织绳做成的网格。筛查屏的使用寿命较短,因为网格可以维持几小时到几天不等。被告从事屏幕维修业务,他们拆除旧的框架,重新喷沙并用原告制造的固化黏合剂重新装配框架,提供新的网格,然后紧固并加热组合以固化粘胶。被告主张其行为属于非侵权的修理而非对专利发明的重作,并认为一旦权利人销售了屏幕组合,购买者即获得

---

〔1〕 UKHL 42(2000), 4 All E. R. 353 (July 20,2000).

了通过修理延长其使用寿命的默示许可。

初审法院法官遵循了上诉法院在汤姆森太阳能工程公司等诉巴顿案中的判决，认为此种情况下存在修理的默示许可，被告的行为应被视为延长屏幕使用寿命的修理行为。上诉法院撤销了该判决，认为被告的行为属于制造。阿尔多斯法官认为，专利案件中默示许可概念并不适用于侵权已经在1977年《专利法》中得以明确，该法是英国履行欧盟条约义务生效之法案。[1] 同时，默示许可的缺陷还在于其可以通过协议或销售环境被明确排除。案件最终上诉到英国上议院。霍夫曼法官同意上诉法院的观点，认为默示许可这一概念在本案中是无用的。默示许可的功能在于，在专利权存在的背景下，为何经由专利权人同意而获得专利产品之人能够随其所愿使用和处理该产品。在被告被控诉因为制造而侵犯专利权的情况下，默示许可或权利穷竭是没有帮助的。专利产品的销售不能授予制造另一新产品的默示许可。所有人的修理权不是经由明示或默示的方式授予他的独立的权利，而是一种只要不构成制造产品，其可以从事任何行为的保留权利。与汤姆森太阳能工程公司等诉巴顿案不同，以霍夫曼法官为代表的上议院认为默示许可的权利限于使用和销售，而不包括修理，修理的权利不是来源于默示许可而是来源于产品所有人的固有权利；在本案中区分修理与制造的意义并不在于是否适用默示许可，而是在于判断被告行为是否落入了专利权禁止制造的范围。霍夫曼法官的观点，一方面沿袭了英国默示许可内容为使用和销售的传统，另一方面又对购买者修理行为的性质进行了重新界定，是对修理来源于默示许可这一思维定式的一大突破。上诉法院和上议院两级法院法官的论述将修理专利产品是否适用默示许可这一问题引向了深入。

2011年的英国舒茨有限公司诉英国维特有限公司案[Schutz (UK) Ltd. *v.* Werit (UK) Ltd.][2]延续了汤姆森太阳能工程公司等诉巴顿案和联合电线有限公司案等案例对于修理专利产品是否适用默示许可问题的讨论。该案原告是中型散装容器专利的权利人，该容器包括一层外围笼状保

---

[1] 欧盟处理该问题的通行做法是适用权利穷竭。

[2] EWCA Civ 303(2011).

护结构,其包含能够容纳 1000 升液体的可移动塑料瓶。该专利与金属笼状保护外围的构造相关,这种外围结构更坚固,更易于制造。专利并不包括内部塑料瓶。被告提供塑料瓶由第三方将其改装进由权利人享有专利权的二手外围笼状结构中。该流程被市场视为再制造,考虑到塑料瓶的使用寿命短于外围保护结构的寿命,因此其也被视为是贸易中的通行做法。原告起诉被告侵权,初审法院认为专利有效但不构成侵权,案件上诉至上诉法院。案件争议的焦点在于将瓶放入保护外围笼的行为是否构成对受专利权保护产品的制造。在初审中,被告曾一度主张默示许可抗辩但最终予以撤回,因为原告证据表明其在交易中就穿插使用塑料瓶这一行为表示过激烈的反对并且销售条款和条件均禁止此种行为。因此,上诉法院将关注的重心转移到对修理重作的判断上。通过回顾联合电线有限公司案,贾克布法官认为联合电线有限公司案并没有提出“制造”的判断标准,而是排除了“整体性发明概念”测试法的适用,并延续了联合电线有限公司案所认定的“在判断是否构成制造时,默示许可并不适用”的观点,同时赞成原告代理人的观点:判断修理并无一般标准,其受制于案件的具体背景。但贾克布法官也指出,不能仅因为专利产品销售并不产生制造的默示许可就否定因其他原因而产生默示许可的可能。假如权利人并不仅是销售专利产品,同时,还有其他事实指向权利人授意的意思表示时,默示许可仍然存在(如销售专利产品的同时提供如何组装的说明,或者将产品卖入有组装惯例的市场等)。因此,进一步的事实可能导致重作问题的不同处理结果:例如,权利人在销售专利产品的同时附带提供了更换零部件的说明,那么该重作就是得到许可的制造;反之,则不然。

从上述案例中可以发现,英国专利产品销售适用默示许可这一传统面临一些困境:一是对欧盟义务的遵循;二是默示许可允许附条件对购买人造成较大限制;三是购买者的修理权源于默示许可招致了质疑。但是这些困局并非无法化解,理由在于:一是英国衡平法上禁反言、懈怠等原则与默示许可有着基本相同的构成要件,其适用的领域能够与默示许可兼容,因此具备了拓展默示许可适用范围的可能;二是正如英国舒茨有限公司诉英国维特有限公司案原告代理人所指出的,默示许可的产生并非仅限于专利产品的销售,如若权利人的其他行为指向了许可之授意,那么也能认定许可的存在。说明法官对于默示许可适用范围已经有了新的认识。尽管还比较微弱,但我们已经能够看到默示许可适用范围拓展的苗头。结合衡平法原则的运用与具体案件事实的考量以及应对新技术的需要,可以推断,英国专利默示许可应当有更大的作用范围和空间。

二、德国

尽管当前德国在专利基础理论、专利法院建制等方面引领欧洲乃至世界,但19世纪前期德国还不存在有利于专利保护的政治、经济与思想条件:"至1871年统一德意志帝国成立之前,德国始终处于四分五裂状态;国家的分裂以及封建行会制度的存在阻碍了商品的流通自由和经济技术的发展,直到19世纪初德国还没有值得一提的工业;亚当·斯密的古典经济自由主义思想的追随者,反对工业产权保护对工商业自由产生的限制,将专利作为陈旧的封建行会制度与封建特权制度的'残渣'。"[1]至1877年德国才制定第一部统一的《专利法》。因此,19世纪德国的专利理论和制度并没有沿袭其在民法领域的彪炳荣光,而是在英国专利法理之后亦步亦趋。其中表现之一就是承袭了英国的默示许可理论,将其适用于专利产品售后购买人权利的处理上。"19世纪的德国首先以默示许可理论来解决专利权与所有权之间的权利冲突问题",[2]认为购买人使用和再销售专利产品的权利源于专利权人的默示许可。但随后德国学者逐渐意识到由于默示许可的合同性和任意性,专利权人设置限制性条件排除默示许可的适用将对产品自由流通造成障碍。为此,科勒教授提出了权利穷竭理论。科勒认为,销售、使用是制造行为的延续,都是专利的实施方法,因此专利权自合法制造之后就已经用尽。帝国法院在1902年的一件有关专利权案件(Guajokol-Karbonat案[3])

---

〔1〕 范长军:《德国专利法研究》,科学出版社2010年版,第7页。

〔2〕 万琦:《专利产品首次销售侵权抗辩研究——以财产权转移理论为研究进路》,知识产权出版社2014年版,第110页。

〔3〕 Guajokol-Karbonat,RGZ 51,139,140-141;30 IIC 495,497(1999).转引自王春燕:《贸易中知识产权与物权冲突之解决原则——权利穷竭的含义、理论基础及效力范围》,载《中国人民大学学报》2003年第1期。

的判决中就承认了该原则。[1] 同时,该案判决进一步丰富了权利穷竭的理论基础,认为基于专利产品的销售,专利权人已经获得了补偿,其权利已经用尽,因此不得以限制性条件阻碍商品流通、分割市场。自此以后,德国一直使用权利穷竭原则处理专利产品的售后问题,权利穷竭作为一项法定原则,不允许当事人以限制条件排除适用。

不同权利要求之间、不同专利权之间常存在相互关联的情况,具体表现有三种。[2] 购买者从专利权人处购买了销售设备后,其实施方法专利或方法权利要求是否还需要获得专利权人许可?美、德、日等国的法院认为,如果专利权人在销售其专用设备时(无论该设备是否是专利产品或专利权利要求)没有作出明确的限制,那么购买者就获得了实施其方法专利的默认许可。德国联邦最高法院 1979 年在 Krauss-Maffei 股份有限公司诉 Aweco 有限公司案(Krauss-Maffei AG. *v.* Aweco Gmbh)[3]中指出:"实施专利方法的专用设备售出后(该设备不是专利产品),该方法专利权不会被权利用尽,因为权利用尽针对的是专利产品销售后该产品本身而言。但是此种情况通常可以视为专利权人授予了装置的购买者实施该专利方法的默示许可。此种默认许可是一种建立在默示之上许可合同,是协议问题,不涉及权利用尽原则。"[4]因此,当权利穷竭理论在解决关联专利的许可使用上受限时,德国司法界就借助于默示许可来应对这一问题。

德国默示许可的内涵、特性等是在与权利穷竭的相互映衬中得到体现的:权利穷竭理论的产生根源于默示许可固有的无法排除当事人约定限制的局限,因此,德国专利法选择法定的、不能附限制条件,也不能排除适用的权利穷竭来促进商品的自由流通;当销售关联专利产品时,由于权利穷竭只

---

〔1〕 参见范长军:《德国专利法研究》,科学出版社 2010 年版,第 105 页。

〔2〕 三种表现为:(1)两项独立但又相互关联的权利要求存在于同一项专利权中,其中一项独立权利要求的内容是一种制造方法;另一项为用于实施该方法的专用设备。(2)专利权人拥有两项专利,其中一项是制造方法的专利,另一项是专门用于实施该方法的产品专利。(3)专利权人仅拥有制造方法的专利,实施该方法的专用设备不是专利产品。尹新天认为还包括专利权人拥有产品专利,销售专门用于制造该产品专利的元件或部件,不管该元件或部件是否拥有专利的情形。参见尹新天:《中国专利法详解》,知识产权出版社 2011 年版,第 171 页。

〔3〕 Krauss-Maffei AG. *v.* Aweco Gmbh, 11 IIC 504, 1980, p. 504.

〔4〕 国家知识产权局条法司:《新专利法详解》,知识产权出版社 2001 年版,第 358 页。

及于所销售产品而不能覆盖相关专利，德国的司法实践又理智地选择默示许可以弥补权利穷竭的局限。德国对默示许可和权利穷竭各自特性、功能的清楚认识和准确定位值得我们借鉴。

第三节 专利默示许可在我国判例中的运用

2008 年，我国在《专利法》修改时删除了第 12 条许可合同的“书面”形式要求，但我国默示许可的实践在此之前就早已出现。尤其是进入 21 世纪以来，标准专利权人与标准实施者之间的利益冲突凸显，累积创新模式下专利产品内部构成的复杂化和关联性等成为默示许可在实践中得以运用的主要原因。

一、标准专利引发的默示许可案件

2006 年，广西南宁邕江药业有限公司（以下简称广西公司）与河南省天工药业有限公司（以下简称河南公司）就药品标准专利的使用发生纠纷，[1] 河南公司就原告指控侵犯专利权的主张提出了默示许可抗辩。该案中，广西公司为了能够实施其药品发明专利，按照《药品管理法》的规定，参与了一种人体所必需的氨基酸药品质量标准的制定，并申明其发明专利实施例之一即为该氨基酸药品质量标准所采用的组方。广西公司和河南公司也被国家药品监管机构纳入了该药品生产企业名单。据此，河南公司认为广西公司将发明专利纳入国家标准的行为应视为其对他人使用其专利授予了免费默示许可。二审法院认为，根据《药品管理法》的规定，广西公司要获得制造和销售药品的权利，必须将药品发明专利纳入国家标准，除此之外别无选择；此外默许的意思必须有法律明确规定。因此，二审法院认定广西公司的行为不构成默认许可。尽管二审法院的第二个理由值得商榷，但该案的重要意义在于揭示了标准专利侵权纠纷中适用默示许可的可能性。同时，广西壮族自治区高级人民法院在说理时明确提出广西公司是在执行国家法律的强制性规定，并且案件细节也表明在标准制定过程中，广西公司已经对专

---

[1] 南宁市中级人民法院民事判决书，(2006)南市民三初字第 56 号；广西壮族自治区高级人民法院民事判决书，(2007)桂民三终字第 46 号。

利权进行了披露,这就进一步限定了标准专利适用默示许可的具体条件:是否执行国家强制标准、是否在标准制定过程中履行披露义务等都成为日后案件中认定专利权人行为是否构成默示许可必须考虑的关键因素。

在2007年季某、刘某与朝阳市兴诺建筑工程有限公司专利权纠纷案件[1]中,原告是一项建筑施工方法独占许可的被许可人,该施工方法经专利权人同意被纳入建设部《复合载体夯扩桩设计规程》,被告认为其按照规程施工的行为不构成侵权。双方上诉至辽宁省高级人民法院,辽宁省高级人民法院遂向最高人民法院请示,最高人民法院认为参与了标准制定但不披露专利的行为构成默示许可。[2] 由于该案上诉时我国相关标准组织并未对专利权人的披露义务进行明确规定,因此,最高人民法院认为,在本案专利纳入规程征得专利权人同意的情况下,应当认定专利权人作出了默示许可。这足以说明专利权人的披露义务对于默示许可的认定至关重要。同时,最高人民法院还指出,该默示许可是有偿许可,只是支付的使用费数额应明显低于正常的许可使用费。该案说明我国司法实践已经认识到适用默示许可对于保护标准专利实施人利益的重要性,但在标准的性质、披露义务、使用费的确定方面还有待进一步探索与完善。

在2009年江苏优凝舒布洛克建材有限公司诉江苏河海科技集团有限公司、江苏神禹有限公司、扬州市勘测设计研究院有限公司侵犯专利权纠纷案[3]中,一审法院、二审法院均认定原告的行为构成默示许可。二审法院认为,原告在将专利权纳入科技推广项目的过程中并未明确披露发明专利信息,并且授权扬州市勘测设计研究院采用其专利的行为,必然使另外两被告产生原告已授予他人实施其专利许可的合理信赖,从而实施按图施工制造的行为,因此两被告的行为不应当视为侵犯专利权。在该案中,专利权人除没有披露纳入科技推广项目的专利权外,还有一个不容忽视的细节,即其

---

〔1〕 辽宁省高级人民法院民事判决书,(2007)民辽四知终字第126号;最高人民法院(2008)民三他字第4号答复函。

〔2〕 该复函认为:根据目前我国标准制定机关尚未建立有关标准中专利信息的公开披露及使用制度的现实,在专利权人参与了标准的制定或者经其同意的前提下,将专利纳入标准的,视为专利权人作出了实施该专利的授权许可,他人的实施行为不构成侵权。

〔3〕 参见2009年江苏法院知识产权司法保护经典案例。

授予了扬州市勘测设计研究院采用该专利。作为市场交易中的理性人,专利权人应当预见授予设计研究院采用的后果必然存在进一步的施工制造行为。法院正是在综合考虑这两种行为的基础上,认定被告的行为不侵权,即推定被告的行为得到了原告的默许。

在衡水子牙河建筑工程有限公司与张某某等发明专利权纠纷案[1]中,原告张某某的建筑施工方法被纳入河北省地方标准,一审法院认为尽管该专利被纳入地方标准,但仍然属于公开有偿使用的技术,因此认定被告构成侵权。在二审中,河北省高级人民法院引用《最高人民法院(2008)民三他字第4号答复函》认定,专利权人参与了标准的制定,故应视被告实施标准(专利)的行为获得了专利权人的许可,其行为不构成侵权。

以上案件说明,随着越来越多的专利技术成为技术标准,默示许可在协调标准专利权人与标准实施人之间的利益关系上有较大的作用空间。其原因在于在标准专利侵权纠纷案件中,默示许可并非凭空捏造,而是基于专利权人行为的一种合理推定,是专利权人相关行为引发的一种自然、诚信、合理的后果,这种推定不仅顾及了具体的案件事实,也充分考虑了广大标准实施人的合理需求。但是在标准专利案件中,具体事实各不相同。如上述案例所表明:标准的性质、专利权人对专利权的披露情况以及专利权人在具体案件中作出的其他具有相应许可意思的行为表示等对于默示许可的认定都至关重要。同时,默示许可的内容是否包括许可使用费等还必须结合个案合理确定,这样才能使默示许可的适用既能进一步推进技术标准化战略,又能不偏不倚兼顾各方利益,达至最佳的社会效果。

二、专用产品销售引发的默示许可

广西壮族自治区高级人民法院2005年曾经处理过一起专利实施许可合同纠纷案件。专利权人获得了镁粉深加工工艺的方法专利和实施该方法的镁粉机实用新型两项专利。专利权人与对方签订了销售镁粉机的协议,同时允许对方免费使用镁粉的加工方法专利。在本案中,双方其实不必

---

[1] 河北省石家庄市中级人民法院民事判决书,(2009)石民五初字第00163号;河北省高级人民法院民事判决书,(2011)冀民三终字第15号。

再就方法专利许可作出约定,因为专利权人在没有提出明确限制条件的情况下,将专用设备销售给他人的行为就足以表明专利权人默许他人使用该方法专利,他人无须另行与专利权人签订专利实施许可合同。[1]

在2012年江苏省微生物研究所有限责任公司与福州海王福药制药有限公司(以下简称福药公司)专利权侵权纠纷案[2]中,双方争议焦点在于福药公司对江苏省微生物研究所有限责任公司专利权的实施行为是否合法。在该案中,福药公司生产的硫酸依替米星氯化钠注射液的原料购自专利权人与他人合资设立的公司或经专利权人许可的山禾公司,属于合法来源。尽管该原料不具有专利权,但其唯一合理的商业用途就在于制造硫酸依替米星氯化钠注射液。据此,最高人民法院认为:专利实施许可并不只有书面许可一种方式,默示许可也是专利许可的方式之一。专利权人售出或经专利权人许可售出的药品原料仅有唯一合理的商业用途足以说明专利权人授予了购买者用该原料实施专利权的默示许可。

在某侵犯专利权案件[3]中,请求人拥有"全耐火纤维复合防火隔热卷帘"的实用新型专利。该专利的发明点主要在于卷帘面本身的结构,而连接螺钉和薄钢带均为现有连接卷帘布的技术。请求人仅出售了涉案专利中的卷帘面,未出售带有连接螺钉和薄钢带的卷帘,但其卷帘面的产品说明书明确告知:在使用卷帘面时须在加装薄钢带和连接螺钉的前提下使用。A公司从请求人处购买了卷帘面后,加装了连接螺钉和薄钢带形成了卷帘成品,并将该卷帘成品进行售卖。在本案中,请求人将专用于专利的半成品销售给A公司,如果A公司不对该半成品进行进一步加工使用则其购买行为毫无意义;该半成品的说明书也明确告知用户须加装薄钢带和连接螺钉配套使用,从中可以看出,该半成品包含了涉案专利的实质性特征。购买人购买该卷帘面后,注定会依照专利方法进行完工,因此,请求人对半成品卷帘面的销售行为本身就意味着对涉案专利的默示许可,A公司从专利权人处购买卷帘面并加工成专利产品的行为不构成侵犯专利权。

---

[1] 参见韦晓云:《专利的默认许可》,载《人民司法》2007年第17期。

[2] 最高人民法院行政裁定书,(2011)知行字第99号。

[3] 参见国家知识产权局《专利侵权行为认定指南(试行)》列举案例。

当一项设备、零部件或原材料的唯一用途在于实施专利方法或生产专利产品时，作为理性人之专利权人或其他权利人必然预见购买者的后续行为，购买者也必然产生实施专利的预期，否则合同目的落空。因此，销售设备、零部件或原材料的行为包含实施专利的默示许可既符合常识、常理，也符合当事人的预期。以上案件也提出了此类情况需要考虑的两个重要因素：一是正如最高人民法院所要求的，需要存在唯一合理的商业用途；二是专利权人没有提出限制条件。前者存在适度认定的弹性空间，后者受制于对限制条件合法性、合理性的判断。

此外，在实践中还出现了因在先合同关系而提出默示许可抗辩事由的案件。因此，专利默示许可不仅在我国司法实践中存在适用空间，《民法典》及《专利法》的相关规定也为专利默示许可的适用提供了充分的理论基础和保障。[1] 但专利默示许可作为许可方式或抗辩事由在我国的运用还不普遍，适用的广度和深度还有待进一步拓展，具体规则标准等还有待进一步明确。

小　　结

本章探讨了专利默示许可在美国、英国判例法中的运用和进展，以及在德国和我国判例中运用的基本情况。美国是专利默示许可判例的集大成者。早期的亚当斯案被视为权利穷竭型默示许可的起源案例。其后经由劳瑟诉汉米尔顿案、De Forest 案、美国诉 Univis 眼镜公司案等案例的发展，默示许可的适用范围扩大到方法专利、专利的部分权利要求以及专利权人可能导致相对人产生信赖之各种行为。在奔达克案中，法院确立了判断默示许可的“两步测试法”。Met-Coil 案进一步提出了默示许可与间接侵权的关系问题。20 世纪末以来，默示许可在标准专利案件中得到运用，其适用范围呈现逐步扩大的趋势。英国专利默示许可主要适用于专利产品销售与专利产品的修理问题。英国历来通过默示许可解决专利产品销售后专利权与使用权、销售权的冲突问题，但这一做法招致了欧盟统一适用权利穷竭的挑

[1] 参见李江、王津晶、熊延峰等：《中国专利默示许可实践探究》，载《中国专利与商标》2014 年第 4 期。

战。司法实务界也逐渐对修理问题适用默示许可进行了反思,提出修理权源于所有权而非专利权人的授权。德国一开始在处理专利产品售后问题上沿袭了英国的做法,但是由于专利权人可以设置条件从而对自由贸易造成限制,德国改采用权利穷竭理论处理专利产品的再次销售问题。在关联产品销售问题上,德国并未像美国那样不加区分地适用默示许可与权利穷竭,而是采用默示许可理论,避免二者混淆。我国在标准专利和销售唯一用途产品方面已经出现了默示许可的案例,但适用范围还有待扩展,适用规则还有待完善。

第三章　专利默示许可的正当性

制度的正当性是就制度为何存在，存在的必要性、合理性所给出的解释。制度的正当性有其哲学上的依据，也可以通过制度的价值、功能以及制度适用过程的合规律性、合逻辑性等来证成。专利默示许可的正当性体现在其价值的应然性、功能和实现过程的正当性，这些特性足以说明其存在的意义和价值。下文分别从哲学依据、法理功能、推导过程三个维度进行论证。

第一节　专利默示许可的哲学依据

中西方哲学均认为沉默具有表意功能，沉默是与语言并存的表情达意的一种重要的手段，对于沉默含义的理解要结合上下文语境，依赖于表意人和受意人双方在特定环境下对于指称对象所达成的默契和一致认知。自休谟以来，西方伦理哲学所形成的事实价值二分命题逐渐式微。有论者指出，尤其是在法学和经济学等领域，可以从事实推论出价值。在专利法领域，专利默示许可的推定过程恰好就是根据事实作出价值判断的过程。

一、中西方哲学中沉默的意义

"凡是可以说的东西都可以清楚地说出来。""对于不可说的东西，我们必须保持沉默。"[1]这是语言哲学奠基人维特根斯坦《逻辑哲学论》的主要

〔1〕［奥］路德维希·维特根斯坦：《逻辑哲学论》，贺绍甲译，商务印书馆 1996 年版，第 49 页、第 105 页。

理论之一,也是其语言哲学的精髓。维特根斯坦认为:在语言所能描述的经验世界之外,尚存一个不可言说的意义世界。他以语言的局限性为起点,勾勒出言的世界与默的世界的界分。在维特根斯坦看来,语言是有局限的,一些深刻的、形而上的价值问题,诸如道德、美学价值和人生意义等,纵使千言万语、喋喋不休,依然说不清道不明,难以用语言准确描述。因此,最好的方式就是对不可言说之物保持沉默。"凡'不可说'的只能在沉默中用超越科学语言的表现手段'显示'。"〔1〕维特根斯坦通过语言的局限性证实了沉默的合理性。而在另一位语言哲学大师海德格尔看来,沉默是一种话语形式,沉默甚至较之于语言具有更重要的价值和意义。沉默是无声之语言,是道说而非言说,是寂静之音,沉默之道说反映出存在。海德格尔指出,语言具有与生俱来的局限性,对于语言之外的世界,最好的言说方式就是"沉默"。"沉默应和于那居有着——显示着的道说的无声的寂静之音。"〔2〕

这一见解与维特根斯坦具有高度一致性。同时,海德格尔更倾向于论证沉默的言外之意和弦外之音。其所指称的沉默之中包含无限的意义世界。海德格尔认为,纷繁复杂的语言可能会对原初、真实的意义产生遮蔽,与其在语言的误导下将意义引入歧途,不如在话语流中通过沉默来传达意义。沉默并非无言,相反其所包含的内容可能意味深长。"一个人可以没完没了地言说,但实际上什么都没有说;另一个人可以闭口沉默,却说出了很多。"〔3〕因此,沉默是话语的一种形式,甚至是更本质的话语形式,能于寂静无声中更准确、更本真地传达出表意人的意图。就如同文学作品中的留白,此时无声胜有声,沉默背后蕴藏的是万千的意义世界。海德格尔的沉默观对于专利默示许可更具启发意义:首先,他赋予沉默于话语同样甚至更为重要的表意地位;其次,他道出了沉默所蕴含的深意。将之翻译成法律语言即是:明示与默示(非话语形式)均具有表意功能,并产生法律效力;对于默示所传达的意义要结合相关背景,合理推定。

2000多年前的中国道家哲学思想对于语言的困境与"不可说"之"道"

---

〔1〕 李乃刚:《维特根斯坦和庄子的语言哲学观比较》,载《皖西学院学报》2013年第6期。
〔2〕 [德]海德格尔:《在通向语言的途中》,孙周兴译,商务印书馆2004年版,第225页。
〔3〕 同上书,第122页。

与西方哲学有相似的见解。“《老子》开篇即说：‘道可道，非常道；名可名，非常名’。这是说真正的、本体的、形而上的道是不可言喻的，它是超越概念语言表达的‘存在’。”[1]既然如此，“多言数穷，不如守中”。当语言苍白无力时，最好的办法就是保持沉默。庄子“道不可言”的观点与老子一脉相承。这一观点认为“道”是一种先于语言的先验性存在，是难以通过语言把握和言明的，对于“言之所不能论，意之所不能察至”的“道”，只能通过非语言、非逻辑的方式予以体认。老子、庄子看到了言不尽意的局限，但其体悟默会“道”之含义仍停留在理论和个别的实践上。就这点而言，中国的禅宗哲学则更进一步。禅宗“不立文字、教外别传”的思想表明：佛法精义需要领悟才能证得，无论是渐悟还是顿悟，都是在强调直觉的意会。因此，禅宗的言传往往表现为非逻辑的答非所问、含糊其词和惜字如金。参悟更多地通过非常规化言语行为，如体态语、默语、静观等。行为代替语言，同样能够实现参禅悟道的最高境界。[2] 禅宗的机锋蕴藏于行为之中，只有表意人与会意人达成一致默契，才能实现对佛法妙谛的心领神会。道释两家对于语言的功用持保留态度，甚至认为在一定环境下，语言是多余的，没有语言的遮蔽，反而能够洞见更真实、更澄明的世界。这就从侧面证明了沉默、默示的合理性、必要性。当我们为语言所困扰时，不妨在沉默的世界中寻找答案。

二、对事实价值二分命题的批判与超越

在英国道德学界就道德根据在于理性或道德感（情感）的论争背景下，休谟认为：“道德并不成立于作为科学对象的任何关系。”“道德也不在于知性所能发现的任何事实”，[3]而是在于人的情感。因此，休谟提出了不能从“是”（being）推导出应当的论断。尽管休谟所提出的问题本质在于理性能否充当道德根源的问题，但西方思想界物我两分、主客体两分的传统再加上后世学者的演绎，最终使休谟伦理问题演化为事实与价值的二分命题。

---

[1] 侯洪澜：《论庄子的语言哲学观》，载《社科纵横》2008年第5期。

[2] 参见王海东：《寻道之路：“不可说”与“不立文字”——维特根斯坦思想与禅宗思想之比较》，载《学术探索》2013年第3期。

[3] [英]休谟：《人性论》（下），关文运译，商务印书馆1980年版，第508页。

事实与价值之间的区分被扩大化、绝对化，将事实等同于客观、价值等同于主观，认为不能从事实判断推导出价值判断，甚至将伦理学和认识论中的一切陈述看成不可证实的、非科学的陈述，[1]人为造就了事实与价值之间不可逾越的鸿沟。但是，这一命题的地位并非无法撼动，它引发了技术与伦理相分离的现实危机和伦理学学者的理论挑战。在这些挑战中，尤为典型的是普特南对事实与价值二分命题的批判。通过语义分析的方法，普特南认为事实与价值二分起源于狭隘的事实概念。事实与价值二分命题所指称的事实仅仅停留在可为感官感知的事实层面，而随着自然科学的发展，人类逐渐发现一些不能为直接经验所感知但又客观存在的物质，而这些却被排斥于事实范畴之外。普特南指出，除物理学事实之外，还存在语义学事实、法学事实。“已经证明，语义学事实就像伦理学的和法学的事实一样，是抵制物理主义的处理的。”[2]此外，还存在混杂的伦理概念，这些概念既可是描述性的，也可是规范性的，这些概念也进一步模糊了事实与价值之间的界限。普特南还运用阿马蒂亚·森的经济伦理学，证明了事实与价值之间的联系对于经济学的意义，同时也指出，十分类似的问题也出现在法学中。其他学者则通过作为实践主体的人以及人的需要等将主体与客体、事实与价值联系起来，从而驳斥事实与价值二分命题。

从法学视角来看，能够引发法律关系产生、变更和消灭的事实包括人的行为和自然事实，人的行为具体可分为适法行为、放任行为和违法行为，适法行为又可细分为法律行为、准法律行为和事实行为。“自然事实则除指自然事件即自然状态外，还包括人之无意识的动静。”[3]既然把人的行为也纳入事实的范畴，那么作为理性人，其行为的出发点就是逐利。因此，人的需要和人的实践活动本身就是带有倾向性的，不可能脱离价值取向独立存在。法律事实的判断基础既包括事实也包括价值。如对于法律规范中“重大”“严重”等程度问题的认定，“牵涉到互相冲突之利益间的权衡问题，盖审判

---

[1] 参见孙伟平：《普特南的“事实与价值二分法的崩溃”评析》，载《山东社会科学》2013年第9期。

[2] [美]希拉里·普特南：《事实与价值二分法的崩溃》，应奇译，东方出版社2006年版，第132页。

[3] 黄茂荣：《法学方法与现代民法》，法律出版社2007年版，第246页。

或仲裁的特征在利益的权衡与规范目的的实现,而价值则为在这些程序中所据为评价的标准”。[1] 就专利许可而言,判断明示许可是否存在的标准是看有无书面或口头的许可协议存在,因此是一个纯粹的事实问题。而默示许可的认定依据除了专利权人的行为以外,还必须进行合理推定,这一推定过程就是在事实判断基础上进行价值判断的过程。正因如此,在美国司法实践中,是否存在默示许可被认为是一个法律问题。用于决定是否存在默示许可的最恰当的法律程序是,先就基础性的事实问题由陪审团作出特别裁决,后由法官对是否存在默示许可这一最终问题作出判决。[2] 从专利默示许可的推定过程来看,专利默示许可的认定是一个从事实到价值的过程。专利默示许可的基础事实涉及专利权人行为以及相对人行为,行为人的主观意愿结合诚信、公正以及信赖利益保护等考量使在基础事实之上推出了价值,这是法学中的事实与价值对于伦理学事实与价值二分命题的超越。就专利默示许可推定所追求的效果而言,其既需要顾及专利权人的内心真实意愿,又要考虑相对人利益的保护。由于尊重了基础事实,专利默示许可的推定与专利权人的内心真意具有高度吻合的可能性,同时,也较好地维护了相对人基于外观事实的合理信赖。因此,专利默示许可兼具了事实之真与价值之善。

第二节 专利默示许可的基本功能

认定专利默示许可,不仅要尊重专利权人的真实意思表示,而且要维护善意相对人的信赖利益,使之不因他人行为而招致利益损害,因此,符合诚信原则和衡平法对于信赖利益保护的要求。专利默示许可的成立取决于双方当事人的一致默契,省略了缔结书面契约的环节,降低了缔约成本;同时,立法、司法基于基础事实和诚信原则等作出的专利默示许可认定,也防止了专利权人畸高要价、出尔反尔的可能,为相对人降低了履约成本,从而使专利许可交易更快捷、更高效地达成,有助于技术的传播和运用。

---

〔1〕 黄茂荣:《法学方法与现代民法》,法律出版社 2007 年版,第 266 页。

〔2〕 [美] Jay Dratler, Jr. :《知识产权许可》,王春燕等译,清华大学出版社 2003 年版,第 190 页。

一、法理功能：诚信原则、衡平法与信赖利益保护

诚信原则和衡平法承载着公平、正义的自然法理念。自然法哲学倡导顺天应人的生活方式，是处理人与自然、人与人之间关系的指南，从而为人的行为设定了基本准则。无害他人、诚实处世、待人如己等诚信原则之表现就是对这种基本准则的具体化。历史上罗马法中的衡平法“介于万民法与自然法之间，乃结合二者之媒介品”。[1] 这一概念取平均分配自然界之数与量之意，故曰衡平。自然法包含最朴素、最普适性的道德要求，因此，诚信原则及衡平法与道德就有着千丝万缕的联系，是道德伦理在法律领域的体现和展开。早期英美衡平法以“良心”作为裁判的基本原则，预设了裁判主体对于自然法原则的先天认知，也带有浓厚的道德色彩。由于罗马法中的衡平法精神和理念因融入了一般法律规则而不再自成体系，所以脱胎于罗马法的大陆法系更多采用诚信原则来代行衡平法之功能。同时，由于英美法系沿袭至今的普通法、衡平法区分根深蒂固，再加之普通法院与衡平法院并存的司法传统，英美司法实践中主要通过衡平法及其规则来实现个案公正，但并不妨碍诚信原则与衡平法拥有共同的思想渊源和价值理念。因此，我国台湾地区学者史尚宽将诚信原则看作掌握在法官手中的衡平法。[2] 作为道德要求的法律化，诚信原则与衡平法不仅是人的行为的准则，也是裁判准则。诚信原则包含了客观诚信、主观诚信和裁判诚信。因此，诚信原则的功能主要体现在：“首先，诚信原则要求民事主体从事相关活动时应当秉持诚实善意的主观心理状态，是民事主体从事各种社会交往行为的指导性原则；其次，由于诚信原则包容性强，相当于授予了法官自由裁量权。”[3]尽管衡平法在形式上表现为司法裁判原则，但其也对人的行为提出了要求，典型表现为要求欲获得衡平法救济者，必须自身清白，足以说明裁判准则与行为准则实则为一枚硬币的不同侧面而已。

(一)作为裁判准则的诚信原则与衡平法

诚信原则与衡平法是为了克服社会生活事实的多变性和法律的相对稳

---

[1] 何孝元：《诚实信用原则与衡平法》，台北，三民书局股份有限公司 1986 年版，第 13 页。
[2] 徐国栋：《诚实信用原则研究》，中国人民大学出版社 2002 年版，第 49 页。
[3] 同上书，第 3 页。

定性之间的矛盾而产生的。法律应对社会生活及时予以回应和调整,但社会生活事实之形态各异、流变不定,相对滞后的立法总是难以满足多样化的现实需要,诚信原则和衡平法的灵活性和包容性使其能够在个案中矫正现行法律僵化之弊端,实现立法意图。何孝元将诚信原则与衡平法的性质概括为以下几点:一是补充法,其意在于弥补现行法律之缺陷与漏洞。由于立法者无法一一预见所有可能发生的案件事实,因此其疏漏在所难免。但法官不能以法无明文规定拒绝裁判,“于此情形,英美法以衡平法补充之,大陆法系民法则以诚实信用原则为之”。[1] 二是解释法,其尤其体现在意思表示的解释上。如《德国民法典》第133条规定“意思表示的解释在于探寻表意人的真实意思,不必拘泥于所使用的文字”、第157条规定“合同应当依诚实信用原则解释”。《意大利民法典》第1366条规定“应当根据诚实信用原则解释契约”。《奥地利民法典》第863条规定,意思表示的解释应考虑普遍采用的手势、默示行为以及习惯和惯例的规定。三是调剂法,其意在于克服法律的严肃性,对于法律不到之处,通过诚信原则与衡平法拓展、延伸固有法律条文的适用范围,即调节法律之严肃性,使其囊括并灵活应对纷繁复杂的个案现实。此外,调剂法的含义还可以理解为对于相关主体利益之调剂。正是因为适用固有的法律条文会给当事人利益带来不公平的结果,才有通过诚信原则、衡平法以矫正之必要。“正是在这一意义上,希赖德(Schneider)说,诚信原则的作用在于公正实现双方利益,以达到利益的调和。”[2] 此外,诚信原则与衡平法是自由裁量的准则并具有艺术性,这也是对二者作为补充法、解释法与调剂法的进一步阐释。“‘衡平’即通过行使法官自由裁量权等方法来弥合个别法律规定的具体实施与公正价值之间的裂隙,是实现公正这一目标的具体手段。”[3]

在专利默示许可中,专利权人以行为代替语言作出了意思表示,对专利权人未予言明的表示是否包含许可之意思必须进行补充、解释和协调,在此过程中应恪守的原则即为诚信原则与衡平法。在对专利权人意思进行补充

---

[1] 何孝元:《诚实信用原则与衡平法》,台北,三民书局股份有限公司1986年版,第4页。
[2] 史尚宽:《债法总论》,台北,正大书局1954年版,第320页。
[3] 冷霞:《英国早期衡平法概论——以大法官法院为中心》,商务印书馆2010年版,第3页。

时,应保证补充之意思与明确表示出来的意思前后一致、相互吻合。在解释权利人意思时,应尽量探求当事人内心真意,但如若当事人内心真意有违诚信原则和衡平法之要求,则应发挥二者调剂法之功能,对当事人意思进行合理解释,使双方利益关系回复到公平、正义的状态。

(二)诚信原则与衡平法的共同指向:信赖利益保护

诚信原则是一项指涉范围广泛的民法原则,因此被喻为君临民法领域的帝王法则,在各国民法总则、物权篇、债权篇等均可以看到承载着诚信原则精神的条文。从语源上探究,"诚信在拉丁文中的符号表现是 *Bona fides*,西塞罗把 *Fides* 解释为'行其所言谓之信'"。[1] 中文的"诚信"也包含"诚实不欺,恪守信用"之义。诚信原则与衡平法不仅在司法裁量中具有重要意义,同时也对民事主体的日常行为作出了规范和要求。客观诚信要求当事人遵守自己的允诺,言必信、行必果,不得背信弃义。就主观诚信而言,其包含了对于虚假外观事实的善意的错误认知,行为人建立在善意基础上的信赖利益应受到保护。由此可见,诚信是和信用、信赖紧密相连的。"诚信原则以专门的约束为前提,并确定了行为的参与者之间的信赖。"[2] 因此,对信赖利益的保护是诚信原则丰富内涵的题中应有之义。在衡平法中,一项体现着衡平法精神的基本原则就是禁反言原则(也称"不可否认原则")。"即当事人一方居于交易上原来地位已获得利益,后因其故意或过失,以行为、言辞、承认或沉默等方法,使他方当事人误信重要事实已发生或不发生,并据以为一定之行为时,该当事人即不得再否认其在原来地位与他方当事人因误信所为之行为,否则他方当事人势将蒙受损害。"[3] 衡平法禁反言原则为避免善意相对人利益受到损害,不允许当事人在相对人已对当事人行为产生信赖的情况下出尔反尔,也体现了对他方当事人信赖利益的保护。我国台湾地区学者林诚二指出,信赖利益损害赔偿的依据在于诚实信用原则的作用和国家法律的直接规定。首先,信赖利益的保护符合诚信原则斟酌各种特别情事,公平较量双方当事人利益的功能。其次,信赖利益

---

〔1〕 徐国栋:《诚实信用原则研究》,中国人民大学出版社 2002 年版,第 6 页。

〔2〕 同上书,第 31 页。

〔3〕 何孝元:《诚实信用原则与衡平法》,台北,三民书局股份有限公司 1986 年版,第 163 页。

的保护达到了诚信原则协调意思主义与表示主义对于双方利益的不同侧重而造成的利益冲突，更以对损害危险具有支配力者应当对该危险造成的损害负赔偿责任的立场为当事人划定一个相对的利益分担标准。最后，从英美法上衡平思想出发，信赖利益保护的根本原因在于一般道德观念，所以英美法上允诺发生责任的基础建立在信赖人的信赖利益损害上，证实了信赖利益根源于诚信原则。[1]

从微观个案来看，专利默示许可旨在保护相对人的信赖利益，是因为此种信赖源自专利权人的行为表示，并不是无中生有。为了表彰法律对于恪守诚信之褒扬，相应制度设计应使相对人之合理信赖产生预期的法律效果，使行为人承担自己行为的法律责任。在宏观上，专利默示许可旨在维护交易安全以及专利交易市场的稳定秩序。从整个市场来看，专利权人的行为不仅影响相对人，而且还对整个下游交易链上的利益相关者产生影响。如果听任专利权人随意否定其具有法律意义之行为表示，将害及整个专利产品市场秩序，造成不必要的资源浪费。

二、经济功能：降低交易成本

(一)作为交易型财产权的专利权

知识产权制度通过明确权利的归属完成了利益的初始配置，而市场中大量主体围绕知识产权客体产生的利益需求必须经过二次分配来实现和完成。这种二次分配可以通过市场化的许可和转让规则进行，也可以通过法律强制性的利益安排来进行，当然应以市场手段为主，以法律强制为辅。因此，许可转让成为专利权的核心内容，是权利人行使权利的主要方式。财产权许可使用与转让的内容与财产权作为交易基础的功能密切相关。有学者认为，“在知识产权制度建立之初及之后，创造者也没有像法律表述的那样成为利益的核心”。[2] “商人始终是知识产权制度产生与发展的一如既往的推动者，也是知识产权保护的最大受益者。”[3]“在现实中，最有力量的知

---

〔1〕 参见林诚二：《民法理论与问题研究》，中国政法大学出版社 2000 年版，第 253~255 页。转引自余立力：《信赖利益新论》，武汉大学出版社 2009 年版，第 97 页。

〔2〕 李琛：《著作权基本理论批判》，知识产权出版社 2013 年版，第 21 页。

〔3〕 黄海峰：《知识产权的话语与现实——版权、专利与商标史论》，华中科技大学出版社 2011 年版，第 276 页。

识产权人却是通过权利交易或规定取得知识产权的商事主体,尤其是企业。"[1]日本学者纹谷畅男认为,随着资本的集中,发明人和实施人逐渐趋向分离,专利权的受益主体已由个体发明家变为实施发明的企业。[2]在当代,知识产权人与创造者的分离现象更明显,英国知识产权委员会《知识产权与发展政策相结合》报告指出:"如今知识产权在极大程度上被普遍视为经济或商业权利,如同《与贸易相关的知识产权协议》规定。拥有这种权利的大多为企业,而不是个别发明创造者。"[3]"知识产权制度的主要功能是确认、分配知识的市场化所产生的利益,知识产权制度的产生是知识成为市场要素的结果,支撑该制度的核心利益诉求不是来自创造者,而是来自以知识为市场要素的产业"。[4]在这样的理论和认知前提下,学者将知识产权包括专利权解读为交易型财产权。"知识产权与物权的一个重大区别即知识产权的产生主要是为了市场交易之需,而非自用。物权主要是自用型财产权,知识产权主要是他用型(交易型)财产权。"[5]"知识产权的利益实现主要通过'他用',即权利交易(以许可为主要形式)。"[6]

(二)专利交易市场与交易成本

将专利权定位于交易型财产权,其隐含的意义在于专利权应在交易中实现其价值。在累积性创新和开放式创新模式下,技术相互之间的依赖程度加深,创新进程不再是封闭的系统,企业之间、研发机构之间进行技术交换和信息分享将成为决定创新成败的关键因素。因此,专利交叉许可成为企业间分享技术实现创新的重要途径。还有一些公司企业基于经营战略的考虑,"通过从外部渠道获取专利强化作为防卫盾牌的专利组合来保护经营的自由度,以减少专利侵权指控风险"。"与此同时,一些公司的管理者开始视知识产权为重要资产并认识到将知识产权产生的货币价值进行最大化的

---

〔1〕 李琛:《著作权基本理论批判》,知识产权出版社2013年版,第21~22页。

〔2〕 参见[日]纹谷畅男编:《专利法50讲》,魏启学译,法律出版社1984年版,第12页。转引自李琛:《著作权基本理论批判》,知识产权出版社2013年版,第22页。

〔3〕 英国知识产权委员会:《知识产权与发展政策相结合》。转引自李琛:《著作权基本理论批判》,知识产权出版社2013年版,第22页。

〔4〕 李琛:《著作权基本理论批判》,知识产权出版社2013年版,第25页。

〔5〕 同上书,第48页。

〔6〕 同上书,第42页。

重要性,它们也越来越多地力图剥离或向外许可它们专利组合的一部分。"[1]种种因素叠加足以证明专利交易的必要性和重要性。事实表明,专利许可已经成为许多技术研发型公司的一项主要收入来源。"高通公司现在收入的30亿美元中,其中约8亿美元来自其专利许可赚取的专利使用费。"[2]全球知识产权许可收入,包括专利和技术许可,自2003年以来每年已经达到或超过900亿美元。[3] 巨大的专利贸易体量也催生了专利交易市场的壮大和成熟。有市场就有交易,有交易就有交易成本,成本之节约意味着财富之创造。各种交易成本会损害专利市场的功能。[4] 市场将知识产权分配给最珍视该知识产权价值的人,而交易成本则对市场产生威胁,这就意味着法律改革的关注点应该聚焦于降低知识产权交易成本,或者说许可成本的方式上。[5] 交易成本越高,双方从交易中获取的收益就越低。因此,降低交易成本对于保持市场活力,促进交易高效运作至关重要。

"交易成本是新制度经济学的核心概念",[6]同时,也是一个充满了争议的概念。科斯提出,交易成本概念旨在说明在交易成本为零或不为零的情况下,产权初始配置对于实现资源配置帕累托最优(Pareto Optimality)的重要意义。科斯原初意义上的交易成本指的是达成并履行一项交易(协议)所耗费的资源总和。自科斯以来,学者们从不同角度对交易成本内涵给出了不同的解读。有观点指出,目前经济学界至少在三个层面上使用"交易成本"这一概念。张五常所界定的交易成本概念是最广义的,在他看来,人不可能生活在离群索居的鲁滨逊世界,人总是要和他人交往,而这一交往就会耗费一定资源、产生种种费用。换言之,其所指的交易成本就是人们相互之

---

[1] [日]柳泽智也、[法]多米尼克·圭尔克:《形成中的专利市场》,王燕玲、杨冠灿译,武汉大学出版社2014年版,第17~18页。

[2] [美]亚当·杰夫、[美]乔西·勒纳:《创新及其不满:专利体系对创新与进步的危害及对策》,罗建平、兰花译,中国人民大学出版社2007年版,第33页。

[3] See Anne Kelley, *Practicing in the Patent Markeplace*, 78 Chi. L. Rev. 115, 2011, p. 115-137.

[4] See D. Guellec & Y. ménière, *Markets for Patent: Actors, Workings and Recent Trends*, in Thierry Madies, Dominique Guellec & Jean-Claude Prager eds., Patent Markets in the Global Knowledge Economy Theory, Empirics and Public Policy Implications, Cambrigde University Press, 2014, p. 14.

[5] See Richard A. Posner, *Transaction Costs and Antitrust Concerns in the Licensing of Intellectual Property*, Ev4 J. Marshall Rev. Intell. Prop. L. 325, 2005, p. 327.

[6] 刘强:《交易成本与专利强制许可问题研究》,载《行政与法》2009年第4期。

间交往的代价。这种交往既包括经济活动和非经济活动，也包括有意识的活动和无意识的影响，因此，其所辖范围广泛。阿罗则把交易成本定义为运行一项制度所耗费的资源价值。具体包括制度的创立成本、维持成本和实施成本以及选择此制度而非彼制度的机会成本。鉴于此，有学者建议将交易成本改称为"制度成本"。第三个层面上的交易成本是在具体交易环境中使用的。如科斯认为，交易成本涉及交易相对人的搜寻成本、契约缔结成本、契约监督履行成本等。[1] 林毅夫认为，交易成本包括交易信息获取成本、谈判成本、监督和履约成本以及不履行契约发生损失之成本。[2] 本书采用第三个层面上的交易成本概念。专利技术交易成本主要由客观和主观两种原因造成。客观原因产生的成本包括上述各项交易所共同具有的，为达成和履行契约所产生的成本，具体包括搜寻成本、信息成本和订立合同成本。[3] 此外，客观原因产生的交易成本还包括由专利技术特性产生的额外成本：如因专利技术信息的不对称性、权利的不确定性和重复交易性以及技术外溢性所增加的信息搜寻成本、风险成本和监督救济成本等。[4] 同时，由于专利丛林的存在，生产出一项最终产品必须获得众多专利技术许可授权，这也是造成交易成本高昂的原因。主观原因产生的成本则根源于专利权天生的垄断性，是专利权人基于优势市场地位而人为设置交易障碍所抬高的交易成本。

（三）专利默示许可是降低交易成本的法律机制

降低交易成本的方式主要有两种：一是完善市场及其要素，如扶持专业的中介机构、建立和培育集中统一的交易平台，降低交易双方的信息搜寻成本；二是完善法律制度设计、优化交易规则。专利默示许可则属于后者。专利许可的交易成本由客观原因和主观原因导致的两类成本构成。就客观原

---

〔1〕 See Coase, R. H., *The Problem of Social Cost*, 3 Journal of Law and Economics 1, 1960, p. 1-44.

〔2〕 参见林毅夫：《再论制度、技术与中国农业发展》，北京大学出版社 2000 年版，第 26 页。

〔3〕 See D. Guellec & Y. ménière, *Markets for Patent: Actors, Workings and Recent Trends*, in Thierry Madies, Dominique Guellec & Jean-Claude Prager eds., Patent Markets in the Global Knowledge Economy Theory, Empirics and Public Policy Implications, Cambrigde University Press, 2014, p. 14.

〔4〕 参见张凤香、黄瑞华：《论专利技术的特殊性对其交易成本的影响》，载《研究与发展管理》2005 年第 1 期。

因而言，缔结专利许可协议需要双方进行磋商、谈判，并订立书面合同，而专利默示许可则省略了这一过程。由相对人根据专利权人的行为进行合理判断，推定许可存在，就可以避免冗长的磋商和谈判过程，也无须负担订立书面许可合同的各种成本，从而降低缔约成本。而一旦专利权人出现机会主义行为，否定其行为之许可意思时，法院也可根据相关事实以及诚信原则，推定默示许可的存在，从而防止专利权人不履行义务给相对人带来损失所造成的成本。专利默示许可在关联专利上的运用，也能降低专利丛林产生的交易成本。就主观原因而言，一方面，由于专利权的垄断性，专利权人在许可交易中处于优势地位，往往倾向于利用这种优势地位为自身谋取更多的利益。因此，专利权人可能在许可过程中设置不利于相对人的种种条件借此抬高许可门槛。另一方面，相对人为达成许可协议，不得不反复与专利权人进行磋商、谈判。在默示许可的情况下，只要能从专利权人行为中合理推定出许可之意思表示，立法或司法就会认定默示许可的存在，不会顾及专利权人的其他无理要求，也帮助相对人摆脱了磋商和谈判的过程，节约了缔约成本。

三、社会效益：促进技术传播和运用

（一）专利制度的价值追求

由于缺乏实证数据支撑，专利制度是否有利于激励技术创新尚存争议，但专利制度鼓励技术传播和运用却是该制度自诞生以来一贯不变的初衷。“知识产权的使命、价值和目标主要在于：促进技术流转和扩散，让更多的人分享到人类创造和知识带来的福利，进而推动社会、经济进步和发展，提高人们的生活质量和福祉。”[1]回顾专利制度形成初期的社会政治经济背景不难发现，无论是《威尼斯专利法》还是英国的《垄断法》都是立法功利主义的体现。1474年《威尼斯专利法》颁布得益于威尼斯政府鼓励工商业发展和引进先进技术的产业和技术政策。该法起源于威尼斯政府授予引

---

〔1〕 马忠法：《对知识产权制度设立的目标和专利的本质及其制度使命的再认识——以专利技术转化率低为视角》，载《知识产权》2009年第6期。

进新型生产制造行业的商人独占经营权的实践做法。[1] 该做法目的是解决威尼斯政府利用保守于民间的技术秘密的问题。[2] 由于当时市政建设的需要,威尼斯共和国急需相关机械装置技术,所以通过授予10年垄断制造权的方式,换取技术发明人向政府登记公开技术。1623年的《垄断法》也同样采取了促进本国经济发展的产业政策和赋予引进新式工业商人独占经营的实践和习俗。[3] 两部立法均把专利权作为产业政策工具,其目的在于通过先进技术的引入和使用,使之服务于社会经济发展的现实需要。就专利权人而言,专利技术的价值可以通过两种方式实现:一是自用,二是转让、许可专利权换取对价。前者获得的是技术的使用价值以及因技术使用带来的间接经济利益,后者获得的是直接经济利益,实现的是专利技术的交换价值。就整个社会而言,实现专利技术价值的方式只有一种,即使用专利技术。因为专利技术的交换价值反映的只是存量资源的流动而非财富总量的增加,要使全社会从专利技术中受益,必须广泛地传播和使用技术,使先进技术最大程度惠及多数人的利益。因此,先进技术的传播和运用事关社会的整体福祉。这一认识从知识产权的国际公约和国内立法表述中可见一斑。如《TRIPs协定》第7条规定:"知识产权的保护和实施应有利于促进技术革新、技术转让和技术传播。保护和实施的方式应有利于社会和经济福利。"我国《专利法》(2020年修正)第1条明确了专利法的立法目的:其不仅要保护专利权,还应推动发明创造的应用,提高创新能力,促进科学技术进步和经济社会发展。为了践行这一立法宗旨和目标,《专利法》(2020年修正)作出了相应的制度设计:如专利申请阶段的发明公开制度、实现专利技术可及性的强制许可制度等。这些制度作为专利制度内部的调节阀,起着调节专利权垄断性强弱的作用。

(二)专利权的垄断性:技术传播的障碍

专利制度自诞生之日起就与垄断问题交织在一起,19世纪欧洲掀起的

---

[1] 参见黄海峰:《知识产权的话语与现实——版权、专利与商标史论》,华中科技大学出版社2011年版,第126页。

[2] 参见唐昭红:《解读专利制度的缘起——从早期专利制度看知识产权正当性的条件》,载《科技与法律》2004年第1期。

[3] 参见黄海峰:《知识产权的话语与现实——版权、专利与商标史论》,华中科技大学出版社2011年版,第127页。

反专利运动以及荷兰废除专利制度的激进做法无不与专利对自由市场的限制相关。经济学家认为,如果不赋予公共物品私人产权,公共物品将陷入公地悲剧(Tragedy of the commons)中。“Arrow(1962)早就指出在知识产权制度下,存在着知识的有效生产与低效使用之间的两难。”[1]“没有合法的垄断,就不会有足够的信息产生;有了合法的垄断,又不会有太多的信息被使用。”[2]专利权的垄断性与专利制度促进技术传播运用的价值目标构成这一制度的内在悖论。从历史上的典型事件来看,“实践之中专利商人为了维持其在市场上的垄断地位,常常采取各种措施阻止发明的传播”。[3] 瓦特获得蒸汽机专利权之后过于强调对蒸汽机市场的控制,拒绝通过许可协议转让专利的使用权,也不愿意出售其专利权,“所以只有到其专利权届满之后,那些被压抑的蒸汽机改进品才像雨后春笋一样在市场中泛滥开来”。[4] “据此,经济史学者爱思敦指出,在大约1/4世纪的时间内瓦特阻止了其他商人生产新式的蒸汽机装置。并且由此推断,如果议会并未延长瓦特的蒸汽机专利,则以蒸汽机为动力的铁路系统可能更早诞生。”[5]在美国,由于飞机专利的拥有者莱特兄弟拒绝向任何人发放许可证,美国政府在加入第一次世界大战后强迫主要的飞机制造商,包括莱特公司,将它们的专利“一揽子”(a package)发放许可证,以确保飞机的快速制造和新设计的开发。[6] 许可抑或拒绝许可都是商人追逐利益的方式,逐利是商业的本性,在制度允许的空间内,这一本性将会被发挥至极致。在不根本颠覆专利权垄断性的情况下,只有依靠制度内部的调整来解决这一固有矛盾。

---

〔1〕 寇宗来:《专利制度的功能和绩效》,上海人民出版社2005年版,第12页。

〔2〕 [美]罗伯特·考特、[美]托马斯·尤伦:《法和经济学》,张军等译,上海三联书店、上海人民出版社1994年版,第185页。

〔3〕 黄海峰:《知识产权的话语与现实——版权、专利与商标史论》,华中科技大学出版社2011年版,第152页。

〔4〕 Derry T. and T. Williams, *A Short History of Technology*, Oxford Press, 1960, p. 324. 转引自寇宗来:《专利制度的功能和绩效》,上海人民出版社2005年版,第6页。

〔5〕 T. S. Ashton, *The Industrial Revolution*, 1760-1830, London, Oxford University Press, 1948, p. 10; T. S. Ashton, *An Economic History of England*, 1955, p. 107. 转引自黄海峰:《知识产权的话语与现实——版权、专利与商标史论》,华中科技大学出版社2011年版,第152页。

〔6〕 [美]亚当·杰夫、[美]乔西·勒纳:《创新及其不满:专利体系对创新与进步的危害及对策》,罗建平、兰花译,中国人民大学出版社2007年版,第46页。

（三）专利默示许可是促进技术传播运用的制度设计

专利默示许可促进技术传播运用的作用可以从以下几个方面来理解。一是相对弱化了专利权的排他性。在法院认定是否存在默示许可的过程中，尽管要尊重专利权人的内心真意，但当专利权人内心真意有违公平正义导致双方利益明显失衡时，价值应优位于事实，法院应根据诚信原则、公共政策并基于双方利益权衡之考量认定默示许可的存在，使善意相对人之信赖利益得到保护。这就在一定程度上限制了绝对的意思自治，将专利权人行使权利的自由控制在一定范围之内，有利于技术许可的达成。二是防止专利权人的机会主义行为。在专利权人以行为进行意思表示的情况下，其很可能因为相关交易条件的改变或者谋取更多利益的考虑而否认许可的存在。默示许可是在专利权人行为基础上的合理推定，只要行为传达出许可之意愿，就不容许专利权人出尔反尔，之前存在的默示许可就应该得到承认并执行。三是专利默示许可降低了缔约双方的交易成本，使许可协议在耗费更少资源的情况下达成，具体可参见本部分第三点之论述。

第三节　专利默示许可的推导过程

专利默示许可是通过经验法则和逻辑法则进行推定的结果，涉及对形式逻辑的运用和对判断事物间联系的逻辑规则的掌握，是动态化的、合乎规律的逻辑思维过程，因此，其适用过程具有正当性。

一、专利默示许可本质上是一种推定

尽管学界对于推定的概念界定和性质认识众说纷纭，但究其本质，推定是一种对（案件）事实的认定方法，是一种逻辑思维过程。“推定是依据事物间的常态联系，由一个或一组事实（基础事实）的存在推出与之相关的另一事实（推定事实）的存在或不存在的认识方法。”[1]法律中的推定就是这一认识方法在立法和司法活动中的运用。根据推定主体的不同，推定可以分为由立法者作出的推定和由法院在具体案件中作出的推定：前者以推定性

---

〔1〕　张继成：《推定适用的逻辑基础及其条件》，载《华中理工大学学报（社会科学版）》1999 年第 4 期。

规范的形式存在于法条中,并由法官在具体个案事实认定中予以适用;后者则受思维自身规律和经验法则约束,原则上受自由心证原则保障,而一般不受具体法律规则限制、约束。[1] 根据推定事项的不同,可以将其分为对事实状态的推定、对权利状态的推定和对意思表示的推定。对自然人生存状态的推定属于事实状态的推定,通过占有时间对所有权归属的推定属于权利推定。推定的依据是经过社会历史检验的经验法则或由经验法则抽象而成的实体法推定规则。推定必然要求在基础事实和推定事实之间存在逻辑上的高度盖然的常态联系。推定成立的合理性在于其符合人们对过往经验的体验和基于常识、常理、常情的理性判断。推定在司法实践中的运用,可以帮助法院提高事实认定的效率,减轻主张推定当事方的举证责任,同时也倒逼相对方提出反驳证据,有利于更好地查明事实真相。此外,立法和司法的推定过程也是一个融入了价值判断与政策考量的过程,借此过程,立法和司法得以实现其倾向性的价值取向。

专利默示许可本质上是一种推定,是对于专利权人是否存在许可之意思表示的推定。由于专利权人的意思表示不是通过明确的言辞和书面语言作出,对于其是否存在许可的意思的认定就只能借助于推定。推定凭借的基础事实是专利权人的相关行为,推定事实是默示许可的存在。对默示许可的推定就是从权利人行为之基础事实推论出默示许可存在这一推定事实的过程。目前,各国的专利成文法中尚无立法明文规定的推定默示许可(但不排除未来作出规定的可能,如我国《专利法修订草案(送审稿)》中规定了标准必要专利的默示许可),对默示许可的推定基本上是由法院在司法实践中根据个案事实、诚信原则和经验法则作出。如在专利权人销售唯一用途在于实施专利的非专利产品(设备)的情况下,任何人都必然会合乎情理地推定出许可的存在,因为购买人购买该产品的意图就在于使用专利技术,而专利权人也明知这一意图;如若否定许可存在,就会使合同目的落空,不仅不符合理性,也有违诚信。

---

[1] 参见费锦红:《法律规则与法官经验交叉视角下的司法推定技术》,载《山东师范大学学报(人文社会科学版)》2011年第3期。

二、对专利默示许可的推定符合司法实践中查明事实的规律

判决的基础在于案件事实的确定，但案件事实具有不可回溯性，因此，法官据以裁决的事实不是案件得以还原的绝对的客观真实，而是由证据建构起来的法律真实。也就是说，法官认定的事实是根据环环相扣的证据链作出的合乎逻辑的推定事实。“此处的‘事实’并非本体论意义上的客观事实，而是一种认识论意义上的事实，而且是带有主体的主观烙印的认识论意义上的事实，即其是一种裁断事实，首要特征是利用意志来表达‘事实’。”[1]取法律真实而舍客观真实的原因在于法律领域并非科学认知领域，法律领域更强调利益权衡而非探寻真理，当然也并不排除对事实真相的查明，但是当查明事实真相代价过大，在主观上无必要客观上也无可能的情况下，就应以法律真实来代替客观真实。在一些具体个案中，由于证据的原因使案件事实难以确定，如案件发生时间久远证据遗失，有的案件甚至除当事人外并无其他旁证，还有案件因当事人的不同立场而选择性出示证据，更加大了法官认定事实的难度。在一些事实的认定上，本来就无客观标准，如对当事人主观善意、恶意的认识，法官不可能真正深入当事人内心洞察真相，只能经由其外在的行为表现进行推定。在一些案件中，尽管有可能查明事实真相，但是却需要耗费巨大的司法资源、时间成本甚至社会代价，最终导致得不偿失，就没有必要强求客观真实。然而，法官不能以案件事实无法查明为由拒绝裁判，其可以在掌握现有证据基础上，根据经验法则、具体案件背景和衡平原则，推定出法律事实。

在诉讼中，专利默示许可是由证据建构的法律真实。在通常情况下，在以默示许可为抗辩事由的案件中，双方争议的焦点就在于是否存在默示许可。尽管默示许可的认定过程会掺杂很多价值判断和利益衡量的因素，但是就司法适用的形式逻辑而言，专利默示许可仍然是三段论演绎推理结构中的事实前提，只是这一事实需要在基础事实之上根据经验法则与逻辑法则推定作出。在专利权人明确否定作出了许可表示的情况下，双方的主张

---

〔1〕 王立争：《民法推定性规范研究》，法律出版社2013年版，第55页。

不同,所出示的证据不同甚至截然相反、针锋相对。为了更贴近事实真相、更准确地还原双方接洽时的真实意愿,运用推定就更为必要。

三、专利默示许可推定是经验法则与逻辑法则的运用过程

推定是法律事实的认定方法。“推定的本质就是指由法律直接地或法官按照经验法则所确立的某一事实或若干事实与另一事实或若干事实之间的一种充分条件关系。”〔1〕对充分条件关系的判断是立法或司法运用逻辑法则,结合法律共同体内部对于因果关系、事件性质、状态等因素的共识作出的。由此可见,经验法则是事实推定的前提依据,逻辑法则则是事实推定过程中思维理性的体现,要完成推定二者缺一不可。“经验法则是人们在社会实践中依据经验所归纳出来的有关事物性质、状态及事物间联系的知识,它是在特定时空范围内带有普遍性的规律和现象。”〔2〕经验法则所归纳的事物间联系具有高度盖然性,是一种为社会反复援引、反复适用的大众智慧。但社会大众的经验法则能否直接适用于法律领域还需要立法者和司法者作进一步判断。就法律推定而言,立法者根据价值和政策需要,选择一定的经验法则,将其上升为实体法上的推定性规范,将经验法则的高度盖然性转化为法律规则的强制必然性。在事实推定中,法官则根据个案需要,结合自身所接受的经验法则和理性逻辑进行事实认定。因此,在司法中经验法则的运用在一定程度上是法官自由心证和裁量的结果,带有个性色彩。逻辑(法则)被界定为“广义的逻辑,它本身是一个过程和结果的统一,它不仅包括将推理严格形式化而产生的推理形式、规则和规律,也包括一般形式化的过程与趋势本身”。〔3〕推定过程中涉及逻辑规则的运用。事物之间的逻辑关系包括等值关系、蕴含关系、逆蕴含关系、或然关系和矛盾关系。〔4〕在等值关系、蕴含关系和矛盾关系中,有 A 必有 B 或者有 A 必无 B,二者的关

---

〔1〕 王学棉:《论推定的逻辑学基础——兼论推定与拟制的关系》,载《政法论坛》2004 年第 1 期。

〔2〕 李江海:《经验法则及其诉讼功能》,载《证据科学》2008 年第 4 期。

〔3〕 李树真:《司法证明中的逻辑法则与经验法则》,中国政法大学 2009 年博士学位论文,第 31 页。

〔4〕 参见王学棉:《论推定的逻辑学基础——兼论推定与拟制的关系》,载《政法论坛》2004 年第 1 期。

系是必然的,因此不必推定。在逆蕴含关系和或然关系中,有 A 可能会有 B,当这种可能性发生的概率较高时,就产生推定之必要。因此,满足推定的逻辑关系是事物间具有高度盖然性的常态联系,而被提炼为经验法则的大众经验就是指事物之间具有高度盖然性的常态联系。

专利默示许可推定过程必然涉及经验法则和逻辑法则的运用。由于专利权人作出的表示是缄默的、隐晦的,其是否意味着许可授权并不明朗、确定,专利权人行为与授权许可之间并非必然联系而是一种具有可能性的或然联系,并且专利权人甚至会在事后的诉讼中基于种种原因完全否认默示许可的存在,因此必须在相关事实基础上进行合理推定。在推定过程中,立法或司法采纳的作为逻辑推理大前提的是符合常识、常理、常情的经验法则。仍以销售唯一用途为实施专利的设备为例,一个正常、理性之人必然会对购买该设备后继续使用进行合理预期,否则该购买行为将毫无意义,因此认定存在授权许可符合常理常情和诚信善意的行为准则。此种经验法则虽然不具绝对必然性,但确是维系正常交易秩序所必需的。若非如此,必将颠覆善意、诚信的社会交易秩序和人们长期以来形成的普遍心理认知,不仅有违常理,还将损及法律的权威和尊严。

小　结

本章探讨了专利默示许可的正当性,主要从哲学依据、法理功能和推导过程三个维度进行论证。囿于语言的局限性和指称对象的不确定性,东西方哲学均赋予沉默以表意功能,认为就某些不可说的问题,通过领悟和意会的方式更能准确、真实地传达意义。此外,西方伦理学界传统的事实、价值二分命题也招致了来自伦理学内部的批判和其他学科的挑战,法学领域中的事实作为人意识活动的结果更与价值判断紧密相连。两大法系诚信原则与衡平法均要求行为人在社会交往中诚信不欺、恪守诺言,体现了对信赖利益的保护,专利默示许可贯彻了诚信原则和衡平法保护信赖利益的精神。使用和交换是实现专利权价值的两种方式,并且交换对专利技术价值的重要意义日益凸显。专利默示许可可以降低交易成本,提高缔约效率,顺应了当前专利交易市场的要求。专利权对于社会的价值在于促进先进技术的传播和使用,使更多人共享技术成果。专利默示许可在一定程度上抑制了专利权人的权利滥用行为,降低了交易成本,有助于促进技术更广泛地传播和使用。专利默示许可是一种建立在事实基础上的推定结果,符合司法实践的认知规律,推定过程是运用经验法则和逻辑法则的形式逻辑过程,在推导过程上具有正当性。

第四章　专利默示许可的制度定位

要找准专利默示许可在专利制度中的位置，必须将其置于制度的坐标系中，通过比较专利默示许可与相关制度的关系，才能为其在专利制度中找到一席之地。同时，正确认识专利默示许可的性质，也是准确定位的前提。

第一节　专利默示许可与相关制度的关系

一、专利默示许可与权利穷竭：趋同抑或分离

专利默示许可与权利穷竭就像一对孪生姐妹，总是在侵犯专利权案件抗辩事由的选择问题上让法官难以抉择。二者在历史起源上的交织、在制度功能上的类似以及近年来在相关案件中适用要件的重合都进一步加深了相关人士对两种制度日益趋同的印象。然而，起源的交织并不意味着无法区分，构成要件的重合也有其背后的利益考量。不可否认的是，理解其中一个制度必须以理解另一个制度为前提。正如德雷特勒所言："没有对首次销售原则或者说'权利用尽'原则进行评估，是不可能理解默示许可的必要性或者其内容的。"〔1〕只有清楚认识二者的异同才能正确适用制度。事实上，二者趋同只是假象，两种制度在理论基础、运行逻辑、适用条件方面均存在差异。

〔1〕［美］Jay Dratler，Jr.：《知识产权许可》，王春燕等译，清华大学出版社2003年版，第184页。

(一)趋同的表现

1.起源的交织

第一,英美法系中的起源。英美法系上专利默示许可和权利穷竭理论学说可以追溯至19世纪。由于英国处理专利产品销售后专利权与使用权、再销售权冲突问题一直采用默示许可理论,因此,1871年贝茨案被视为适用默示许可的标志性案例,通说认为该案确立了默示许可理论学说并将其运用于平行进口问题的处理。在该案中,原告在英国和法国拥有同样内容的专利。原告在英国制造并销售该专利产品,并通过代理人在法国制造和销售产品,同时要求代理人不得将专利产品出口到英国。被告在英国使用的专利产品并非源于英国的经销商,故原告诉被告侵权。法院认为:购买人购买产品的目的就在于拥有对该产品的支配权,原告必须证明存在与这种预期目的相反的明确约定,其关于并未授予任何以购买者愿意的方式使用物品许可的主张才会得到法院支持。即权利人在出售专利产品时必须明示售后限制,否则法院视其为默示许可。因此,这一案例被解读为默示许可学说在英国的起源。权利穷竭理论提出后,也有观点认为,自1871年贝茨案以来,英国法律已经承认了一个有限制的专利权国际穷竭的形式:权利人、其代理人以及被许可人在B国销售专利产品就穷尽了其在A国的权利,而权利人的受让人的销售则不具有此效果。[1] 另外,也有观点认为,自19世纪末贝茨案始,英国法院已经在默示许可的基础上承认了权利穷竭的限制形式。[2] 贝茨案被认为是英国正式提出默示许可理论的第一案,英国处理专利产品售后问题的一贯立场使默示许可与权利穷竭以及平行进口问题交织在一起,足见默示许可与权利穷竭从诞生之初就有深远的渊源。

在美国,司法实践一直混用默示许可和权利穷竭理论。[3] 如早期的亚当斯案,虽然法院认定专利产品的销售穷竭了相关权利人的权利,其论调建

---

〔1〕 See D. Perrott, *When Is Exhaustion Exhausted? —Intellectual Property on the Global Scale*, 12 Bracton Law Journal 48 1978-1979, Footnotes (3), p. 58.

〔2〕 See Paul Harris & Dr. Janet Strath, *HTC v. Nokia: A Brief Comparison of UK and US Exhaustion/First Sale Doctrines*, 36 European Intellectual Property Review 266, 2014.

〔3〕 在美国,权利穷竭理论又被称为"首次销售权用尽理论"。

立在权利穷竭的基础之上，但是少数派法官却主张适用默示许可理论来处理该案。学术界也有观点认为，亚当斯案首次在权利穷竭的基础上开创性地提出了专利默示许可原理，[1]即任何专利发明产品的转让都给予了购买者使用或再销售该产品的穷竭型默示许可，[2]以致穷竭型默示许可在美国的学理上成为默示许可的主要类型。还有观点认为首次销售原则对于默示许可有重要的暗示作用。[3] 在该案中，持少数派意见的法官认为，案件中专利权人采取的是附地域限制条件的许可，因此，其并没有将无限制的后续销售、使用权利许可给销售方，专利产品的销售方仅享有波士顿地区的权利，其不能将自己本身没有的权利（在波士顿地区以外使用专利产品的权利）通过销售而默示许可给第三人。既然销售方本身不享有权利，那么购买者自然也就不能享有在区域外使用的权利，因此，少数法官得出了购买者构成侵权的结论。相反，如果适用权利穷竭理论，专利权人在售出专利产品后，其针对产品之上的专利权穷竭，后续购买人在限制区域外使用则不构成侵权。两种意见根据默示许可和权利穷竭理论对专利权人销售产品这一行为的不同认定分别得出了不同的结论，说明专利权人销售专利产品行为的性质一开始就存在争议。此后，在美国诉 Univis 眼镜公司、Anton/Bauer 公司诉 PAG 有限公司等案中，法院也混用默示许可与权利穷竭，对于二者的构成和适用要件并未作明确区分，才导致后来本应适用默示许可的案件采用权利穷竭理论处理，进一步加剧了二者的混同。

第二，大陆法系中的起源。大陆法系的德国在 1877 年制定了第一部专利法，因此，其专利的理论和制度均追随当时专利制度较为发达的英国。德国一开始在处理专利产品售后问题上采取了英国的默示许可理论，但其后

[1] See Michael J. Swope, *Recent Developments in Patent Law: Implied License—An Emerging Threat to Contributory Infringement Protection*, 68 Temple L. Rev. 281, 1995, p. 287.

[2] See Daniel M. Lechleiter, *Dividing the (Statutory) Baby under Anton/Bauer: Using the Doctrine of Implied License to Circumvent § 271 (c) Protection for Components of a Patented Combination*, 3 J. Marshall Rev. Intell. Prop. L. 355, 2004, p. 364.

[3] 参见[美]Jay Dratler, Jr.:《知识产权许可》，王春燕等译，清华大学出版社 2003 年版，第 184 页。

来意识到,采合同理论对购买者来说不够理想。[1] 1896 年颁布的《德国民法典》确立了逻辑严谨的民事权利制度体系,德国学者、法官逐渐通过财产权学说来分析知识产权与所有权的冲突问题。“权利穷竭原则最初由德国法学家 Joseph Kohler 提出,并于 1902 年由德国帝国最高法院的 Guajokol Karbonat 案判决确立下来。”[2] 购买者违反了专利权人的附加限制条款构成违约,而不是侵权;但如果专利权人的附加限制条款超越了专利权的权利范围,则这一限制不具有法律效力。德国帝国法院在 1902 年的 Duotal 再审案明确指出,专利权人在合法销售其专利产品时已经获得了利益,其专利权就被耗尽了。因此,权利穷竭学说就从以合同为视角的默示许可中独立出来,成为处理专利产品售后问题的重要原则。

2. 功能类似

第一,侵权抗辩功能。近年来,一项日益常见的专利侵权抗辩就是默示许可。[3] 默示许可和权利穷竭均是从侵犯专利权案件中发展出的基本原则,两个原则的作用就在于帮助被告进行不侵权抗辩。稍有差异的是默示许可在大多数国家只是一项在司法中可以根据案情灵活适用的原则,而权利穷竭则在一些国家的专利立法中被明确规定。但无论是司法实践还是立法规定,均将默示许可和权利穷竭作为侵权的抗辩事由。虽然默示许可在多数国家的成文法中未见体现,但在采用判例法的英美等国,默示许可在司法实践中作为一项抗辩原则而被广泛适用却是不争的事实,遵循先例原则使前案所确立的默示许可原则具备法律效力。“默示许可在间接侵权指控的诉讼中也常为被告人所采用,作为抗辩理由进行竭力主张。”[4] 而权利穷竭原则则在我国及大多数国家的专利法中被作为侵权例外。因此,解决个案争议,赋予被告抗辩权是权利穷竭和默示许可制度最基本的功能。

第二,权利限制功能。默示许可和权利穷竭对于被控侵权人来讲是一

---

〔1〕 参见董美根:《论专利产品销售所附条件的法律效力》,载《华东政法大学学报》2009 年第 3 期。

〔2〕 51 RGZ 139,140-141;30 IIC 495,497(1999). 转引自王春燕:《贸易中知识产权与物权冲突之解决原则——权利穷竭的含义、理论基础及效力范围》,载《中国人民大学学报》2003 年第 1 期。

〔3〕 Gregory M. Luck, *The Implied License: An Evolving Defense to Patent Infringement*, 16 IPL Newsl. 3, 1997-1998, p. 3.

〔4〕 康添雄:《美国专利间接侵权研究》,西南政法大学 2006 年硕士学位论文,第 40 页。

种侵权抗辩,但就专利权人而言,则是对其权利的限制。赋予专利权人权利的初衷在于使其获得由专利发明产生之收益,为了确保这一目的实现,必须保障专利发明的使用具有排他性。专利权人将相关产品售出后,买受人取得产品的所有权,所有权与专利权同为对世权,具有强大的排他效力,所有权人理所当然对自己所有之物拥有使用、处分的权利,如果这一权利随时被专利权人所控制,则所有权将面临不确定、不安全的处境。因此,必须在专利权人和所有权人之间进行利益平衡。同时,如果放任专利权无限制地进行控制,干预产品流通的各个环节甚至最终使用环节,既不合理也不现实,反而会使法律规定被事实所架空。此外,由于专利权强大的控制力和垄断所带来的竞争优势,专利权容易被权利人滥用,专利权人不仅通过专利产品控制市场,而且还可以借专利,控制或干扰与其相关的产品的自由市场流通,这与自然法抑或衡平法所秉持的公平正义理念相背离。而通过权利穷竭和默示许可对专利权进行适当的限制,是实现专利制度初衷、维护不同主体利益的根本需要。

3. 适用条件重合

“专利权穷竭原则一般可表述为:专利产品经授权首次投放市场后,专利权人对该专利产品的控制即告终结。”〔1〕专利权人无权再就售出产品的使用和销售进行限制。根据我国《专利法》(2020 年修正)第 75 条第 1 项的规定,专利产品或者依照专利方法直接获得的产品,由专利权人或者经其许可的单位、个人售出后,使用、许诺销售、销售、进口该产品的,不视为侵犯专利权。《法国知识产权法典》第 L. 613-6 条规定了专利权穷竭原则:“对专利权人或经其明确同意已投放法国或欧洲经济空间协定成员国市场的产品,专利权不得延伸到在法国领土上完成的由该专利覆盖的产品的行为。”从学理和法条规定可以看出,专利穷竭适用的对象限于专利所覆盖的产品(我国表述为专利产品和依照专利方法直接获得的产品),而不包括方法专利、用于专利产品的零部件。此外,针对是否能够附加限制条件来排除权利穷竭原则的适用这一问题,美国法院的态度自 20 世纪初期以来一直摇摆不

---

〔1〕 和育东:《美国专利权穷竭原则的演变——兼评美最高法院对 Quanta *v.* LG Electronics 案的判决》,载《电子知识产权》2008 年第 9 期。

定,司法态度的不明朗源自专利政策的不断调整。但从权利穷竭原则在各国专利法中的规定来看,成文法律并未通过除外规定给予专利权人排除该原则适用的权利。因此,是否适用于方法专利以及是否允许通过明示条件而排除适用被传统地认为是默示许可与权利穷竭的区别所在。然而,在1992年马林克罗德公司诉麦迪帕特公司案(Mallinchrodt, Inc. *v.* Medipart, Inc.)[1]中,美国联邦巡回上诉法院突破了专利权人不得就权利穷竭作出相反约定的限制,认为只要售后限制条件是合法的,就不会导致专利权穷竭。在2008年广达计算机有限公司诉LG电子有限公司案(Quanta Computer, Inc., et al., Petitioners *v.* LG Electronics, Inc.,以下简称广达诉LG案)[2]中,美国联邦最高法院把专利穷竭原则扩展到方法专利,并明确了未完成产品适用专利权穷竭的两个条件。这些案例消解了默示许可与权利穷竭的界限,使相关人士对二者的认知进一步混同。

(二)趋同的证伪

1. 起源的交织不等于制度的同一

英国贝茨案和美国亚当斯案由于均涉及专利产品的销售问题(贝茨案还涉及专利产品的跨国销售问题),因此落入了权利穷竭的范畴,并和平行进口交织在一起。同时,法官也可以根据个人立场和判断,将专利产品的销售行为视为是权利人对产品后续处理的默示许可。事实上,默示许可与权利穷竭的交叉主要存在于专利产品销售后购买人使用、转售的理论基础解释上。"在历史上,英国的司法机关即是以默示许可原则而不是穷竭原则来解决受知识产权保护的产品的销售问题。"[3]而以德国为代表的大陆法系国家在创造权利穷竭理论后,就仅用该理论来解决售后权利问题。美国则兼采两种理论,因而在销售专利产品这一问题上存在两种理论基础的交织与重合。对专利产品销售行为的不同定性只能说明其同时落入了默示许可和权利穷竭的规制范围,但并不意味着两种制度的同一。在De Forest案中,由于不涉及专利产品的销售,法院根据原告与美国政府的在先协议和提

---

[1] 976 F. 2d 700 (Fed. Cir. 1992).

[2] 128 S. Ct. 2109(2008).

[3] 董桂文:《贸易自由化下的平行进口法律规制研究》,对外经济贸易大学2006年博士学位论文,第132页。

供技术帮助等行为认定原告给予了默示许可,对这一判决结果的解读未见分歧。由此可见,在权利穷竭的适用范围之外还存在默示许可的适用空间,二者并不同一。

2. 功能的类似不等于制度的同一

默示许可和权利穷竭在个案中为被控侵权被告提供了抗辩事由,在宏观上起着限制专利权的作用,二者功能类似。但是,纵观整个专利制度乃至民事法律制度,不同制度功能相似的情况并不鲜见。侵犯专利权的抗辩事由不仅限于默示许可与权利穷竭,还包括实验室使用、先用权制度等。从更广范围的民事法律制度来看,英美法系的禁反言原则和大陆法系的外观主义理论及其相应制度均着眼于相对人信赖利益的保护,均源自公平、正义的自然法理念和诚实信用原则。然而,不同制度的切入点、适用要件、构成模式却是不同的。因此,制度功能相同并不意味着制度本身也相同。

3. 对权利穷竭适用条件的修正并无必要

从大陆法系权利穷竭的起源来看,正是由于认识到默示许可给予了专利权人对许可设定限制条件的权利,可能对商品自由流通带来不利影响,德国学者约瑟夫·科勒(Joseph Kohler)才提出"内在限定说",该学说从所有权人与专利权人的利益角度考量,认为专利权人售出专利产品后,专利权人已经就其专利发明获得了相应收益,也就丧失了对该专利产品的控制权,因此,不得以相反约定排除权利穷竭的适用。在大陆法系上,默示许可与权利穷竭从一开始就以是否允许权利人排除其适用作为根本区别。在英美法系上,由于其独特的判例法体系,案件的判决建立在经验主义和实用主义基础上。尤其是在美国,案件的裁决是结果导向型而非原则指导型,法官不会让案件来将就规则,而是基于利益考量和政策倾向,在不同的案件中修正既有规则,使案件的裁决达致理想的效果。"在大陆上,就制度进行抽象思维;而在英美则进行具体的个案思维。前者,长期以来存在着体系完整无缺性的观点;而后者,则是从判决到判决进行摸索。前者有一种对科学体系的偏爱;而后者则对于一切简单的概括抱有深刻的怀疑。前者用概念进行推理活动,常常带着危险蠕蠕独行;而后者则进行形象化的直观,如此等等。"[1]

---

[1] [德]K. 茨威格特、[德]H. 克茨:《比较法总论》,潘汉典等译,法律出版社 2003 年版,第 109~110 页。

因此,在英美法系中,基于不同的利益权衡、政策考量和具体的个案背景,同一案件在不同法院可能出现不同的判决结果,类似案件在同一法院、不同的时期也可能出现不同的判决结果。

在美国,权利穷竭是否受制于当事人主观意愿的约束以及是否适用于方法专利,并非事实判断问题,而是一个受公共政策、利益权衡影响的价值判断问题。在1992年马林乔德诉梅迪帕特案中,联邦巡回上诉法院认可了专利权人对专利设备的售后限制,允许其针对限制的违反获得侵权救济。这一立场与20世纪80年代以来美国所采取的反垄断政策相关,由于自由市场经济理论再次占据主导地位,美国放松了对市场和专利权滥用的监管,专利权人施加售后限制条件获得了司法承认。而广达诉LG案,美国联邦最高法院将权利穷竭适用于方法专利,其给出的理由为:如果方法专利不适用权利穷竭,则专利权人在申请专利时可以将产品专利撰写为方法专利,从而规避权利穷竭原则。事实上,美国联邦最高法院这一担忧是无必要的,默示许可制度恰好可以弥补这一空白。即使当事人通过约定排除了默示许可,但"专利权人提出的否定默示许可的限制性条件是否有效,还需要考察其合法性,特别是有无触犯反垄断法的嫌疑"。[1] "如果专利权人销售的产品构件只能用于制造其专利产品的话,那么任何以通知方式排除默示许可的意图就等于以有价值的对价销售无用的产品。"[2] 显然这并不符合常理,因此,法院不应当强制执行专利权人的这一限制。在广达诉LG案中,法院也未对是否允许售后限制进行明确表态,只是提到其不影响权利人通过违约之诉获得救济。[3] 由此看来,是否允许售后限制只是美国根据政策立场随时可以变通的做法,这种做法在司法裁判上灵活有余而严谨不足,有损于相关当事人对于法律的预期。因此,在可以通过默示许可制度来解决以上问题的情况下,就无须修正原则以达成对案件结果的追求。

---

〔1〕 袁真富:《专利默示许可制度研究》,载国家知识产权局条法司编:《专利法研究》(2010),知识产权出版社2011年版,第471页。

〔2〕 [美] Jay Dratler, Jr.:《知识产权许可》,王春燕译,清华大学出版社2003年版,第198页。

〔3〕 128 S. Ct. 2109(2008).

（三）分离的证成

1. 二者理论基础不同

第一，默示许可的理论基础是英美法的默示合同条款与禁反言原则。默示条款作为英美契约法上的一项制度形成于19世纪末期，但在19世纪早期的一些案例中已初见端倪。默示条款最初起因于合同当事人的有限理性、客观现实的复杂性以及语言含义的多样性和法律的滞后性。最早形成的默示条款是对合同标的物的质量与适用性的默示担保条款。受18世纪、19世纪的自由主义思潮和自由市场经济影响，意思自治在合同法领域盛行，随着社会经济现实的变化，合同自由掩盖下的实质不公平问题日益凸显，而默示条款的引入则打破了“法官不得为当事人立法”的僵化教条。法官不仅可以根据相关背景探求当事人真意，还可以根据公平正义的法律价值和社会经济政策的现实需求进行利益平衡，通过采用默示条款的方式赋予当事人的行为以意义。鉴于英美合同法强大的影响力以及专利许可的合同形式，在专利法领域中引入默示条款成为必然。

禁反言原则在英美法系上有丰富的规则体系，其基本功能在于保护相对人信赖利益，其核心理念在于禁止曾作出某种表示（无论该表示是明示抑或默示、积极抑或消极）的人在相对人已给予信赖并因此有所损害的情况下，对先前作出的表示予以否认，而无论该表示是否与事实相符。禁反言规则的价值倾向体现在对信赖利益的保护高于对事实真相的发现。在禁反言的众多类型中，尤其又以表示禁反言与专利默示许可的联系最紧密，能为其提供充分的合理性依据。“表示禁反言属于普通法规则，因其不同的表示方式又可分为沉默禁反言、默许禁反言、言辞陈述禁反言、行为禁反言。”〔1〕正是基于以上分类，美国将专利默示许可的类型划分为以普通法禁反言、衡平法禁反言、行为许可、默许为基础产生的默示许可。〔2〕

第二，权利穷竭的理论基础是禁止对动产转让限制的普通法原则和大

---

〔1〕 娄家杭：《禁反言规则的比较研究》，对外经济贸易大学2002年硕士学位论文，第4页。

〔2〕 Amber Hatfield Rovn, *Practical Guide to Application of (or Defense Against) Product-Based Infringement Immunities Under the Doctrines of Patent Exhaustion and Implied License*, 12 Tex. Intell. Prop. L. J. 227, 2003-2004, p. 246.

陆法系所有权的对世性和排他性。禁止对动产转让进行限制的普通法原则产生于15世纪。正如柯克法官在《英国法总论》第一卷中所言：假如拥有诸如马或其他类似动产之人，将其动产给予受赠人或买受人，是以受赠人或买受人不得转让这一动产为条件，那么该条件是无效的，因为基于该动产的转让，他已经不再拥有动产之上的利益。在1911年Dr. Miles医药公司诉John D. Parke & Sons公司案（Dr. Miles Medical Co. *v.* John D. Parke & Sons Co.）[1]中，法院引用柯克法官的意见认为：转让权是动产权利的实质组成部分，对转让进行限制是与公共政策相悖的，而允许动产在不同主体之间自由流通有利于公共政策，因此对于动产转让的限制被认为是无效的。这一原则可以被视为英美法上专利权穷竭的理论渊源，专利产品一旦售出后，专利权人已经就其获得了收益，对该产品不应再享有获益的权利，如果听任其对专利产品进行售后限制则会阻碍商品自由流通进而影响到公共利益。

大陆法系对于专利权利穷竭的考量基于两点。一是专利权人与专利产品所有权人的利益平衡。19世纪是个人主义和自由主义思想占统治地位的时期，因此，19世纪产生了所有权绝对的观念和制度：所有权具有上至天穹下至地心的支配力和排他力。受此影响，德国法学理论界和实务界倾向于保护所有权人的利益不受外来的干扰，通过权利穷竭使专利权人丧失对售出产品再次使用和销售的控制力以确保专利产品购买人所有权的独立性和完整性，是所有权制度的题中应有之义。二是维护产品的自由流通市场。德国学者约瑟夫·科勒提出的专利权权利用尽理论正是基于这一考量。如果赋予专利权人对于售出产品的无限追及力，商品的自由流通必然受到破坏，消费者利益和公共福祉也就无从保障，而这远非专利制度设立的初衷。

2. 二者逻辑前提不同

第一，二者法律前提不同。专利默示许可是与明示许可相对而言的，其区别就在于专利权人是否有明确许可的意思表示，默示许可只能从权利人的行为中推知，而非由明确表示得知。二者的共性在于其均是在专利权存在的前提下，基于专利权人的同意（明示或默示）获取对专利产品或方法的

[1] 220 U.S. 373(1911).

利用。专利权的存在是权利人进行许可(明示或默示)的前提。专利权利穷竭的含义在于:为专利所覆盖的产品一经售出后,产品的购买者自由使用、转让该产品的权利就不再受专利权人的控制。虽然从法律效果上看,专利默示许可和权利穷竭都给予了相对方一定自由行为的权利,但其行为自由的原因却是不同的:前者来自权利人的授权,后者来自权利人权利的丧失。虽然权利穷竭是基于立法者的价值判断而非客观的事实问题,但其反映出立法者的基本态度和立场:权利人不应再就售出后的产品行使专利权。

第二,二者事实前提不同。从现有关于专利默示许可的案例来看,其产生于不同的事实前提,包括当事人的在先协议、权利人售出唯一用途的专利产品零部件或专用于实施专利方法的设备、权利人怠于主张权利等。而专利权利穷竭只能产生于专利所覆盖产品的合法授权销售。尽管主张默示许可成立较困难且容易被反驳,但默示许可较权利穷竭而言有更广泛的潜在的适用范围,因为默示许可为基于专利方法或组合物零部件的销售提供了针对方法专利权利要求或组合权利要求的潜在的积极的抗辩。[1] 因此,权利穷竭产生于单一的专利产品售出的情形,而默示许可涉及了权利穷竭没有涉及的领域,其产生的事实前提则呈现多样化特点。

3. 二者的适用条件不同

第一,二者司法适用的灵活性不同:正是由于权利穷竭适用范围相对较小,适用条件固定于专利产品售出后,法官对这一事实前提的把握比较容易,无须更多自由裁量,只需在事实前提成立的情况下对穷竭的范围进行认定。而默示许可认定的难度相对较大,法官必须综合考虑权利人的行为、相对人的信赖、行为与信赖之间的关联性等因素以及所售出产品的用途等案件特定情形。默示许可的判断因素包括:“当事人的行为、可适用的书面协议或信件中的条款或内容、当事人的合理期待、公平与平等以及知识产权制度赖以建立的各种政策。”[2]即使大致相似的两个案件,也可能因为其中某一因素的差异而导致判决结论大相径庭。这些因素在加大默示许可认定难

[1] John C. Paul & Kia L. Freeman et al., *Us Patent Exhaustion: Yesterday, Today, and Maybe Tomorrow*, 3 Journal of Intellectual Property Law & Practice 465, 2008, p. 465.

[2] [美] Jay Dratle, Jr.:《知识产权许可》,王春燕等译,清华大学出版社 2003 年版,第 185 页。

度的同时,也赋予法官更大的自由裁量权,使默示许可制度更具灵活性、适应性,更能应对和囊括纷繁复杂的案件事实。

第二,二者所适用的权项不同。在适用权利穷竭的情形下,专利产品售出后,专利权人无法控制售出产品的使用和再销售,即售出产品之上的使用权和销售权穷竭,这也是购买人取得所购产品所有权的题中应有之义,但专利权人的制造权并不因为产品的销售而穷竭。在1873年首次运用权利穷竭学说的美国专利判例中,美国联邦最高法院就特别指出,本判决只是承认了使用权的穷竭,不涉及专利产品制造权和销售权的穷竭问题。[1] 在默示许可适用的情形中,其许可的权利并不限于使用权和销售权。在专门用于专利产品的设备、零部件及实施专利方法的设备售出后,可以理解为权利人授予了购买人专利产品的制造权;在先前存在许可销售协议的情况下,如权利人未明确对后续销售提出异议,则法官有理由推定权利人就销售权授予了默示许可。

(四)结论

1. 专利默示许可与权利穷竭原则在适用上是可以互补的。“权利穷竭原则和默示许可原则各自有各自的用途,但是两者并不是完全相互排斥,非此即彼的。”[2] 在其中一项原则无法适用时,可以考虑选择另一项原则,以发挥其限制专利权人权利的功能。

2. 专利默示许可与权利穷竭原则并不等同,而是有差异的。即使是在一定程度上承认权利穷竭原则可以适用于方法专利,可以受权利人主观意愿的限制,但这并不消解二者的根本区别。

其一,在权利人有明确限制的情况下是否适用默示许可需依据案件的具体情况而定。在Met-Coil案中,尽管权利人在销售后向顾客发出了通知,但法院认为通知没有随着机器的卖出而同时发出,因此判定该通知无效。此外,明示条件还必须受制于合法性、合理性(是否构成不合理垄断)的审视。

---

〔1〕 Adams *v.* Burke, 84 U.S. 453(1873).

〔2〕 董桂文:《贸易自由化下的平行进口法律规制研究》,对外经济贸易大学2006年博士学位论文,第135页。

其二,不像美国的务实灵活的做法,德国等国家在权利穷竭是否可以设定限制条件这一问题上持不同立场:权利穷竭在性质上属于对专利权的一种内在限定,这样的限定始终存在,不因专利权人是否设置限制性条件而改变。因此,“专利产品的购买者违反权利人提出的限制条件属于合同法中的违约行为,并不构成侵犯专利权的行为”。[1]

其三,如前所述,即使美国法院基于种种原因,承认权利穷竭原则受制于权利人的主观限制,但这并不影响权利穷竭和默示许可在其他方面差别的存在。默示许可所涵摄的丰富内容足以使其作为一项独立的制度而存在。

二、专利默示许可与间接侵权:冲突中的平衡

在美国专利法上,专利默示许可作为侵犯专利权的抗辩事由,与专利间接侵权之间存在一种微妙的关系,而正是这种关系维系着专利法领域内的利益平衡,使专利权人与其他利益相关者之间构成互相牵制的格局,在充分保护专利权的同时,又防止专利权对于权利范围之外领域的蚕食。专利间接侵权制度发端于美国案例,专利默示许可也经由众多案例而发展出丰富的规则体系。虽然问题产生和存在于美国专利法,但在我国已逐步接受间接侵权与默示许可的背景下,这些问题同样具有研究价值和意义。因此,可以以美国专利法上相关案例为线索,通过对案例的梳理,追溯其关联的源起,揭示其矛盾与本质,预见其趋势与走向,从而在两种制度的相互镜像中,达至对二者适用规则更为清晰的认识和对制度功能更为准确的定位,为我国专利制度建设和处理类似问题提供借鉴。

(一)间接侵权与默示许可及其相互关联

专利间接侵权概念和制度均肇始于美国。经由一系列案例的发展和1952年《美国专利法》的成文化,专利间接侵权规则逐步完善和成熟,其主要由引诱侵权和辅助侵权两个部分组成。如某人在未经许可的情况下积极怂恿、鼓励他人制造、使用、销售专利发明,该引诱之人将承担间接侵权责

---

[1] 尹新天:《专利权的保护》,专利文献出版社1998年版,第79页。

任。例如,某人故意销售或提供唯一或主要用途与专利发明相关的物品,则构成辅助侵权。[1] 间接侵权的核心要义就在于间接侵权人帮助、鼓励的行为,导致了直接侵权的发生,其制度的初衷在于给予专利权人充分的保护,使其可以通过追诉间接侵权人而维护其利益。但是,专利间接侵权将专利权的保护范围从专利产品扩展到了作为专利产品构成部分的非专利产品(部件),强化了专利权的垄断能力,扩大了专利权的效力范围,因此,为了实现专利制度促进技术传播和运用的初衷,专利间接侵权制度的适用须考虑与公共利益的平衡。[2] "为了达成各方利益平衡,默示许可在间接侵权指控的诉讼中也常为被告人所采用,作为抗辩理由进行竭力主张。"[3] 被控侵权人往往主张自己或直接侵权人的行为获得了权利人的默示许可,这种许可不是权利人以书面或言辞的方式作出,而是基于权利人的种种行为产生,权利人的行为使一个理性之人能够建立确信并基于此从事被控侵权行为,被控侵权人可以主张专利权人的行为产生默示许可并据此得以免除侵权责任。

1. 作为间接侵权抗辩事由的默示许可

如果说专利法在赋予权利人以间接侵权之矛使其得以主动出击的同时,那么专利法也赋予了利益相关者以默示许可之盾使其获得防卫的能力。两者在美国司法上的首次交锋始见于 1986 年 Met-Coil 案。在该案中,Met-Coil 公司拥有用于取暖和空调设备的链接管设备的方法和产品发明。Met-Coil 公司也制造和销售用于实施上述发明的机器。同时也销售用于链接导管的弯角片,这些弯角片在机器使用的过程中容易弯曲。这些弯角片不是专利产品。被控侵权人 Korners 无限公司制造了可供替代的弯角片并将其销售给 Met-Coil 公司所售机器的所有人。由于 Met-Coil 公司不拥有对弯角片的专利权,因此,Korners 无限公司并不直接侵犯 Met-Coil 公司的专利权。然而,Met-Coil 公司主张:Korners 无限公司将弯角片销售给 Met-Coil

---

[1] [美]阿瑟·R. 米勒、[美]迈克·H. 戴维斯:《知识产权法:专利、商标和著作权》,法律出版社 2004 年版,第 134 页。

[2] 参见贾小龙:《专利法需要怎样的"间接侵权"》,载《电子知识产权》2008 年第 9 期。

[3] 康添雄:《美国专利间接侵权研究》,西南政法大学 2006 年硕士学位论文,第 40 页。

公司所售机器的所有人,而这些所有人最终实施了 Met-Coil 公司的方法专利,因此 Korners 无限公司构成辅助侵权。地区法院判决认为:机器的所有人获得了从第三方购买弯角片的默示许可。联邦巡回法院认为:专利权人销售专门用于实施专利方法或专门生产专利产品的行为,且该行为未附任何限制条件,则意味着授予了默示许可。因此,Met-Coil 公司所销售机器的购买人不构成直接侵权,直接侵权不存在,间接侵权也无从成立。

与此类似,在 Anton/Bauer 公司诉 PAG 有限公司案中,美国联邦巡回上诉法院挥舞默示许可这一"现代武器",斩断了组合专利产品零部件的垄断性权利。该案中,联邦巡回上诉法院依据衡平默示许可允许被诉侵权人对抗 Anton/Bauer 公司依据《美国专利法》第 271(c)条所享有的组合专利零部件的部分垄断权。[1] Anton/Bauer 公司拥有一项专利,该专利由阴极和阳极盘两个部分组成。PAG 有限公司生产和销售了包含阳极盘的产品,Anton/Bauer 公司认为 PAG 有限公司构成引诱侵权和辅助侵权。根据奔达克案确立的认定默示许可的两步测试法[2],联邦巡回上诉法院认为 Anton/Bauer 公司的阴极盘满足两个测试标准:其一,双方对 Anton/Bauer 公司的阴极盘没有非侵权用途均无异议;其二,法院认为,阴极盘的销售是合法授权销售,且 Anton/Bauer 公司未附加任何限制。因此,联邦法院认为: Anton/Bauer 公司的阴极盘销售行为使顾客获得了在阴极盘的有效寿命内实施组装专利产品的默示许可,因不存在直接侵权,也就不存在引诱侵权或辅助侵权。

上述两个案例均是针对多部件构成的组合专利,稍有不同的是 Met-Coil 案涉及的是专利产品中易耗零件的替换或修理问题,而 Anton/Bauer 公司诉 PAG 有限公司案则涉及由两个主要部件构成的专利产品的组装或制造问题。从上述两个案例可以发现:专利间接侵权和默示许可之间的对抗通常发生于组合专利的零部件销售的情况下。专利权人以外的第三人销售了用于专利产品或方法的零部件或材料,该零部件或材料的唯一用

---

〔1〕 Daniel M. Lechleiter, *Dividing the (Statutory) Baby Under Anton/Bauer: Using the Doctrine of Implied License to Circumvent § 271(c) Protection for Components of a Patented Combination*, The John Marshall Law School 3 J. Marshall Rev. Intell. Prop. L. 355, 2004, p. 360-361.

〔2〕 参见本书第二章关于"两步测试法"的介绍。

途为实施专利，专利权人往往诉诸间接侵权来拓展专利权的垄断范围，而被诉侵权人往往依据专利权人销售专利产品或其他零部件的行为构成默示许可进行抗辩。个案中专利权人与被诉侵权人之间的对抗实质上演变为专利间接侵权与专利默示许可之间的博弈，双方各执一词，法院则在具体的政策背景、案件事实中寻求利益的平衡。

2. 间接侵权与默示许可的矛盾

在 Met-Coil 案后，无论是基于程序正义抑或防止专利权范围的过度扩大等考量，美国法院倾向于采纳默示许可作为专利间接侵权的抗辩。然而，二者的矛盾在于，相同的判断标准使默示许可与专利间接侵权同时成立，在默示许可的对抗之下，专利间接侵权的作用在很大程度上被消解，其价值遭受严重冲击。1994 年的环球电子公司案恰好是这一局面的生动注解。

在环球电子公司案中，被告环球电子公司生产一种普通遥控器。这种遥控器可以替代电视、录像机、摄像机以及由不同公司生产的电子产品的遥控器。鼎盛电子公司拥有遥控设备的系统和方法专利，这一专利覆盖了环球电子公司的遥控器，因为该遥控器传输了在鼎盛电子公司权利要求中所界定的信号。鼎盛电子公司的权利要求由传输器（遥控器）和接收器（电子设备）两部分构成，而环球电子公司仅销售传输器，因此其不构成直接侵权。法院采取了奔达克案所确定的两步测试法来判定鼎盛电子公司的销售是否构成默示许可。法院认为，鼎盛电子公司无法证明该遥控器有非侵权用途，并且在销售时也并未警告消费者不能使用环球电子公司的普通遥控器，因此，法院认为可以推断出默示许可的存在。法院的做法规避了隐含在专利间接侵权背后的立法政策。《美国专利法》第 271(c) 条规定销售专利发明零部件的行为构成间接侵权，除非该零部件有其他主要的商业用途或有实质性的非侵权用途。而环球电子公司案却因零部件具有非侵权用途而认定构成默示许可。这就将专利权人置于了一个二律背反命题之中：权利人要证明间接侵权的存在，必须要证明零部件没有实质性的非侵权用途；同时权利人要证明默示许可的不存在，必须要证明零部件有实质性的非侵权用途。这无疑是一项权利人无法完成的任务：如果权利人证明了零部件没有实质性的非侵权用途，既满足了间接侵权的判定标准，又满足了默示许可的判定标准，在默示许可的抗辩之下，间接侵权是否还有存在的可能和空间值得思考。

对于该案的判决，批评人士指出：法院援引 Met-Coil 案认定默示许可的存在是不恰当的，因为 Met-Coil 案涉及的是专利产品组成部件中的易耗品，而本案涉及的则是非易耗品；本案也不应适用奔达克案所确立的认定默示许可的两步测试法。[1] 此外，该案将证明遥控器具有非侵权用途的责任赋予原告也值得推敲。尽管这些批评指出了与案件判决结果相关的细节问题，但该案的意义不仅在于判决结果的正误问题，其还揭示了一个不容回避的问题：专利默示许可对于专利间接侵权的抗辩消解了专利间接侵权的制度价值。专利间接侵权制度通过将专利权人的垄断权延及专利产品的零部件，防止侵权人借未覆盖专利发明全部技术特征之托词而规避侵权。“间接侵权制度在实体法的意义上拓展了专利权的保护范围，在程序法的意义上大大节约了专利权人的维权成本。”[2] 虽然将垄断权扩大到专利发明的零部件，有可能给予权利人更大的垄断权和控制力，但是各国在制定或适用间接侵权的规则时，均对间接侵权的构成施加一定程度的限制。从间接侵权的构成要件角度看，这些限制主要包括两种类型：一种是通过客体要件实施限制，如《美国专利法》第 271(c) 条要求销售或允诺销售的部件或设备不得是适合于实质性非侵权用途的日常物品或商品。另一种是对间接侵权人的主观过错从严要求，《美国专利法》第 271(c) 条要求间接侵权人必须明知对部件或设备使用构成侵权。与此类似，《德国专利法》第 10 条将常用的商业产品排除于间接侵权适用范围之外，并要求侵权人知道或从环境中推知其行为是对专利发明的利用。各国通过这些规定来防止权利人滥用权利和专利权的不当扩张。因此，尽管存在一定的制度成本，但专利间接侵权的制度价值和存在意义是不容否定的。然而，根据环球电子公司案的实质非侵权用途的认定标准：有间接侵权就必然会有默示许可的存在，默示许可的抗辩

---

[1] Michael J. Swope, *Recent Developments in Patent Law: Implied License—An Emerging Threat to Contributory Infringement Protection*, 68 Temple L. Rev. 281, 1995, p. 301.

[2] 康添雄：《美国专利间接侵权研究》，西南政法大学 2006 年硕士学位论文，第 1 页。

使间接侵权无存在之可能，虽然抑制了间接侵权的副作用，但也使那些故意采取规避措施的间接侵权人游离于法律规制之外，间接侵权制度及其价值被架空，难免有矫枉过正之虞。

（二）专利默示许可与间接侵权之间冲突的实质

1. 对专利产品专用零部件（设备）市场利益的争夺

销售专利产品具有唯一用途零部件的行为构成间接侵权抑或成立默示许可，实质上反映了对于专用零部件（设备）市场利益的争夺。一方面，专利权本不及于专利产品零部件，但如果零部件的唯一用途在于实施专利，专利权人的利益就可能因销售零部件的行为受到损害，这也是间接侵权制度存在的价值。另一方面，如果过于强调专利权人利益，在立法或司法中走得太远，势必影响他人对非专利产品的正常利用，造成对专利权之外领域的侵占，最终损害自由市场竞争。这也是美国专利间接侵权制度百余年来一直困惑不已并在专利政策适用上摇摆不定的主要原因。因此，间接侵权的适用需要一定程度的限制，但默示许可对间接侵权的强大对抗力也并非毫无顾忌。对此，有观点认为，默示许可的成立除了零部件无非侵权用途和销售环境的暗示以外，还需要具备零部件源于合法授权这一条件，凡默示许可成立的情况下不可能再存在间接侵权，这就将默示许可从间接侵权的抗辩事由中完全排除。[1] 这一釜底抽薪的做法使默示许可与间接侵权再无瓜葛，看似一劳永逸地解决了所有问题，但仔细深究实际仍存弊端。第一，该观点并未得到司法实践的支持。奔达克案所确立的认定默示许可的两步测试法并未包括零部件源于专利权人授权。在 Met-Coil 案中，被告制造弯角片的行为明显未得到专利权人授权，但法院最终认定最终购买者更换弯角片获得了专利权人的默示许可。这说明美国司法界实际上愿意将默示许可作为间接侵权的抗辩事由，从而赋予被控侵权人一定的抗衡能力，防止专利权人滥用权利造成对零部件市场的不当垄断。第二，从实际效果来看，该观点不考虑具体个案的情况，认为凡零部件并非源于专利权人许可授权的情形均不成立默示许可，实际上就将专利产品零部件的销售市场全部赋予专

---

〔1〕 参见［美］Jay Dratler, Jr.：《知识产权许可》，王春燕等译，清华大学出版社 2003 年版，第 199 页。

利权人,不再有灵活处理的余地。实际上,无论是唯一侵权用途还是主观过错的认定,都没有一个绝对整齐划一的固定标准,而是一个有弹性适用空间的问题,以默示许可对间接侵权进行抗辩也不是一个完全是与非的对错问题,而是一个综合考量各种因素的程度问题。这个程度的把握必须依靠法院正确适用两种规则,既不能完全消解间接侵权的制度价值,又能使默示许可在限制间接侵权上发挥积极作用。

2. 专利间接侵权与直接侵权的关系

专利间接侵权的一个核心问题是专利间接侵权与直接侵权的关系问题,即间接侵权是否必须依赖于直接侵权的存在而存在。针对这一问题,不仅各国[1]司法实务和法学理论界认识不一,国际上立法与司法的做法也不尽相同。其原因就在于专利间接侵权只是直接侵权的引诱或帮助行为,根据判定侵犯专利权的全面覆盖原则,要全面覆盖专利发明技术特征有赖于间接侵权人与直接侵权人共同完成,如果间接侵权人销售了用于专利产品的零部件,但最终购买者未将其用来修理或组装专利产品,仅间接侵权人的行为仍没有实施专利发明的全部技术特征,很难认定其构成侵权。在美国,法院主流观点采取直接侵权与间接侵权关系的从属说,即构成间接侵权必须以直接侵权为前提。从属说符合专利侵权判定的全面覆盖原则和通常的认知习惯与因果逻辑,并将间接侵权控制在一定范围之内,防止其僭越和滥用,有其存在的合理性。但通过一些案例也暴露出从属说的弊端,典型的案例为1964年Aro制造有限公司等诉活动顶置换有限公司案(Aro Manufacturing Co., Inc., et al. *v.* Convertible Top Replacement Co., Inc.)[2]。该案中,未获授权许可的Aro制造有限公司生产一种织布,该织布被用于组合顶篷装置的专利中,并销售给大众汽车和福特汽车的车主替换损坏的织布。

---

〔1〕 在美国,早期案例曾经认定,间接侵权并不以直接侵权的实际存在为前提,只要存在直接侵权威胁就足够了,但1944年的案例(Meciod Corporation *v.* Mid-Continent Investment Co., et al.)所确立的无直接侵权即无间接侵权的原则在1952年专利法修订前后影响了众多案例,1952年专利法并未明确间接侵权与直接侵权的关系,而是留待司法解决。该原则因此得以一直适用,而在2012年联邦巡回法院的案例中有所松动。在我国,由于专利法没有建立间接侵权制度,对于间接侵权与直接侵权关系的解读尚存于理论学说之中,其关于二者关系的学说主要有"独立说"、"从属说"和"折中说"。

〔2〕 365 U. S. 336(1964).

大众公司获得了使用该装置的许可而福特公司未获得许可，法院根据“没有直接侵权，就没有间接侵权”的原则对该案进行了审理：最终认定Aro制造有限公司向福特公司的销售行为构成间接侵权而向大众公司的销售行为不构成间接侵权。这一判决结果无疑让人难以适从。一个主体的相同行为产生相反的法律后果，必然造成间接侵权原则理论和适用上的混乱。同时，依据从属说，如果最终的直接侵权行为未能发生，间接侵权人即使出于恶意也可以规避法律的制裁，不利于专利权人通过控制间接侵权提前防止直接侵权的发生。从程序上看，也加重了专利权人的举证责任，使其难以获得充分的保护。基于种种考虑，1952年《美国专利法》在规定间接侵权规则时，并未明确采纳从属说抑或独立说，而是留待司法判例予以解决。1961年，在Aro制造有限公司等诉活动顶置换有限公司案中，法院承认《美国专利法》第271(c)条将“没有直接侵权就不构成间接侵权”的普通法规则法典化，从而使无直接侵权即无间接侵权成为1952年《美国专利法》后涉及间接侵权规则的核心内容。[1]

正是在该原则的指导下，在运用专利默示许可抗辩间接侵权的案例中，法院采取了直接侵权与间接侵权的从属说：认定间接侵权必须以直接侵权存在为前提。如果潜在侵权人能够证明购买者不构成直接侵权，那么专利权人也就无法证明间接侵权的存在。[2] 在专利权人销售组合型专利产品的情况下，法院倾向于认定默示许可的存在，这就使专利默示许可消解了间接侵权制度的价值和存在意义，即使是恶意挤占专利权人销售市场的第三人，也会因直接侵权的不存在而规避侵权责任，从而使间接侵权制度形同虚设，这无疑与间接侵权制度旨在强化专利权人保护的初衷背道而驰。又由于美国在专利上的比较优势使其愈加重视专利权的国际保护，而采纳间接侵权不以直接侵权为前提的独立说无疑更有利于保护美国专利权人的利益。因此，专利直接侵权与间接侵权的从属说招致了各方质疑，理论和实务

---

〔1〕 See Josh Rychlinski, *Interactive Methods and Collaborative Rerformance: A New Future for Indirect Infringement*, 20 Mich. Telecomm. & Tech. L. Rev. 215, 2013-2014, p. 221.

〔2〕 See Michael J. Swope, *Recent Developments in Patent Law: Implied License—An Emerging Threat to Contributory Infringement Protection*, 68 Temple L. Rev. 281, 1995, p. 300.

界开始对从属说在适用逻辑和效果上的局限进行反思，而从属说也遭到了法院案例的挑战。

3. 判定要件的相同

专利默示许可对间接侵权制度意义的消解在很大程度上还源于二者客体构成要件的相同。针对权利人销售了非专利产品的设备或机器，该设备或机器用于实施专利方法的情形，联邦巡回法院在奔达克案中，确立了认定默示许可的两步测试法：首先，该设备必须无非侵权用途；其次，销售环境能够清楚地表明存在默示许可。而在不到两年后的 Met-Coil 案中，法院则将两步测试法扩展至组合专利易耗品（该易耗品本身不是专利产品）销售的情形。就两步测试法而言，需要回答的问题为：何种意义上的使用能够称之为非侵权使用，从而阻却默示许可的成立；所售产品的何种性质对于认定非侵权使用具有决定性意义。对此，地区法院和联邦法院的判例对非侵权使用的判断标准进行了充分的阐释：从合理实际使用标准到商业上可行使用标准再到合理使用标准的回归，以及专门用于专利产品或方法之部件之标准的提出，法院将关注的焦点集中于卖出产品的功能和性质，从而使其在默示许可的认定上具有举足轻重的作用。[1]

1871 年华莱士等诉霍姆斯等案（Wallace et al. *v.* Holmes et al.）[2]是美国间接侵权制度的起源，该案涉及原告享有的一项由灯头和灯罩组合而成的煤油灯专利，其专利的新颖性在于灯头部分，被告仅制造并销售了与专利无实质差别的灯头。法院认为被告的行为将引诱他人非法实施原告发明从而认定其构成共同侵权。从其后的摩根信封公司诉奥尔巴尼纸业公司案（Mogan Envelope Co. *v.* Albany Paper Co.）[3]、Met-Coil 案、Anton/Bauer 公司诉 PAG 有限公司等案中可以看出，间接侵权通常发生在组合专利零部件或用于专利方法的原材料或设备销售的情况下，因此，所售的非专利产品的用途、特性与间接侵权的认定紧密相关。《美国专利法》第 217（c）条规

---

〔1〕 Amber L. Hatfleld, *Patent Exhaustion, Implied Licenses, and Have-Made Rights: Gold Mines or Mine Fields?*, 2000 Computer L. Rev. & Tech. J. 1, 2000, p. 16-20.

〔2〕 29F. Cas. 74(C. C. D. Conn. 1871).

〔3〕 152 U. S. 425 (1894).

定，任何人在美国境内销售、允诺销售或进口构成发明实质部分的专利机器、产品的零部件、组合物或者用于实施专利方法的原材料、设备，且明知该部件被制造或使用是为了实施侵权行为，而该零部件、组合物原材料、设备不是常用物品也没有商业上可行的实质非侵权用途，则构成间接侵权。该款就所销售的非专利产品作了种种严格的限制：一是该部件或材料构成发明的实质部分；二是该部件或材料制造或使用之目的就是侵权；三是该部件或材料不是常用物品，没有实质上的非侵权用途。可见，专利默示许可与间接侵权在客体的判定要件上非常近似。一旦间接侵权所需的客体要件成立，很大程度上专利默示许可也会成立，专利间接侵权总是笼罩在专利默示许可的阴影之下，难以实现预期的制度价值。

（三）专利默示许可与间接侵权之间冲突的化解

1. 专利间接侵权独立说的兴起与运用

如前所述，从属说的内在缺陷使司法和立法的立场有所松动。《美国专利法》第271(f)条就打破了从属说的制约，明确了间接侵权不依赖于直接侵权的存在。根据该款的规定，如果在美国向境外提供专门用于制造专利产品的部件，将其出口到其他国家或地区，行为人希望该部件在那里被组装为专利产品，则这种提供部件的行为应当被认定为间接侵权行为。专利法是一个不断因应技术发展而进行制度变革的领域，标志着新技术形态与特征的计算机软件方法专利以及其他新兴技术中多步骤、多主体交互式专利的出现，迫使制度适时作出新的调整和应对。在新的技术背景下，从属说愈加难以应对技术变化带来的种种挑战，这也使法院在面临此类纷争时不得不认真审视从属说的适用条件和效果，从而更慎重地处理案件。自1952年《美国专利法》确定间接侵权规则以来直至20世纪末期，美国普通法关于间接侵权的适用规则一直是相对稳定的，并未出现较大的突破。然而，自从交互式的商业方法软件成为可专利客体之后，该技术无法通过一人得以完成专利的特点给传统专利侵权判定的全面覆盖原则带来了巨大的挑战。

2007年BMC资源公司诉支付技术公司案（BMC Resources, Inc. *v.* Paymentech, L. P.)[1]和2012年Akamai技术公司诉Limelight网络有限公司案(Akamai Techs., Inc. *v.* Limelight Networks, Inc.)[2]则对此予以了回应。两案均涉及网络环境下多步骤、多主体参与实施的交互式方法专利。BMC资源公司诉支付技术公司案确立的单一主体规则要求必须存在对各步骤实施者进行控制和教导的单一主体方能认定侵权，这一规则因降低了商业方法专利的保护标准而为人所诟病。鉴于此，在Akamai技术公司诉Limelight网络有限公司案中，联邦巡回上诉法院提出了认定引诱侵权的三步测试法：一是被告知悉原告专利的存在；二是被告引导实施方法专利的各个步骤；三是这些步骤(全部技术特征)被一人或多人(包括被告)实际实施。从第三步可以看出，法院并不要求存在由一人完成所有专利技术特征的传统的直接侵权。因此，该案改变了自Aro制造有限公司等诉活动顶置换有限公司案以来专利间接侵权必须以直接侵权为前提的一贯原则。这一判例打破了专利间接侵权与直接侵权之间牢不可破的坚冰，是在新技术发展和产业利益推动下的又一次务实的司法尝试。但美国联邦最高法院撤销了这一判决，两级法院截然不同的态度给计算机方法软件专利的保护带来了不确定性。尽管以后案例的发展趋势还不得而知，但联邦巡回上诉法院的判决至少正视了新的技术环境所提出的新问题，为应对新技术的发展提供了思路。法律原则和制度相对稳定，社会生活事实则变动不居。然而，当固守传统的法律原则可能使相关方利益明显失衡时，就是法律原则应予革新之时，只是这种革新不应是完全的颠覆和重构，而是在继承中扬弃：沿袭合理因素，改革不适宜部分，使法律原则重获生机。在独立说的适用背景下，间接侵权不依赖于直接侵权的存在而存在，因此，即使因默示许可而可能导致直接侵权不成立时，也不妨碍对于间接侵权的独立认定。

2. 正确适用"非侵权用途"认定要素

第一，适度掌握"非侵权用途"的认定标准。《美国专利法》关于间接侵权的规定与默示许可两步测试法均包括"非侵权用途"这一客体要件要求，这是引发悖论的主要原因。一方面，从《美国专利法》第271(c)条的字

[1] 498 F. 3d 1373 (Fed. Cir. 2007).
[2] 692 F. 3d 1301(Fed. Cir. 2012).

面表述看,间接侵权的构成要件包括:(1)存在出售专利发明的零部件、组合物或用于实施专利方法的设备的行为;(2)明知该零部件、组合物或设备将被用于实施专利侵权;(3)该零部件、组合物或设备没有实质性的非侵权用途。从逻辑上可推知,如果构成间接侵权,则必然满足相关部件不具实质性非侵权用途的要求,而这恰好是认定默示许可的核心和关键。尽管美国专利立法和司法对于间接侵权和默示许可的判定标准都采取了"非侵权用途"这一表述,但仔细推敲二者在措辞上还是存在一定区别:《美国专利法》第271(c)条使用的措辞是没有"实质性的非侵权用途"。[1] 而奔达克案则直接采取"非侵权用途"的表述,表述程度上的差异折射出二者在认定标准上的差异,即间接侵权对"非侵权用途"标准的要求低于默示许可。这就为二者的灵活适用和程度把握提供了依据。在实践中,某零部件可能达到了间接侵权的标准但未能达到默示许可的标准。另外,间接侵权的构成要件除了客体要件外还包括主观要件,是否构成间接侵权还必须结合行为人的主观状态进行认定。因此,间接侵权与默示许可的成立并不完全同步,二者并不完全是同时存在的关系。

第二,构成要件不应过分倚重"非侵权用途"要素。在奔达克案确立的两步测试法中,第一项条件就是默示许可的组件没有非侵权用途。[2] 但是,零部件没有非侵权用途并非认定默示许可的全部。在玻璃设备发展有限公司诉Besten有限公司案(Glass Equip. Dev. Inc. *v.* Besten, Inc.)[3]中,法院就指出,即使存在合理的非侵权用途,也并不必然导致得出默示许可的结论。[4] 两步测试法第二步要求零部件的销售环境产生了授予许可的暗示。第二项条件因采用了"销售环境"这一需要在个案中综合考量各种因素的用语而给法院留下了丰富的裁量空间。在Anton/Bauer公司诉PAG有限公司案中,法院认为,Anton/Bauer公司在销售阴极盘时没有对其施加明确的限

---

[1] 《美国专利法》第271(c)条原文将实质性非侵权用途表述为"substantial noninfringing use"。

[2] Daniel M. Lechleiter, *Dividing the (Statutory) Baby Under Anton/Bauer: Using the Doctrine of Implied License to Circumvent § 271(c) Protection for Components of a Patented Combination*, The John Marshall Law School 3 J. Marshall Rev. Intell. PROP. L. 355, 2004, p. 389.

[3] 174F. 3d 1337 (Fed. Cir. 1999).

[4] See Amber L. Hatfield, *Patent Exhaustion, Implied Licenses, and Have-Made Rights: Gold Mines or Mine Fields?*, 2000 Computer L. Rev. & Tech. J. 1, 2000, p. 24.

制,因此该销售环境产生了许可的暗示,从而将销售环境解读为权利人销售时所明示的限制条件。这是来自两步测试法内部对"非侵权用途"条件的补充和限制。

此外,"非侵权用途"衡量标准还受到来自两步测试法以外的一些因素的限制。在 Lifescan 有限公司诉 Can-Am 护理公司案(Lifescan, Inc. *v.* Can-Am Care Corp.)[1]中,Lifescan 有限公司生产和销售测量血糖水平的家用血糖测量仪。该套设备包括测试表和几个一次性测试条。该测试条是消耗品,一旦用完后需继续购买。权利人拥有无须擦拭的血糖测试条的使用方法专利。因此该测试条是权利人方法专利的核心,即使该测试条无非侵权用途且权利人在销售时未作任何售后限制,也不应适用两步测试法认定他人对测试条的销售获得了默示许可,因为该测试条作为发明的核心部分足以防止权利人免受侵害。在 Anton/Bauer 公司诉 PAG 有限公司案中,Anton/Bauer 公司的专利由阴极和阳极盘两个部分组成,正如初审法院指出,包含电池组的阳极盘并非该专利中所公开的任何机械或电子连接部件的替代物,其实质上是发明专利的核心部件。当最终购买者组装其分别从 Anton/Bauer 公司购买的阴极盘和从 PAG 有限公司购买的阳极盘时,其行为落入了对专利发明进行再造与重作的范畴,而这是对通过两步测试法认定默示许可的重大限制。[2] 由此可见,两步测试法的指导作用和规范意义并非绝对,其是否适用、如何适用还受制于具体个案的考量,在两步测试法内部也有销售环境对于非实质侵权用途的约束,并非仅凭零部件存在非实质侵权用途就可认定默示许可。

(四)美国专利默示许可与间接侵权规则的运用对我国的启示:综合考量制度功能的平衡

专利默示许可和专利间接侵权作为两个功能迥异的制度,其本身是判例法创造性的产物,在实际运用中针锋相对,是不同利益主体之间角力的体

---

[1] 859 F. Supp. 392(N. D. Cal. 1994).

[2] See Daniel M. Lechleiter, *Dividing the (Statutory) Baby Under Anton/Bauer: Using the Doctrine of Implied License to Circumvent § 271 (c) Protection for Components of a Patented Combination*, The John Marshall Law School 3 J. Marshall Rev. Intell. Prop. L. 355, 2004, p. 382-384.

现,也是制度设计者权衡取舍的结果,发挥着实现公共政策目标的作用。正因为二者的并存,专利法所追求的多元价值诉求和利益平衡的格局才得以实现。因此,我们应该以积极的态度去面对二者之间的冲突和对抗,以灵活务实的做法进行制度适用。虽然我国专利立法中并未对间接侵权制度进行明确规定,但个案中出现的需求和技术的发展使专利法无法回避这一问题。同时,国际专利立法的大趋势也使我们必须正视客观需要并且在立法中予以积极应对。专利默示许可在我国司法实践中已经得到了应用,并且《专利法》在第四次修改过程中对标准必要专利的默示许可也作出了规定。可以预见,在我国将来的司法实践中,专利默示许可和专利间接侵权的对抗将不可避免。

1. 在专利立法上引入默示许可和间接侵权制度

在我国,运用默示许可在涉及标准的案件中进行专利侵权抗辩已经出现。最高人民法院和一些地方法院也就相关案件适用专利默示许可进行了规范。在 2015 年 12 月 2 日公布的《专利法修订草案(送审稿)》中,新增了关于标准必要专利默示许可的规定,虽然只涉及标准专利一种情形,但却为以后默示许可适用范围的拓展埋下了伏笔。国家知识产权局《专利侵权行为认定指南(试行)》就明确将默示许可规定为侵权抗辩事由,并且罗列了适用默示许可的几种主要类型。在实践中,默示许可涉及的行为多样且复杂,司法在个案条件下、在具体事实中就默示许可认定所取得的经验,应促成默示许可作为独立的一项抗辩事由被规定到《专利法》中。

自《专利法》第二次修改以来,间接侵权逐渐进入立法者视野。但由于种种原因,《专利法》中至今未就间接侵权作出规定。有学者主张,传统民法上的共同侵权制度足以解决专利间接侵权问题。也有不同的声音认为,共同侵权与间接侵权在构成要件上并不相同,不能等同视之。《最高人民法院关于审理侵犯专利权纠纷案件应用法律若干问题的解释(二)》中已经对间接侵权作出了明确规定。在专利法中引入默示许可与间接侵权,相当于为立法者提供了政策调节的工具,有助于实现专利法所追求的价值目标。

2. 在司法中采取实用主义的立场,不迷信、盲从教条

法律实用主义历来被奉为美国司法理念与实践的圭臬。美国法律实用主义的开山鼻祖霍姆斯大法官认为法律的生命在于经验而非逻辑,反对把

任何案件看作没有特殊性、没有时间和空间特点，与社会生活完全脱节的僵化和机械的事物，可以像欧几里得几何那样推导出判决来。“实用主义强调法律是用来解决问题、解决纠纷的，而真正能够解决问题的不是对理论的生搬硬套，而是具体分析每个案件在事实方面的细微的差别，同时考虑我们的价值诉求，才能作出一个相对合理的判决。”〔1〕将实用主义运用于专利默示许可的司法实践，应注意如下问题：一是不应将合法来源作为默示许可的构成要件之一，而是应该给司法留下相应的裁量空间，根据个案事实进行利益权衡；二是处理专利直接侵权与间接侵权关系时，在我国理论界对二者关系尚存争议的情况下，不应“一刀切”，而应具体问题具体分析，根据个案的特殊事实来决定所采取的立场。

3. 综合考量各种因素进行利益冲突的权衡与价值取舍

专利法促进技术资源创造与公平分配进而实现社会福祉的价值诉求是恒久不变的，但在不同时代、不同的社会历史背景中，侧重点可能有所不同。这受制于专利政策的宽严程度、对创新的激励程度和对国家利益的维护力度以及技术发展的特性等诸多因素。伯克和莱姆利教授曾指出，专利法中创造性认定标准等制度设计可以成为司法进行政策调节的工具和杠杆。〔2〕专利默示许可与专利间接侵权也可以发挥同样的作用，理由在于二者本身源于司法实践，在适用上存在一定的弹性空间，且该两项制度在实践中也在不断地发展和修正，从而给司法留下了自由裁量的余地。因此，两种制度的对立并不足以令人担忧，专利默示许可制度对于间接侵权制度的消解作用也是对二者适用标准没有恰当处理的结果。相反，正是由于两种功能迥异制度的存在，才为不同利益主体提供了公平博弈的砝码，相互牵制从而达至利益均衡的格局正是我们希望促成的。

三、专利默示许可与当然许可和其他非自愿许可：并存与互补

（一）专利默示许可与当然许可

作为非传统许可模式，默示许可与当然许可在我国《专利法》第四次修

---

〔1〕 张芝梅：《美国的法律实用主义》，法律出版社 2008 年版，第 43~45 页。

〔2〕 参见[美]丹·L. 伯克、[美]马克·A. 莱姆利：《专利危机与应对之道》，马宁、余俊译，中国政法大学出版社 2013 年版，第 206~224 页。

改中被重点关注,成为改革专利许可模式的重要举措。准确解读其背后蕴含的立法意图、界定二者的内涵、定位二者的功能、厘清二者的关联是正确进行规则设计,充分发挥其制度功效的基本前提。

1. 当然许可的概念与特征

虽然当然许可在我国的专利立法中是初次出现,但其在国外专利法中并非新兴事物。英国、德国、法国、俄罗斯、印度、泰国和巴西等国的专利法中均规定有当然许可制度。"当然许可的英文表达为 license of right,在俄罗斯法中称为 open license,在巴西法中称为 offer of license。"[1]这些称谓在一定程度上传神地表达了当然许可的本质:一种开放许可,是许可之要约。"当然许可是指专利权人具有允许任何第三人在支付相应许可使用费以及满足其他条件后使用专利技术的意愿,因此向专利行政管理机关提出申请并经其批准后,由专利行政管理机关发布公告,任何不特定第三人在满足条件后均可以使用专利技术的一种许可方式。"[2]

开放性是当然许可最重要的特征之一。当然许可面对所有人开放,凡申请当然许可并获得批准的专利权人,均有义务接受任何符合条件的相对人的承诺并达成许可合同。当然许可的第二项特征就是缔结许可合同程序的简化性。在传统许可中,专利权人如果要与众多相对人缔结许可合同,必须逐一与其进行磋商谈判,确定合同内容,达成许可协议,耗时耗力。当然许可则一改此种做法,省略了专利权人要约邀请环节,通过专利权人一次性发出要约的方式,设定许可合同的基本内容,承诺愿意接受专利权人要求并满足相应条件的人自动成为被许可方,将一对一的逐个许可改成一对多的打包式许可,使专利权人从众多的谈判中解放出来,大大简化了缔结许可合同的过程,提高了效率。

2. 当然许可的法律性质:自愿许可抑或非自愿许可

关于当然许可属于自愿许可抑或非自愿许可的问题,学术界有不同意见。一种观点认为,当然许可是一种自愿许可,是当事人意志的体现。因为

---

〔1〕 文希凯:《当然许可制度与促进专利技术运用》,载国家知识产权局条法司编:《专利法研究》(2011),知识产权出版社 2012 年版,第 229 页。

〔2〕 徐红菊:《专利许可法律问题研究》,法律出版社 2007 年版,第 111 页。

是否实施当然许可、实施的方式和内容,都由权利人事先预设,体现权利人的意志。与普通许可相区别的是,以上内容不是由双方协商,而是由一方预设另一方认可。但无论哪种方式,本质上都表现为双方当事人的意思自治,因此当然许可应该是一种自愿许可。[1] 另一种观点认为,当然许可是一种非自愿许可。其理由在于当双方发生纠纷,不能就许可内容达成一致意见时,并非如一般许可那样终结交易,而是由公权机关介入解决,确定许可内容由双方执行,体现出强制性特征。[2] 还有一种观点认为,当然许可既有别于非自愿许可,也与一般的自愿许可存在差异。“从权利人是否有权决定给予许可角度来讲,专利当然许可不应归类至强制许可。”[3]这体现了权利人的意思自治。但当然许可也使被许可人获得了更有利的交易条件,体现了对被许可人的利益倾斜。[4]

笔者认为,当然许可应当属于自愿许可,理由在于;其一,是否申请当然许可由权利人自主决定,这与强制许可下满足条件时专利权人无条件接受许可的规定相去甚远;其二,在双方就相关事项发生争议时,由公权机关介入解决,实际上也是权利人对于自身权利、对合同内容进行处分的结果,是权利人处分、让渡自身权利的表现;其三,就当然许可的制度设计来看,各国均允许专利权人撤回当然许可。因此,当然许可在发生、终止以及内容选择上均体现出专利权人的自决性,其应当属于自愿许可。

3. 当然许可与默示许可的关系

第一,制度功能相同:二者均有降低交易成本,促进技术实施的功能。“我国专利转化率偏低是不争的事实,据统计,我国专利转化率不足20%,也就是说,我国现有专利的80%都是沉睡的专利。”[5]转化率偏低除了资金、技术方面的原因,市场也是其中重要的因素。对于市场本身的问题,只能通

---

[1] 参见张志成:《〈专利法〉第四次修订案草案要点解析》,载《法律适用》2015年第11期。

[2] 参见胡建新:《我国专利当然许可制度的构建》,载《知识产权》2016年第6期。

[3] 张洋:《我国专利当然许可制度的适用性及完善——评〈专利法(修订草案送审稿)〉相关条款》,载《知识产权》2016年第6期。

[4] 参见唐蕾:《我国建立专利当然许可制度的相关问题分析——以〈专利法〉第四次修改草案为基础》,载《电子知识产权》2015年第11期。

[5] 李文江:《我国专利当然许可制度分析——兼评〈专利法(修订草案送审稿)〉第82、83、84条》,载《知识产权》2016年第6期。

过完善制度予以解决。《国务院关于新形势下加快知识产权强国建设的若干意见》明确提出要“促进知识产权创造运用”“推动专利许可制度改革”。因此,作为促进专利技术实施和运用的制度,当然许可与默示许可应运而生,并作为《专利法》的新增条文,被纳入2015年《专利法修订草案(送审稿)》“专利的实施和运用”一章中。在运行机制上,当然许可与默示许可均通过降低交易成本的方式促成专利交易更快捷、更低耗、更高效地达成。具体而言,当然许可降低了市场主体的信息搜寻成本和缔约成本,在分散的市场中,交易各方往往需要花费大量的时间和精力去寻找合适的交易对象。而在当然许可中,待许可的专利技术统一由专利局予以公告,哪些技术可以许可使用一目了然,节省了信息搜寻成本。此外,当然许可还帮助专利权人避免了逐一磋商、缔结许可合同的烦琐,减少了缔约成本。默示许可也同样具有降低缔约成本的功能。因此,两种许可方式促进了许可交易的顺利进行。

第二,许可方式不同。当然许可与默示许可最大的区别就在于前者通过明示的方式实现许可,而后者则经由行为、非直接言辞等默示方式达成许可。在当然许可中,专利权人关于专利技术许可的意思表示清楚、明确,而在默示许可中,是否存在许可需要结合事实背景、当事人行为进行合理推定,前者是直接意思表示的结果,后者是推定意思表示的产物。与此相应,前者关于许可的内容、具体条件是清晰明了的,而后者的许可内容同样需要根据具体情况合理确定。

第三,许可性质存在差异。已如前述,当然许可是基于专利权人意思自治的自愿许可。专利权人对于是否许可、许可内容享有决定权。而默示许可除促进专利技术实施和运用外,还肩负着调节利益平衡,维护公平、正义的技术资源分配秩序的使命,其兼具自愿许可与非自愿许可的性质。由于默示许可是对专利权人内心意思的推定,而推定是结合事实背景、诚信原则、利益权衡等因素作出的,因此,推定结论可能符合专利权人内心意愿,也可能与之相违。当推定结论与专利权人内心意愿相符时,默示许可就是自愿许可;当推定结论与专利权人内心意愿相左时,默示许可就成为非自愿许可。当然许可仅是在双方就具体内容发生争议时由公权机关介入裁决,当然许可是否成立则完全取决于专利权人意愿,而默示许可甚至可能在最初成立与否的问题上就涉及公权的介入问题。相较于当然许可而言,默示许可更多地被赋予一种法律干预的色彩,更鲜明地体现出法律的价值倾向和立场选择。

(二)专利默示许可与其他非自愿许可

1.非自愿许可的起因与缘由

排他性是财产权的本质属性。对于以无形的技术方案作为权利客体的专利权,由于其不能通过对有形载体的占有来排斥他人使用,通过法律确权来维护此种排他力就尤为必要。排他的专利权一方面可以为技术创新提供激励,另一方面也划定了公众可以自由涉足的领域。"除非存在着排他性权利力量,否则,最先创造知识产权的激励就可能受到损害。"〔1〕排他性也是专利权人以许可他人使用的方式行使权利的逻辑起点。从经济学的角度分析,排他的财产权利为市场提供了交易的前提,技术正是通过交易才能得到最大限度的开发、转让和使用。〔2〕然而,这种排他性发挥到极致,又可能会走向促进创新和技术传播的良好初衷的反面。"知识的产权化并不会自然地实现创造的繁荣,市场的逐利本性若不加以约束,也可能扼杀创造。"〔3〕专利权人完全可以通过拒绝许可、专利阻遏等方式,人为控制和抬高专利权的市场价值,从而攫取超额利润。"保护知识产权的本质,不在于控制某个产品,也不在于控制创新者的思想,而在于控制体现此创新思想的产品的市场。"〔4〕此种控制在何种程度上是合理的受制于公共政策的考量,逾越此边界则构成权利滥用。排他性为专利权人滥用权利提供了可能,尽管排他性源于法定,但却是专利权人在充分意思自治的主观状态下实现的。此时,权利人许可抑或拒绝许可均是一种自愿,专利权本意在于尊重和维护此种自愿,同时又必须对这种自愿保持高度怵惕,并借助制度性力量,以非自愿的方式,对其进行牵制和约束。

---

〔1〕［美］威廉·M.兰德斯、［美］理查德·A.波斯纳:《知识产权法的经济结构》,金海军译,北京大学出版社2005年版,第26页。

〔2〕参见［美］Jay Dratler,Jr.:《知识产权许可》,王春燕等译,清华大学出版社2003年版,第151页。

〔3〕李琛:《著作权基本理论批判》,知识产权出版社2013年版,第36页。

〔4〕寇宗来:《专利制度的功能和绩效》,上海人民出版社2005年版,第5页。

2. 非自愿许可的实现路径与表现形式

“非自愿许可”是与“自愿许可”相对的一个法律概念。简言之,非自愿许可就是指非基于专利权人的意愿而由法律规定他人实施该专利权的一种制度。

第一,实现路径:弱化或排斥权利人意思自治。专利权强大的市场排斥力源于权利的排他性和权利人的高度意思自治。在现行专利制度设计未能对财产权固有的排他性作出根本变革的情况下,非自愿许可通过限制、弱化甚至排除专利权人意思自治的方式来控制负面的市场效应,在一定条件下,以强制性手段剥夺专利权人选择是否交易、与谁交易的意志自由,倾向性地矫正因专利强权导致的失衡的利益天平,强制性地完成专利许可交易之过程。当专利权人无意许可或者拒绝许可时,基于技术使用与传播、公共安全与健康等事关公众福祉的考量,立法就代替权利人作出决定,规定有违权利人意思的非自愿许可,并强制性地促使权利人接受此种安排。正如其字面意义所表明的,该种许可是法律强制规定的结果,是一种罔顾专利权人意愿,与自愿许可相对应的非自愿许可。

第二,表现形式:强制许可与法定许可。就知识产权非自愿许可的类型或者表现形式而言,在理论上并未达成共识。立法规定也因著作权、专利权的不同而有所区别。如德雷特勒将知识产权非自愿许可分为四种类型:一是法律规定的强制许可;二是根据交易过程产生的默示许可;三是根据衡平法规则产生的许可;四是法院出于公共政策或其他原因考虑作出的拒绝给予禁令救济,但允许损害赔偿的判决。[1] 国内相关研究认为法定许可和强制许可是非自愿许可的两种主要类型。[2] 还有观点则将强制许可、法定许可、合理使用纳入了非自愿许可的范畴。[3] 这些不同的观点归类的依据在于设定了非自愿许可的两项判断标准:一是非出于权利人自愿;二是客观上

〔1〕 参见[美]Jay Dratler,Jr.:《知识产权许可》,王春燕等译,清华大学出版社 2003 年版,第 151 页。

〔2〕 参见董美根:《知识产权许可研究》,法律出版社 2013 年版,第 221~229 页;刘强:《交易成本视野下的强制许可》,知识产权出版社 2010 年版,第 1 页;宋亮:《浅论著作权非自愿许可》,载《邵阳学院学报(社会科学版)》2005 年第 3 期;郭威:《版权默示许可制度研究》,中国法制出版社 2014 年版,第 52~53 页。

〔3〕 参见凌洪斌:《知识产权非自愿许可制度研究》,暨南大学 2006 年硕士学位论文,第 3 页。

达成了许可使用的法律效果。尽管如此，建立在此种标准上的分类结果仍然是见仁见智。德雷特勒所划分的类型受制于法律体系的局限，不具普遍适用性，而将合理使用也纳入非自愿许可范畴则有与知识产权限制措施相混淆之嫌疑，这与非自愿许可在本质上是对知识产权的限制不无关系。如何确定非自愿许可的类型和表现形式既涉及对其本质的判断也存在一个度的问题，范围过窄可能挂一漏万，而范围过宽又难以突出非自愿许可的特性。“法律概念总是有一定的弹性可供解释，但如何才能作出最好的解释，一定与解释者的价值观相联系”。[1] 非自愿许可属于权利限制，但不等于权利限制，之所以将其称为“许可”，是因为其在一定程度上具备了许可的特征。因此，本书尽量搁置争议，将考察范围限于最低限度的共识之上，基于使用的有偿性、许可的事前性等方面选择强制许可和法定许可（尽管我国专利法由于政策考量、尊重国际公约等原因并没有规定法定许可制度，但学理上已经有建立专利法定许可制度的呼声）作为两类主要的非自愿许可问题进行讨论。

3. 默示许可：自愿抑或非自愿

默示许可属于自愿许可还是非自愿许可在某些学者看来不是一个问题，因为既然默示许可是对专利权人的一种限制，那么自然就应该纳入非自愿许可的范畴进行论述。[2] 还有一种观点认为，默示许可是自愿许可：默示许可是相关权利人放弃了不许他人使用的行为造就的，而这种放弃又是权利人的自主自愿行为……从主观心态上来说，他是放纵这种情形的发生，应该说也是具有故意的心态……只不过没有指定具体对象而已，对象为不特定的他人，所以它应该是属于自愿许可的范畴。[3] 二者的共同问题在于以偏概全，犯了思量不周的方法错误。笔者认为，有必要跳出这种非此即彼的思维模式，以辩证的方式来看待默示许可的性质。源自合同法规则的默示许可根据通常可分为两大类情形：(1)已存在于当事人心中但没有通过

---

〔1〕 李琛：《著作权基本理论批判》，知识产权出版社2013年版，第2页。

〔2〕 参见[美]Jay Dratler, Jr.：《知识产权许可》，王春燕等译，清华大学出版社2003年版，第149~183页。

〔3〕 参见凌洪斌：《知识产权非自愿许可制度研究》，暨南大学2006年硕士学位论文，第8页。

书面或其他形式表现出来的条款;(2)相关问题未被当事人注意从而未被当事人明确约定的条款。但事实上,还存在第三类默示许可的条款,即由法院根据公平、合理、公共政策而产生的默示许可条款。〔1〕 在第一种情形中,当事人的意思是明确的,只是没有以书面或言辞的形式表达出来,但双方对此达成了一致和默契,并不违背权利人意愿,这种默示许可就是自愿许可。而在当事人意思不明和基于公正而由法院进行推定的情形下,其结果也是二分的:法院推定结果可能与当事人意愿相符,也可能与当事人意愿相违,符合当事人意愿则成立自愿许可;反之,则不然。至于这两种可能性分别在多大程度上能够发生则在所不问。

4. 默示许可与强制许可

强制许可是一种非自愿许可,对此国内外学界几乎没有争议。〔2〕 “强制许可是专利技术向政府或第三方的非自愿许可来完成一个对社会有益的目标。”〔3〕“专利强制许可(Compulsory Patent Licensing),又称为非自愿许可(Non-voluntray Patent Licensing)。”〔4〕强制许可是专利法上重要的利益调节器,其功能在于基于公共政策之考量,防止专利权人不当拒绝许可或实施专利阻遏,降低使用人获取技术的成本,进而促进技术传播和使用,实现公共福祉、惠及普罗大众。专利强制许可制度是在专利权撤销制度基础上发展起来,其从产生之初就与专利权人的实施义务紧密相连。“在 1925 年巴黎公约海牙修订会议上,第一次明确将强制许可作为撤销专利权的前置性救济手段。”〔5〕之后,多数国家开始在专利法中规定这一制度。据世界知识产权组织(World Intellectual Property Organization,WIPO)20 世纪 80 年代的

---

〔1〕 See Kim Lewison, *The Interpretation of Contracts*, Sweet & Maxwell, 3rd ed., 2004, p. 152. 转引自董美根:《专利许可合同的构造:判例、规则及中国的展望》,上海人民出版社 2012 年版,第 114~115 页。

〔2〕 强制许可是非自愿许可,是指国家专利管理机关依法颁发的强制专利权人允许请求人利用其专利发明的一种法律对策。参见曾山金:《论专利实施的强制许可》,载《长沙水电师院社会科学学报》1995 年第 4 期。

〔3〕 [美]克里斯托弗·A. 考托皮亚:《〈与贸易有关的知识产权协定〉下的强制许可和美国最高法院在 eBay v. MercExchange LLC 案中的决定》,王颖莉译,载[日] 竹中俊子主编:《专利法律与理论——当代研究指南》,彭哲等译,知识产权出版社 2013 年版,第 548 页。

〔4〕 刘强:《交易成本视野下的强制许可》,知识产权出版社 2010 年版,第 1 页。

〔5〕 同上书,第 14 页。

统计调查,在131个国家中,82个国家的专利法明确规定了强制许可制度。与强制许可制度重要性与普及性形成鲜明对比的是其所面临的实施困境。自我国1984年《专利法》建立强制许可制度以来,至今未有一例申请实施强制许可的案例。其他国家也存在类似情形,“第24条强制许可之规定在德国专利法中只具有心理与精神层面的意义,而不具有实践意义,因为自1945年以来,在德国仅授予了两例强制许可”。[1] 在美国,无论是立法还是司法,均对干预自由市场运作的强制许可持保留态度。“在美国专利法中并不存在如许多外国法律中那样的一般性法定条款。”[2]“只有当专利权人的相关行为被证明违反反托拉斯法之时,法院才会对该专利实施强制许可。”[3] 尽管专利默示许可同样没有成文法规定,但相关司法案例不断涌现。二者区别在于以下两点:

一是二者的考量视角不同。专利默示许可兼顾了事实之真与价值之善,法院判断默示许可成立的依据在于案件事实,而专利权人的真实意愿就隐藏在具体的个案环境中。如若专利权人的真实意愿有违该案件所呈现的客观事实,那么基于诚信原则和保护相对人合理信赖之价值,法院推定默示许可成立。而强制许可则罔顾事实之真,法律规定的强制许可要求明显违背专利权人意愿,其制度的出发点在于价值之善,《TRIPs协定》第8条明确了强制许可的两个共同的目的——保护公共利益和停止反竞争行为。[4]

二是二者适用的条件和程序不同。发达国家和发展中国家在专利保护强弱上的差异反映到强制许可制度上,就是对待强制许可限制性条件的不同立场。“虽然在《巴黎公约》中就强制许可制度的确立达成了一致,但其现行文本(1979年日内瓦文本)第5条A第2款进一步严格规定了取消专利的条件和因滥用而强制许可的条件。”[5] 而强化对强制许可条件和程序的限制,对其采取从紧的适用政策在《TRIPs协定》的框架下得到了充分体现。

---

[1] 范长军:《德国专利法研究》,科学出版社2010年版,第101页。

[2] [美]Jay Dratler, Jr.:《知识产权许可》,王春燕等译,清华大学出版社2003年版,第179页。

[3] 同上书,第178页。

[4] 参见[美]克里斯托弗·A.考托皮亚:《〈与贸易有关的知识产权协定〉下的强制许可和美国最高法院在eBay *v.* MercExchange LLC案中的决定》,王颖莉译,载[日]竹中俊子主编:《专利法律与理论——当代研究指南》,彭哲等译,知识产权出版社2013年版,第548~549页。

[5] 刘强:《交易成本视野下的强制许可》,知识产权出版社2010年版,第15页。

《TRIPs协定》第30条和第31条为其适用规定了烦琐的条件和程序。在国内法层面,强制许可相关规定依然烦琐复杂。我国《专利实施强制许可办法》就申请强制许可的实质和形式要件作出了规定,申请人必须满足各项条件要求并经过严格审查程序方能获得批准。而默示许可则是事后对是否授权使用进行的司法认定,省去了诸多事前的繁文缛节,尽管存在结论的不可预期性,却为专利使用人赢得了时间,提高了专利技术的使用效率。

2006年美国联邦最高法院判决的易贝诉MercExchange有限责任公司案(eBay *v.* Merc Exchange LLC)〔1〕是其专利政策的一个缩影,其在判决中拒绝给予专利权人禁令救济,建立了事实上的司法型强制许可。尽管该判决是以救济为导向的,却达到了对专利权进行限制的效果,该判决将对强制许可的事前审查转变为事后的司法审查,对强制许可的灵活适用具有启发意义。因此,专利默示许可与强制许可均能在事后的司法审查中实现,其差别仅在于对案件事实所传达的专利权人意愿的尊重。

5. 默示许可与法定许可

法定许可本是著作权法中的概念,是指根据《著作权法》的规定,在满足法定条件的情况下,欲使用作品的相对人使用作品无须取得著作权人同意,但必须向其支付规定使用费的制度。〔2〕法定许可在我国专利法中并无现实的对应物,但并不意味着没有移植和借鉴的可能。作为一种对知识产权的限制制度,法定许可在专利法上的运用并无立法技术上的困难,其是否建立很大程度上取决于国家专利政策松紧的考虑,与专利保护水平密切相关。国内学术界已经有了建立专利法定许可制度的呼声。〔3〕《瑞士专利法》就针对使用生物技术发明专利作为研究工具或方式的情形作了类似于著作权上法定许可的规定。〔4〕以著作权上的相关规定为例,解析法定许可的构成不难发现,其涉及三个基本要素:一是符合法定条件;二是无须征得

〔1〕 547 U.S. 388, 126 S. Ct. 1837.

〔2〕 参见吕淑琴、陈毓江:《版权的法定许可》,载《法学》1990年第5期。

〔3〕 参见黎运智:《从专利技术标准化看专利法定许可问题》,载国家知识产权局条法司编:《专利法研究》(2006),知识产权出版社2007年版,第381页;柳朋明:《专利法定许可制度研究》,湘潭大学2010年硕士学位论文,第13~17页。

〔4〕 参见《瑞士专利法》第40条。

权利人同意;三是必须向权利人支付合理使用费用。可以看出,法定许可是著作权人拥有广泛控制的完全著作权与完全不受著作权法保护之间的一种居中制度,处于授权许可与合理使用之间的缓冲地带。"为著作权人和社会公益提供了另一种选择机会,避免了要么授权许可要么合理使用的单一立法思路,增加了法律制度构建的弹性。"[1]

法定许可承载着立法的价值追求,这一价值追求通过立法者设定的适用条件体现出来。法定许可与通过司法裁决认定的默示许可存在根本的不同:一是法定许可是事前性的许可使用规则;而默示许可通常因侵权纠纷诉至法院后,作为侵权的抗辩事由予以认定。二是确定性与灵活性不同:法定许可事由法定,为潜在的使用者提供了稳定的预期,而默示许可则依据个案事实进行判断,相关事实的表现形式千差万别,法院在认定过程中享有较大的自由裁量余地。

当司法中认定的默示许可因发生的规律性和高度的盖然性而上升为成文法规定,成为法律上之默示许可时,二者之间的差距进一步缩小,但并非不能区分,其在本质上体现为拟制许可与推定许可的区别。"拟制是法律实现层面、法律制度形成层面、制度解释层面的决断性虚构",[2]是事实上之无上升为法律上之有的价值判断过程与结果。"拟制是不以事实为基础的,不顾事实是拟制的固有属性,现实的需要和价值上的考虑才是其真正的基础。"[3]而"推定的本态,应是法官在裁判案件时,基于一定的客观事实,推定另一事实存在的一种思维工具,随着民事立法理论的发达,民事立法技术的提高,民事实体法中开始大量出现推定问题的明确规定"。[4] 因此,推定不是完全的虚拟,而是以事实为基础的。法定之拟制许可与法定之推定许可同样遵循上述区别:推定许可并非无中生有,而是依据基础事实;而法定许可则罔顾事实,纯粹出于价值判断。二者在规则表述上也存在差异:"推定在立法上经常使用'视为'、'推定'、'以……论'等用语,有时无任

[1] 张曼:《著作权法定许可制度研究》,厦门大学出版 2013 年版,第 42~43 页。
[2] 卢鹏:《法律拟制正名》,载《比较法研究》2005 年第 1 期。
[3] 卢鹏:《拟制:一种政治艺术》,载《吉首大学学报(社会科学版)》2005 年第 1 期。
[4] 王立争:《民法推定性规范研究》,法律出版社 2013 年版,第 8 页。

何表示推定的用语,但意思却包含推定。”[1]尽管该标准并非绝对,但至少为我们判断规范性质提供了参考。我国《专利法》第四次修订中新增了标准必要专利的默示许可条款,条文表述为:“……不披露其拥有的标准必要专利的,视为其许可该标准的实施者使用其专利技术。”其措辞足以说明默示许可作为推定许可的特性。

第二节 专利默示许可性质的现有学说及对性质的新解读

学术对于任何一种社会存在的认识犹如盲人摸象。从经济、历史、伦理、文化等不同的角度,可以触摸和感知其不同侧面。由此形成的不同影像分别反映“大象”的局部样态,它们都具有相对的真实性,同时又具有片面性。而“大象”的完整形态,只有在不同视角形成的众多影像的汇总和叠加中,才有可能得到较客观的体现。如果我们尽可能扩展研究的视角,变换新的角度审视专利法,则有可能获致对于专利法制更全面准确的认识。[2] 因此,要避免偏见与片面,必须多视角、全方位对研究对象进行解读。

一、现有关于专利默示许可性质的认识

现有关于专利默示许可性质的解说,角度不同但都各有道理。单纯关注其中任何一种都有失偏颇,综合考量各种性质学说始能概括其全貌。可以说专利默示许可既是许可方式、抗辩事由,也是对专利权的限制。

(一)默示许可是与明示许可并存的专利权行使方式

“在考察知识产权自愿许可时,通常以权利人的明示许可为前提,以书面的合同方式为常态,实际上,在知识产权领域还存在一种有别于明示许可的默示许可(Implied License),它是指在一定情形之下,权利人以其非明确许可的默示行为,让被控侵权人(或知识产品的使用人)产生了允许使用其知识产品的合理信赖从而成立的一种权利许可形态。”[3]未予言明的默示

---

[1] 刘金友主编:《证据理论与实务》,法律出版社 1992 年版,第 173~174 页。转引自王立争:《民法推定性规范研究》,法律出版社 2013 年版,第 99 页。

[2] 参见胡波:《专利法的伦理基础》,华中科技大学出版社 2011 年版,第 13 页。

[3] 王国柱:《知识产权默示许可制度研究》,吉林大学 2013 年博士学位论文,第 1 页。

许可,或许是因为当事人认为理当如此没有必要言说,或者是因为疏忽大意忘记提及但以事后的践诺表明同意,无论是哪种原因,都有其存在理由,都有助于降低交易成本,提高交易效率,满足现代社会对于经济流转、交易过程高效便捷的要求,应该作为具有法律效力的许可形式而得到确认。

根据当事方心理状态的不同,默示许可又包括双方均无异议的默示许可和就是否存在默示许可发生争议而诉诸司法由其推定作出的默示许可。双方无争议地就专利使用达成默示许可是一种现实,节约了各种社会资源,其存在既是合理的也是必要的。同时,民法、合同法与专利法也为其提供了生成的空间。基于此,各国民法无不承认以默示方式达成的法律行为的效力。我国原《民法通则》第 56 条规定,民事法律行为可以采取书面形式、口头形式或者其他形式。原《合同法》第 10 条、《民法典》第 135 条也沿袭了这一规定。其他形式包括通过行为方式实现表意的法律效果。与书面、口头等明示形式相比,行为是一种默示的形式,其顺应了现实的需要,是第二性的法对于第一性之生活事实的尊重。例如,行为人向自动售货机投币或者上车购票之行为足以认定发生买卖或服务的交易关系,如若每次交易均要求书面或口头形式,必将造成无谓的资源浪费和效率上的损失。2008 年《专利法》修改时改变了原第 12 条订立实施许可合同必须以书面形式的规定,删除了“书面”二字。学者将其解读为,不仅是为了落实原《合同法》第 10 条关于合同订立方式的原则规定,其深层原因还在于为在必要的情况下认定实施专利的默示许可扫除障碍。〔1〕 如若不然,专利法将无法应对专利抑或非专利产品销售中出现的大量默示许可的现实需要。尽管《专利法》没有提出“默示许可”的概念,但立法意图、法律规定的用语足以表明其已实际承认默示许可作为专利实施许可的一种类型。

(二)默示许可是侵犯专利权之抗辩事由

专利许可对于专利权人而言是行使权利的一种方式,对于被许可人而言则是获得专利使用权的前提。无论是何种形式的许可,“专利许可是专利权人通过民事法律行为对专利权予以处分或设定负担的行为”。〔2〕 这是对

---

〔1〕 参见尹新天:《中国专利法详解》,知识产权出版社 2011 年版,第 172 页。

〔2〕 董美根:《知识产权许可研究》,法律出版社 2013 年版,第 81 页。

专利许可最常规的认识。然而,在美国,学术界和实务界对专利许可作用还有另外一种解读:许可协议为被许可人提供了被诉侵权的豁免。[1] 基于明示的专利许可,被许可人获得了对专利侵权主张的积极抗辩。[2] 专利许可仅仅是专利权人放弃对被许可人侵权诉讼的一种承诺,[3]这些观点将专利许可置于侵权诉讼的背景下,赋予其侵权诉讼抗辩事由之性质。《美国专利法》第282(b)(1)条规定的不必承担侵权责任的抗辩理由包括专利许可抗辩。[4] 由于专利许可包括明示许可与默示许可,因此,默示许可作为侵犯专利权之抗辩事由也就理所当然。与明示许可相同,默示许可是针对专利侵权主张的一种抗辩。[5] 反观美国之外的其他国家,尽管均将未经权利人许可之制造、使用、销售、进口等行为规定为侵权,但对获得权利人许可作为侵权之抗辩事由的认识还不到位。其可能错误地认为既然权利人已经授权许可,那么就不会提出侵权诉讼。然而,这种认识却忽略了实践中大量存在的、需要进行认定的默示许可情形。与明示许可不同,专利默示许可并非以详细的法律文件的方式达成,因此经由默示许可产生的权利是不清晰的。[6] 被诉侵权人可以以默示许可提出抗辩,但其是否存在,许可的具体内容都需要法院的进一步认定。将许可(包括默示许可)作为侵权之抗辩理由实属必要且意义深远。

一般而言,无争议的默示许可已由当事人妥善处理,而实践中呈现于我们视野中的,进入司法程序的有争议侵权案件,默示许可均是以抗辩事由之性质出现。美国司法案例中围绕默示许可规则的讨论均是由于被告提出默示许可抗辩而展开的。因此,有学者将默示许可归入基于产品的侵权豁免

---

[1] See Rachel Clark Hughey, *Implied Licenses by Legal Estoppel*, 14 Alb. L. J. Sci. & Tech. 53, 2003-2004, p. 54.

[2] See Gregory M. Luck, *The Implied License: An Evolving Defense to Patent Infringement*, 16 IPL Newsl. 3, 1997-1998, p. 3.

[3] Spindelfabrik Suessen-Schurr Stahlecker & Grill *v.* Schubert & Salzer Maschinenfabrik Aktieng. 829 F. 2d at 1081 (Fed. Cir. 1987).

[4] 参见[美]J. M. 穆勒:《专利法》,沈超等译,知识产权出版社2013年版,第378~379页。

[5] See Rachel Clark Hughey, *Implied Licenses by Legal Estoppel*, 14 Alb. L. J. Sci. & Tech. 53, 2003-2004, p. 56.

[6] See Gregory M. Luck, *The Implied License: An Evolving Defense to Patent Infringement*, 16 IPL Newsl. 3, 1997-1998, p. 3.

类型,并且提出了针对默示许可抗辩的反对抗措施。与权利穷竭原则类似,默示许可原则对于那些从合法来源购得被许可产品的人而言是一种潜在的有价值的侵权诉讼抗辩。[1] 当然,默示许可作为侵权抗辩所针对的情形包括但不限于产品的销售,任何基于专利权人行为而成立的许可之表象均可能成为被控侵权人主张默示许可的理由。

(三)默示许可是权利限制的一种形式

"在三次科技革命以及社会思想流变的影响下,专利权经历了从特权到私权再到霸权的三次转型。"[2]在由私权向霸权的异化过程中,由于对技术传播和创新的抑制,对健康权等基本人权实现的阻碍以及对自由市场经济的负面作用,专利制度面临被后现代解构的危机。对于某些人来说,专利制度是资本主义贪婪的一个缩影。学者由此发出了专利制度究竟是天使还是恶魔的诘问。通过考证专利制度的优劣势以及在历史和现实中的作用,菲利普斯得出的结论是:专利制度既非天使也非恶魔,它只是我们实现或好或坏的目的时使用的一件工具罢了。[3] 作为利益调节工具,专利制度通过财产权的形式在客观上对技术资源进行了初始分配,同时为防止失控,也在内部制度构造上设计了技术资源的二次分配机制,这一机制的实现路径有两种:一种是财产权的市场交易;另一种是强制性的专利权限制制度。经由对专利权垄断性的适度控制,这种机制发挥着纠偏和矫正的重要功能,同时,也诠释和证明了专利制度的正当性。

无论是从自然权利抑或工具性权利的角度解读专利权,专利权均应当受到限制。洛克认为,赋予私人财产权的前提必须是有足够多的且好的东

---

[1] See Amber Hatfield Rovn, *Practical Guide to Application of (or Defense Against) Product-Based Infringement Immunities Under the Doctrines of Patent Exhaustion and Implied License*, 12 Tex. Intell. Prop. L. J. 227, 2003-2004, p. 268. 基于产品的侵权豁免是指因授权的产品销售而使专利权人对该产品的权利主张受到影响,该种豁免并非源于专利权人的明示许可或允诺,其甚至与专利权人本身的意图相反,基于此种豁免,该产品的后续使用和销售不再在专利权人的掌控范围之内。对于默示许可的反限制,瑞夫纳建议在事前起草权利要求时,尽量涵盖组合专利或方法专利的相关部件,在销售时附加明确限制,在诉讼中尽力主张该产品的非侵权用途的存在以及相关销售环境的暗示。

[2] 刘刚成:《专利权限制基础理论分析》,湘潭大学 2012 年硕士学位论文,第 2 页。

[3] 参见[英]杰瑞米·菲利普斯:《是天使还是恶魔? 专利与知识产权制度》,沈畅译,载[日]竹中俊子主编:《专利法律与理论——当代研究指南》,彭哲等译,知识产权出版社 2013 年版,第 129 页、第 147 页。

西留给他人。功利主义哲学观更是将专利权视为因应现实政策需要，可灵活调整范围的工具性权利。专利限制制度则在其中发挥着利益平衡器的作用。从价值层面上看，专利权限制制度体系应包含市场秩序、人权保障和技术创新三个维度；[1]从权利限制的发生阶段看，专利权限制包括在授权阶段、行使阶段、保护阶段的限制；[2]从限制内容看，专利权限制包括对权利客体、权利内容、权利期限等方面的限制。专利权限制体系不仅应包含权利行使的限制，还应包含权利界定上的限制，其限制结构包括权利表达中的限制、权利确认中的限制、权利行使中的限制和权利救济中的限制。[3]

就专利默示许可而言，由于其是在诉讼中以侵权抗辩事由出现的，因此可以归入权利救济中的限制。其之所以构成对专利权的限制，主要基于两个原因：一是在个案中作为抗辩事由，消解和对抗专利权人的权利主张；二是从其在整个专利制度中的作用来看，基于信赖利益保护、技术传播等价值考量，即使案件事实所呈现的权利人意思与其内心真意相违，法院也会根据外观事实认定默示许可的成立，从而在一定程度上限制专利权人纯粹的意思自由，将专利权行使纳入立法所设定的轨道。

二、对于默示许可性质的新解读：责任规则的新类型

多元的利益主体和价值目标能够共存于专利制度中，既是相互协调的结果，也离不开创造性的制度设计。责任规则是财产权的实现方式之一，其突破了财产权的排他性，着眼于不同交易环境下资源的最优配置，从经济而非伦理的进路出发，既实现了对专利权的限制，又维护了权利人利益，达成了"双赢"的效果，在专利法中有着广泛的应用。责任规则本质在于弱化财产权的排他性，具有防止权利滥用的功能，与专利默示许可在制度价值、功能效果、类型划分等方面有诸多共通之处，因此可以尝试将专利默示许可作为专利法上责任规则的类型之一，并加以充分运用，为变革中的专利制度注

---

〔1〕 参见刘刚成：《专利权限制基础理论分析》，湘潭大学2012年硕士学位论文，第29~36页。

〔2〕 参见吴辉：《专利权限制研究——以专利法的运行为视角》，华中师范大学2011年硕士学位论文，第9~36页。

〔3〕 参见徐棣枫：《专利权限制的法律体系重构》，载《湖南师范大学社会科学学报》2008年第1期。

入更多的生机与活力。

(一)责任规则的本质与功能

1. 本质:财产权排他性的弱化

卡拉布雷西和梅拉米德将权利的保护方式分为三类:第一类是权利人有权排除他人使用其所有物的财产规则;第二类是权利人无法排除他人使用其所有物但有权获取一定数量补偿的责任规则;第三类是无论在何种情况下都不得允许第三人行使的不可转让规则。[1] 这种分类的提出是建立在对财产权排他性深刻洞见的基础上的。由于知识产权客体的公共物品属性和法律所制造的人为稀缺性,知识产权一直在保护权利人利益和公众利益之间进行着恒久的选择和取舍,维系着二者艰难而又必需的平衡。财产规则与责任规则为我们提供了一个崭新的视角和理论框架,成为我们分析相关法律规则、构建符合立法宗旨的知识产权制度的指导理论,在知识产权领域包括专利法领域有广泛的运用空间。"作为权利配置的不同规范类型,财产规则与责任规则的本质差异体现在权利的排他性上。""财产规则坚持了权利的排他性,他人只有在权利人许可的前提下才能实现该权利的价值。""与财产规则相反,责任规则弱化了财产权的排他性,他人利用财产权所依据的,是中立的第三方(如政府、法院等)规定的条件,而非权利人的意志。"[2] 由于责任规则将对财产的排他控制权转化为补偿请求权,就他人利用其所有物而言,权利人没有是或否的选择权,因此,在一定程度上也弱化了权利人对所有物的控制力,削减了其在交易中的要价能力。这无疑向知识产权法包括专利法传递出一个重要的信号:控制权利人权利,在不贬损其经济利益的同时又能最大限度地发挥知识信息的社会价值,责任规则是进路之一和较优的选择。

2. 功能:防止财产权滥用

从社会福利的角度看,任何所获信息都应该是免费的(除了信息的传播

---

[1] See Gudio Calabresi & Douglas Melamed, *Property Rules, Liability Rules, and Inalienability: One View of the Cathedral*, 85 Harv. L. Rev. 1089, 1972, p. 1105-1115.

[2] 熊琦:《著作权激励机制的法律构造》,中国人民大学出版社 2011 年版,第 119~120 页。

费用)。这确保了对信息的最佳使用,但是,却无法为研究提供任何激励。[1] 这就告诉我们:信息的有效生产和信息的有效利用是一个难以权衡的问题。墨杰斯从缔约阶段的利益保护和执行选择的多样性两个方面考察了通过财产权模式对专利发明进行保护相较于合同的优越性。[2] 而一旦知识产权制度选择以财产权的形式对作品、发明等知识信息予以保护,作为理性经济人的权利人便会充分利用制度提供的空间,将专利权的排他性发挥至极致,以最大限度地获取个人利益。财产权的过度排他必然走向垄断,提高交易成本,同时,由于产权碎片化引发的"反公地悲剧",整个社会将会为一部分人攫取超额垄断利润付出巨大的代价。这一代价包括对市场及其准入构成障碍、对自由创造活动的威胁和抑制以及对人类基本权利的蔑视和践踏,最终将阻碍经济福利、信息民主、人类健康等恒久性价值的实现,使人类重新回到为信息所奴役的信息封建主义之中。正如德拉霍斯所言,对产权化的过分追逐,会使权利丧失其本来的意义,最终变成限制自由的枷锁。[3] 就专利法领域而言,目前其存在一种不容忽视的趋势,即专利权的过度排他化和垄断性倾向,专利阻遏、专利圈地、专利丛林等不可欲现象则是这一趋势的具体表现。种种表象均指向了专利制度的正当性与合理性问题,让我们不禁联想起 19 世纪那一场关于专利制度的存废之争。危机之中的专利制度将如何自处?专利制度再一次来到了改革的十字路口。"事实上,人自有一种与生俱来的能力,它能够使个人在自我之外构设自己,并意识到合作及联合努力的必要。"[4]责任规则无疑为这一合作搭建了桥梁,权利人让渡出权利的排他性,保留获取收益的权利,使用人可以不经许可使用,但必须支付使用对价。这一折中方案兼顾了信息生产和信息传

---

〔1〕 See Arrow. K. J. ,*Economic Welfare and the Allocation of Resources for Invention*,in R. R. Nelson,ed. , The Rate and Direction of Inventive Activity,Princeton University Press,1962,p. 12.

〔2〕 See Robert P. Merges, *A Transactional View of Property Right*, Ssrn Electronic Journal (March,2005),http://www. researchgate. net/publication/228209628_A_Transactional_View_of_Property_Right.

〔3〕 Peter Drahos, *A Philosophy of Intellectual Property*, Dartmouth Publishing Company, 1996, p. 247-259.

〔4〕 [美]E. 博登海默:《法理学:法律哲学与法律方法》,邓正来译,中国政法大学出版社 2004 年版,第 7 页。

播的效率,防止了财产规则下权利的过度排他,维系着权利人与使用人及社会公众之间的利益平衡。

(二)责任规则的子范畴及其在专利法中的表现

由于责任规则理论对于专利制度价值和功能的实现具有重大意义,近年来,其在专利法上得到了进一步的探索和应用。利用责任规则来解读和审视专利法上已有和将有的制度,成为一种新的视角。除以经济学的方法来探究财产规则与责任规则各自的运行、交易成本外,学界还尝试以类型化的视角对责任规则进行归类,并分析其在专利制度中的具体表现,评价其优劣得失,从而为专利制度提供多元化的选择,帮助其克服既有缺陷,实现制度的自我矫正和完善。责任规则子范畴的划分类型主要有以下几种。

1.丹尼尔·克劳森哈尔(Daniel Krauspenhaar)建构的三分类型

德国马克斯·普朗克(Max Planck)创新与竞争研究所的丹尼尔·克劳森哈尔在其著作《专利法中的责任规则——一个法律与经济分析》中,构建了责任规则子范畴的三分类型。这一分类以责任规则的启动主体为标准,按照是否由官方或私人启动,将责任规则分为强制型责任规则、私人责任规则和默示责任规则。此种分类得益于墨杰斯及其他学者先前思想的启发:责任规则的界定并不明确,一些责任规则制度建立在法律手段基础上,而一些则建立在法律与私人手段混合的基础上,因此存在专利权人可以通过合同形式产生的私人责任规则。[1] 在丹尼尔·克劳森哈尔的类型体系中,强制型责任规则是通过立法规定而非专利权人自身意愿来决定责任规则适用的条件,其在专利法中最典型地表现为强制许可制度。此外,还有其他的一些制度形式也可归入这一范畴:一是自动强制许可,类似于版权法上的法定许可,立法规定其得以实施的条件,该条件的弹性解释空间和灵活性相对较小,通常由国家对条件是否满足进行认定。典型范例为《瑞士专利法》第40(b)条所规定的将生物发明作为研究工具的自动强制许可。二是对专利权效力的限制,该限制通常由政府启动,启动事由通常涉及公平竞争

---

〔1〕 See Robert P. Merges, *Contracting into Liability Rules-intellectual Property Rights and Collective Rights Organizations*, 84 Calif Law Rev. 1293, 1996, p. 1340.

秩序的维护。三是强制专利购入,即国家以相当于专利发明的对价强制购买专利后置于公共领域中,专利权人不得拒绝政府的要约。四是禁令救济限制,即法院在侵犯专利权案件中,基于公平正义之考量,不授予权利人禁令救济,而仅仅给予其相当数额的赔偿。私人责任规则由权利人自行选择是否启动,典型的如英国、法国、德国等实行的当然许可制度(也称许可权),即专利权人获得专利后即向专利局承诺只要支付一定使用费,任何人可以直接使用该专利。此外,私人责任规则还包括相关当事人通过合同约定建立的专利池、专利税集中交易所等责任规则模式。默示责任规则则完全由立法规定且与人的行为无涉。软知识产权进路可以形象地解释默示责任规则,其完全是基于弱化专利权之考量,由立法选择对所有领域专利权或某一技术产业内的专利权给予责任规则保护。欧洲专利局(European Patent Office,EPO)曾在《知识产权的未来愿景》中提出过这一设想。[1]

2. 事后责任规则类型

除上述三分类型,罗莎·卡斯特罗(Rosa Castro)则从不同的角度出发,在《现代专利法的事后责任规则》中提出了事后责任规则类型。该分类以时间为基准,由司法机构在个案中进行认定,不考虑成文法或判例法是否有相应规定。易贝诉 MercExchange 有限责任公司案则被奉为事后责任规则的典型。该案中法院未授予原告禁令救济,因此,在执行的效果上等同于责任规则。由于禁止禁令救济是在专利侵权案件中作出的,故可以视为司法主导型责任规则,与立法明确规定强制许可的适用条件不同,其是在被诉侵权之后才予以认定,因此不同于事前的强制许可。事实上,由于事前和事后责任规则是在立法和司法不同的权力主体主导下进行的,因此,也可将其理解为立法型责任规则与司法型责任规则。[2]

对责任规则子类型的划分是建立在对责任规则本质的准确把握基础之上的,有助于我们分析各种责任规则子类型的异同,梳理其脉络,比较其优

---

〔1〕 See Daniel Krauspenhaar, *Liability Rules in Patent Law a Legal and Economic Analysis*, Springer-Verlag Berlin Heidelberg, 2015.

〔2〕 See Rosa Castro Bernieri, *Ex-post Liability Rules in Modern Patent Law*, *European Studies in Law and Economics*, Intersentia Publisher, 2010.

劣，评判其价值，从而在急剧的技术和制度变迁中，在多元的价值冲突中，为专利制度提供尽可能多的选择方案。值得一提的是，国家不必就整个专利制度选择一种方案，而是应该决定在何种情况下适用何种方案。[1] 这种多元化的解决方案，打破了"万能钥匙"的调整方式，不再是一个模式适用于所有的技术和产业领域，使专利制度更具灵活性与适应性，并使专利制度在不断的纠错和完善中证立其本身的合理性。

(三)专利默示许可的正当性与类型

在专利许可中，并非所有的许可都采用明示和做成文件记录的书面协议方式，许可也可能是默示的。"默示的许可可以仅仅根据书面文件中的条款或者当时的情形而产生，也可以根据当时情形与明示条款相结合而产生。"[2] 专利默示许可是判例法的产物，是大量司法规则积累的结果，产生于19世纪中后期，成熟于20世纪，其间形成相应规模和体系，并在不断的技术变革和产业格局调整中表现出新的形态。专利默示许可建立在对事实的基本判断和对价值的倾向选择基础之上，以诚信、公平的法理念和法价值为指导，在专利侵权抗辩中得到了广泛的应用。专利默示许可所承载的价值取向是其功能的根基，其与司法裁判中逻辑推理的契合则体现出程序正当性的面向。

1. 专利默示许可制度的功能正当性

第一，符合诚信原则和衡平法的价值理念。虽然诚信原则和衡平法在法律体系上各有归属，前者是大陆法系指导性原则，后者是英美法系之特色制度，但二者的出处在本质上却没有多大不同，均由自然法之公平、正义理念演绎而来，并且二者在规范目的、规范效果上也有异曲同工之妙。诚信原则和衡平法的核心要义在于将基本的道德要求引入法律，为人的行为划定底线，使其能基于诚实不欺的善意从事社会交往活动，从而维系社会生活交往之和谐秩序。其不仅是个人行为之准绳，也为司法裁决提供导向，在私法

---

〔1〕 See Daniel Krauspenhaar, *Liability Rules in Patent Law a Legal and Economic Analysis*, Springer-Verlag Berlin Heidelberg, 2015, p. 32.

〔2〕 [美]Jay Dratler, Jr.:《知识产权许可》，王春燕等译，清华大学出版社2003年版，第183页。

领域中有广泛的应用空间。专利默示许可同样贯彻了诚信原则和衡平法之精神。如果专利权利人一方以某种行为(尽管没有明示)表示其将许可他人实施专利,并导致他人产生此种信赖,那么基于诚信原则和衡平法之禁反言原则,则不允许权利人出尔反尔,并推定其授予了实施专利之默示许可,哪怕此种推定与事实有违。专利默示许可,是立法和司法在事实基础上作出的推断,将诚信、公平、正义的价值融入事实判断。申言之,专利默示许可的制度价值在于公允地处理专利权人与相对人之间的关系,在事实判断的基础上,以诚信原则为指导,合理确立当事人之间的权利义务,防止相对优势一方滥用权利,维护善意行事者之利益,维护公平有序的专利交易秩序。

第二,有利于促进专利法立法价值的实现。一切拥有权力的人都容易滥用权力,这句话同样也适用于权利所有者。就专利权而言尤为如此,其天生的垄断性为权利人的恣意滥用提供了可能。在专利发明无替代技术抑或专利与标准相结合的环境下,权利人更倾向于攫取高额垄断利润,使发明专利的价格远远超过其社会价值。这不仅违背了技术发明的公共物品本性,也与专利法的立法初衷相去甚远。根据专利激励理论,专利法通过产权形式赋予发明人专利权,意在鼓励更多的发明创造问世,但如果专利技术不能得到充分的利用,公众的使用空间被压缩就与专利立法本意相去甚远。鼓励发明、鼓励传播使用均统一于促进社会发展、技术进步,实现人类福祉这一至高至善价值之下,因此,才会有专利权是手段而非目的的工具主义理论。正如《TRIPs 协定》第 7 条所规定:知识产权的保护和执法应当有助于促进技术的革新以及技术的转让和传播,有助于使技术知识的创造者和使用者相互受益而且是增进社会和经济福利的方式,以及有助于权利和义务的平衡。只有发明专利得到最广泛的传播和使用,其社会价值才会发挥至极致,才会有更多的人共享技术成果,累积性创新才会成为可能。根据外在的事实表象,可以善意、合理地推知专利默示许可的存在,并不考虑权利人内心真意与外在事实的一致程度,从而消解了权利人滥用权利、攫取垄断高价实施专利阻遏的可能,使专利技术得以正常、合理、高效流转。

第三,有助于降低专利市场的交易成本。在美国,由众多的专利交易主体、专利交易方式构成的专利交易市场充满生机。活跃的专利资产交易使专利发明的价值得以凸显。学者捕捉了这一趋势，预见了一个思想发明市场的产生，指出有形产品与知识产权的市场二分法终将消亡。[1] 安妮·凯利(Anne Kelley)借用资本市场分类标准，将专利市场区分为一级市场和二级市场。[2] 无论是经济合作与发展组织(Organization for Economic Cooperation and Development，OECD)的报告还是学者们的洞见，都指出一个问题：一个成熟而完善的专利交易市场，对经济发展、技术创新的贡献不可低估。有市场就有交易，有交易就有交易成本，成本之节约意味着财富之创造。交易成本理论最早由科斯提出，经由威廉姆森等人的发展，成为新制度经济学中的核心分析概念，并形成一整套交易成本理论。然而，对于交易成本的概念，却是见仁见智，学者间并无统一的认识，因此讨论也未建立在共识的基础之上。张五常在最广义的范畴上界定交易成本，认为其包括人际交往(保护经济和非经济活动)的所有交往成本。阿罗认为，交易成本包括制度的创立、运行、维持和机会成本。科斯、威廉姆森和我国学者林毅夫则从具体交易的角度出发，将交易成本界定为信息收集、协商谈判等缔约成本以及合同监督执行成本等。[3] 专利默示许可有助于降低专利交易中的缔约成本：首先，采用明示合同文本将产生起草合同的成本，专利默示许可根据权利人的行为或交易背景，基于诚实信用而推定默示许可的存在，从而节约合同起草成本；其次，在专利市场为卖方市场或专利技术标准化的情况下，权利人掌控着缔约的绝对权力，倾向于设置较高的缔约门槛，使用者为达成协议不得不反复与专利权人进行磋商，而专利默示许可依据缔约的外在事实背景予以推定，权利人的真实内心意愿受制于该外在事实背景，从而避免反复磋商的缔约成本。

2. 专利默示许可制度的程序正当性

专利默示许可本质上是立法或司法根据案件背景作出的事实推定。这一推定的大前提是经由社会、历史检验，符合常识、常理、常情的经验法

---

[1] See Kenneth Cukier, *A Market for Ideas: A Survey of Patents and Technology*, 22 The Economist 109, 2005.

[2] See Anne Kelley, *Practicing in the Patent Markeplace*, 78 Chi. L. Rev. 115, 2011, p. 115-136.

[3] 参见李建德：《经济制度演进大纲》，中国财政经济出版社2000年版，第157~165页。

则,小前提是已知的案件事实,由立法或司法根据逻辑法则,加诸价值判断,得出相关的推定事实。推定事实的准确性与经验法则的盖然性密切相关。同时,即便推定事实与当事人的内心真意有违,立法或司法也会从已知的基础事实出发,基于诚实信用、公平合理的价值选择,认定该推定事实的存在。“法律中的真,不是科学上实验的是,而是价值上应然的是;不是艺术领域的美丽的真,而是制度领域的良知的真。”[1]此外,专利默示许可作为一种推定事实,符合现代司法关于案件事实的界定和理解。由于案件事实的不可回溯性,司法认定的事实不可能是绝对的客观真实,只能是建立在证据基础上的事实以及由此推定得出的事实,是一种法律的真实;专利默示许可的推定过程,是司法裁判对逻辑法则的适用过程,这一推定过程的大前提是在社会中形成共识、具有高度盖然性的经验法则,因此,保证了推理大前提的合理性;而建立在这一合理性基础上的价值判断,在逻辑三段论的演绎下,进一步保证了推定结论的合理性与合法性,从而使专利默示许可在推理过程上获得了程序正当性。

3. 专利默示许可制度的类型划分

专利默示许可制度由众多的司法判例发展而来,因此,其在类型划分上体现出较强的经验色彩。根据专利默示许可产生的原因,德雷特勒将其区分为因非主要构件销售、专利方法中使用购买商品、授权改进、事后取得专利以及受雇发明人等产生的默示许可。[2] 我国学者袁真富将其区分为基于技术标准、技术推广、产品销售、产品修理、先前使用、原有协议、违约行为、平行进口而产生的默示许可。[3] 建立在经验基础上的划分方式优点在于直观、便于理解,但却因理性归纳的欠缺而稍显不足,其无法将因纷繁复杂的客观现实而产生的各种默示许可纳入归类体系中,分类体系的建构总是滞后于生活事实,无法体现理论的预见性、包容性,其弊端不可不察。

近年来,专利默示许可案件在我国司法实践中逐渐凸显,自 2007 年以

---

〔1〕 卢鹏:《拟制问题研究》,上海人民出版社 2009 年版,第 145 页。

〔2〕 参见[美]Jay Dratler,Jr.:《知识产权许可》,王春燕译,清华大学出版社 2003 年版,第 192~232 页。

〔3〕 参见袁真富:《基于侵权抗辩之专利默示许可探究》,载《法学》2010 年第 12 期。

来，各地相继出现涉及专利默示许可的侵权案件。最高人民法院知识产权案件2014年年度报告指出：在专利民事案件中，专利与标准结合、默示许可的认定等新类型法律问题开始出现。[1] 但各地的审判标准并不统一，审判实践的需要推动了专利默示许可的成文化。2008年最高人民法院在对辽宁省高级人民法院的复函中明确，涉及标准的专利侵权纠纷可以适用专利默示许可。“北京市高级人民法院在2013年颁布的《专利侵权判定指南》第119条第3项和第4项也对基于销售专利产品的专用零部件或用于实施专利方法的专用设备而产生专利默示许可的情形作出了规定。”[2]2015年《专利法修改草案（征求意见稿）》和《专利法修订草案（送审稿）》就标准必要专利的默示许可作出了规定。尽管该修改草案中仅仅涉及标准必要专利，但随着默示许可种类的多样化，不排除在条件成熟时其他类型专利默示许可上升为立法规定的可能。立法者结合专利法的立法价值、立法政策等诸多因素之考量，对具有普遍意义的专利默示许可进行明文规定，而将灵活性强、需要个案判断的情形留待司法解决。因此，专利默示许可大致可以划分为立法司法的二分类型。

（四）专利默示许可与责任规则及其子类型的关系

1. 在价值理念上，均融入了倾向性价值

如前所述，专利法上的责任规则包括强制许可、当然许可、拒绝授予禁令救济等，均蕴含着专利立法的价值考量。根据强制许可的事由，其价值涉及促进专利技术的传播和使用、反对垄断维护公平竞争秩序以及对于人类基本健康权的尊重等。当然许可减少了使用前的磋商过程，降低了缔约成本，促进了交易的达成和技术的流转。在拒绝授予禁令救济的典型案例易贝诉MercExchange有限责任公司案中，美国联邦最高法院提出了适用永久禁令的四要素标准，其中之一包括公共利益不会因适用永久禁令而受损。与之类似，专利默示许可也承载了一定的价值考量。其将诚信原则、禁反言

〔1〕 参见《最高人民法院知识产权案件年度报告（2014年）摘要》，载中国法院网2015年4月22日，http://www.chinacourt.org/article/detail/2015/04/id/1600446.shtml。

〔2〕 李江、王津晶、熊延峰等：《中国专利默示许可实践探究》，载《中国专利与商标》2014年第4期。

原则融入基本的事实判断中，给案件事实打上了价值判断的烙印。专利默示许可的制度理性不仅体现在对诚信原则和衡平精神的遵循上，其还通过降低交易成本，促进技术传播、流转和使用，使技术利益惠及更广大的社会公众，最大限度地实现技术的社会价值。这是专利立法最根本的价值追求，也与专利法上其他责任规则类型的价值目标相一致。

2. 在功能效果上，均弱化了专利权的排他性，防止专利阻遏、拒绝许可

责任规则的本质在于弱化财产权的排他性，在是否允许使用所有物上排除了权利人的主观意志，将其主宰使用的权利转化为主张获偿的权利。这就消解了专利权人的绝对控制地位，防止其通过排他的垄断优势，滥用权利，实施专利阻遏，或者通过拒绝许可专利而谋取法律限度之外的利益。专利默示许可只考虑外在事实，不探求权利人内心真意，或者说不考虑外在事实与内心真意是否吻合，因此体现出较强的价值倾向，也同样起到防止权利滥用的功效。当然，专利权利人所表现出的行为以及相关的背景事实也可能与其内心真意一致，即其确实授予了相对人使用专利的许可。这种情况与责任规则并不相同。但是，我们不应忘记基本的事实：专利默示许可一般是在侵犯专利权的案件中作为侵权抗辩事由提出的，如果双方当事人对事实上的默示许可并无异议，则根本无须诉诸法院。正是因为对被控侵权人专利实施行为的合法性存在争议，双方才可能寻求司法途径解决纷争，而这也正是专利默示许可的制度价值所在。

3. 在类型划分上，与立法司法二分类型相互对应

无论是丹尼尔·克劳森哈尔构建的责任规则的三分类型抑或罗莎·卡斯特罗提出的事后责任规则类型，均包括由法律所规定的责任规则和由司法进行认定的责任规则，稍有不同的是前者将二者均纳入强制型责任规则的范畴，而后者所提出的事后责任规则实质上等同于由司法进行认定的责任规则。如前所述，专利默示许可也存在立法与司法的二元划分类型。尽管专利默示许可在大多数国家只是司法实践形成的侵权抗辩事由，但作为成文化国家，我国不应仅仅使其停留在司法实务阶段，作为限制专利权滥用、平衡权利人与使用者利益的工具，专利默示许可有必要上升为法律之规定。作为尝试，我国2015年《专利法修订草案（送审稿）》规定了未披露标准

必要专利的默示许可，明确了默示许可的适用条件，并且不允许权利人反驳，这一规定无论在形式上还是功能效果上均与责任规则相同。在司法实践中，法官基于价值倾向而作出默示许可的事实认定具有对抗甚至消解权利人内心真意的作用，尤其是在推定事实与权利人真意不符的情形下，默示许可实际上发挥了责任规则的功效。

专利默示许可在价值取向、功能效果、类型划分等方面与责任规则相一致。尽管其是立法和司法对权利人许可意愿的一种推定，但是这种推定是融入了价值判断的，且推定的意愿可能与真实意愿相违。因此，不能仅将专利默示许可作为与专利明示许可并列的专利许可方式之一，而更应将其视作实现专利法上利益平衡的一种制度建构，而这也是专利默示许可作为制度存在的真正价值。也正是在这个意义上，专利默示许可应被视为责任规则的一种类型，在专利制度所面临的技术挑战与伦理危机中发挥积极作用。

小　结

专利默示许可与专利法上的其他制度既有区别又有联系，厘清这些区别和联系有助于准确定位专利默示许可的制度性质和功能。权利穷竭在英、美、德等国在起源上与默示许可交织在一起，近年来美国司法案例中二者构成要件的差别逐渐消弭，进一步造成了二者混同的假象。实际上，两种制度仅在专利产品售后处理使用与再销售问题上存在重合，二者在理论基础、逻辑前提、适用条件和范围方面存在差别。美国司法案例提出了默示许可与间接侵权相互矛盾的问题：由于二者均以所销售产品仅具唯一侵权用途为构成要件，因此面临相互抵触的困境。但二者的冲突并非无法调和，改变既有思路，灵活适用规则，打破直接侵权与间接侵权之间的必然联系，正确掌握构成要件的适用尺度，能够化解二者的冲突，为利益各方提供公平博弈的砝码。专利默示许可与当然许可、强制许可、法定许可等制度在价值功能、适用条件、适用程序等方面既有共性也有区别。这些制度共存于专利法中，起调节利益平衡的作用，使专利制度更具灵活性与适应性，能够应对多样化的现实需求。现有学说认为，专利默示许可在性质上是许可的一种形式，是侵犯专利权诉讼中的抗辩事由，是对专利权的限制。在参考上述观点的基础上，本书尝试从责任规则的视角来解读其性质：根据财产规则和责任规则的区分，责任规则弱化了财产权的排他性，从而防止权利滥用。专利法上的责任规则可以分为强制型责任规则、私人责任规则和默示责任规则以及立法（事前）和司法（事后）责任规则。专利默示许可在价值理念、类型划分、功能作用上与责任规则有共通之处，可以将其视为责任规则的一种新类型。

第五章　专利默示许可的类型划分

“概念及其形成过程是从整体上把握经验世界的开端。”[1]非但抽象概念的形成有赖于经验观察，对于已形成的概念的认识和把握也有赖于经验事实的印证。“当抽象——一般概念及其逻辑体系不足以掌握某生活现象或意义脉络的多样化表现形态时，较佳的做法便是降低抽象程度，使用‘类型’这一补助的思考方式。”[2]“事物的本质的思考是一种类型学的思考。”[3]类型不仅是对概念的补充，还因为其对归入类型对象之特征的提炼使我们对抽象概念的理解更为具象和深化。由概念法学到类型法学的范式转向强调的就是类型的思维方法在法学上的意义。仅凭借专利默示许可这一概念以及其中所包含的抽象特征，我们难以获得对其直观的认识。因此，需要经由专利默示许可的类型对这一概念进行诠释，才能更加准确地把握这一概念，并为实践提供指导。拉伦茨将类型划分为经验类型、理念类型和规范类型。经验类型可以借经验来证实，我们在实际世界中多可以遭逢其不同的范例。作为规范要求的类型，规范类型是被赋予了价值意义的。当逻辑理念类型被接受为法秩序时，它便演变为规范类型。这种分类方法也适用于专利默示许可。通过专利默示许可这一概念，我们仅仅是在抽象

---

〔1〕 李琛：《论知识产权法的体系化》，北京大学出版社2005年版，第18页。

〔2〕 [德]卡尔·拉伦茨：《法学方法论》，陈爱娥译，商务印书馆2003年版，第337页。

〔3〕 阿图尔·考夫曼语。转引自[德]卡尔·拉伦茨：《法学方法论》，陈爱娥译，商务印书馆2003年版，第347页。

的思维层面上去理解其内涵。借用类型方法,可以加深对专利默示许可的认识。实践中出现的相关默示许可的各种类型可以佐证并进一步加深对这一概念的认识,而对类型的提炼归纳则将这种直观经验上升到理性思维的高度,并为基于此种类型而建构的法秩序奠定认识论基础。

第一节 实践中的各种专利默示许可类型

在实践中,专利默示许可的经验类型是最直观,与经验事实联系最紧密的类型。经验事实借由发生原因的界分成立各种类型。相关研究在对专利默示许可进行类型划分时,采用的标准正是默示许可产生的原因,这些原因足以使人理解默示许可存在的合理性,并按图索骥将尚未出现但符合默示许可实质和形式条件的未来可能的事实纳入默示许可的范畴。

一、因产品销售产生的默示许可

专利默示许可最早起源于专利产品销售的事实类型。19 世纪中后期英美等国的相关案例就是此种默示许可的典型。英国法官在贝茨案中所阐释的观点足以表明英国在专利产品销售中适用默示许可的立场:专利权并不随着专利产品的销售而丧失,而是仍然保留在专利权人手中;但如果专利权人在销售时未附加任何限制,则表明其授予了该产品进一步使用和销售的默示许可。采用这种做法的典型代表是英国。此外,还包括澳大利亚、加拿大、新西兰等英联邦国家。[1] 美国在专利产品销售问题上常常将权利穷竭和默示许可予以混用。"支持专利权用尽原则的理论基础在于默示许可的观点并不在少数。"[2]但是,有必要指出的是,在此种情况下产生的默示许可仅仅针对使用权和销售权,而不包括制造权。正如贾克布法官在英国舒茨有限责任公司诉英国维特有限责任公司案中所指出的:专利物品的销售

---

〔1〕 See Amiram Benyamini, *Patent Infringement in the European Community*, IIC Studies, Vol. 13: 290. 转引自尹新天:《中国专利法详解》,知识产权出版社 2011 年版,第 173 页。

〔2〕 万琦:《专利产品首次销售侵权抗辩研究——以财产权转移理论为研究进路》,知识产权出版社 2014 年版,第 77 页。See United States *v.* Univis Lens Co.; Anton/Bauer, Inc. *v.* PAG, Ltd.; Lifescan, Inc. *v.* Polymer Technology Int'I Corp. 在上述案件中,法院同时适用专利权用尽原则和默示许可处理专利产品售出之后的专利权纠纷。

并不意味着授予制造另一专利产品的默示许可，也并未穷尽专利权人阻止他人制造的权利。[1]

随着实践案例的不断丰富，因产品销售产生的默示许可逐渐突破了最初的界限，具体表现为：一是非专利产品的销售也可能引发默示许可；二是默示许可针对的发明专利不仅包括产品专利还包括方法专利；三是默示许可涉及的权利不仅限于使用权、销售权，还进一步扩大到制造权；四是默示许可的对象不是所销售产品本身，而是与该产品相关的专利产品或方法。认定默示许可的关键在于被销售产品的主要或唯一用途是制造相关专利产品或实施相关专利方法。美国诉 Univis 眼镜公司案就是此种类型的典型案例。为了更形象更直观地说明问题，有学者将其细化为三种情形：一是专利权人销售的零部件专用于制造其专利产品的情形；二是专利权人销售的产品专用于实施其专利方法的情形；三是专利权人出售的未完成产品须利用其专利方法完成的情形。[2] 也有学者将其区分为四种情形：一是专利权人拥有两项独立权利要求，一项独立权利要求保护一种专用设备，该设备用于实施另一项独立权利要求所保护之工艺方法；二是专利权人拥有两项发明专利，一为产品专利，一为方法专利，所销售的专利产品是实施该方法专利的专用设备；三是专利权人拥有方法专利，销售了专门用于实施该专利的非专利产品；四是专利权人拥有产品专利，其销售了用于制造该专利的零部件。[3] 无论将实践中可能出现的事实归纳为几种情形，其特点均可以概括为：专利权人或其许可人售出的专利产品或非专利产品（其可能是纯粹的零部件，也可能为独立权利要求所覆盖）的用途在于制造关联产品专利或实施关联方法专利。根据常识和常理可以推知，购买人购买上述产品的目的在于制造或实施专利，否则其购买行为将毫无意义。因此，即便在买卖合同中双方没有明确提及对关联专利的许可，此时也应认定默示许可成立。

因产品销售而产生的默示许可应注意以下问题：一是在处理涉及专门用途或唯一用途在于制造或实施专利产品或方法的案件时，关键因素在于

---

〔1〕 EWCA Civ 303(2011).

〔2〕 参见袁真富：《基于侵权抗辩之专利默示许可探究》，载《法学》2010 年第 12 期。

〔3〕 参见尹新天：《中国专利法详解》，知识产权出版社 2011 年版，第 170~171 页。

如何判断专门用途或唯一用途。在这一问题上，美国联邦巡回法院与地区法院持不同立场，联邦巡回法院的标准较宽松，认为凡是合理的、可能的用途均可以认定为非侵权用途，而得克萨斯东区法院则提出了“商业可行性”标准，认为凡商业上不可行、不合理的均不能认定为非侵权用途。这给予我们的启示是：在唯一用途的认定上存在一定的弹性空间，没有绝对统一的标准可以遵循，需要法院在个案中结合事实进行认定。二是当所销售零部件部分来源合法，另一部分来源非法的情况下是否成立默示许可。对此，美国法院的立场也不尽相同：如在 Anton/Bauer 公司诉 PAG 有限责任公司案中，阴极盘和阳极盘各自来源不同，但法院认为成立默示许可；而在斯图肯堡诉美国案〔1〕中，被控侵权人使用从合法许可源处购买的芯片与其他部件一起组装螺丝组件，法院认为不成立默示许可。这实质上也反映出判决背后所蕴含的政策考量和倾向性选择。在处理这一问题时，应将决定权留给法院，由其在具体的个案事实中权衡判断、灵活处理。

二、因指使制造权产生的默示许可

指使制造权(Have-Made rights)是来源于美国判例法的一个概念，其实质上是为专利被许可人制造被许可专利产品提供的一种侵权抗辩。〔2〕通过行使指使制造权，已获得专利许可的人可以将侵权豁免传递给为其生产专利产品但未获许可的制造人。在卡莱诉美国案(Carey *v.* United States)〔3〕中，法院就此作出了详细解释：被许可人获得的许可并不必然要求其亲自制造、使用和销售专利产品，他可以雇用别人协助制造、使用和销售专利发明。被许可人也许仅就使用和销售专利产品感兴趣，因此，他可以雇用别人来为其生产制造该产品。指使制造权通常发生在代工协议的情况下，其适用需要具备两个基础法律关系：一是专利权人与被许可人之间的专利许可关系。许可协议赋予被许可人制造专利产品、实施专利方法、使用和

---

〔1〕 372 F. 2d 498 (Ct. Cl. 1967).

〔2〕 See Amber L. Hatfleld, *Patent Exhaustion, Implied Licenses, and Have-Made Rights: Gold Mines or Mine Fields?*, 2000 Computer L. Rev. & Tech. J. 1, 2000, p. 27.

〔3〕 326 F. 2d 975 (Ct. Cl. 1964).

销售专利产品以及通过专利方法获得产品的权利，其中，协议所赋予的制造权和实施权是指使制造权产生的关键，被授予制造权或实施权之后，被许可人才有权委托他人代为制造。二是被许可人与第三人之间的委托代工协议关系。被许可人委托第三人制造专利产品（实施专利方法）是建立在其取得许可的基础上的，合法的专利许可协议赋予了被许可人指使制造权，从而使为其制造专利产品的第三人能够以此作为侵权抗辩。通常许可协议双方不会在协议中明确约定此种权利，但即使许可合同中没有关于指使制造权的明确约定，被许可人也可基于默示的推定获得指使制造权，除非合同中有相反规定。[1] 作为默示许可的一种类型，指使制造权在分工日益细化的经济形态中有着重要作用。尽管我国制造业正处于“中国制造”向“中国创造”的转型过程，但代工业务仍然在经济总量中占据着不小的份额。传统知识产权领域仅仅关注代工业务中涉及的贴牌问题，但指使制造权对中国代工企业合理合法运用专利默示许可进行侵权抗辩具有极其重要的现实意义。

适用指使制造权的一个基本要求是第三人必须为被许可人生产专利产品，即最终的受益者必须是被许可人，否则，就背离了专利许可协议的初衷，这是指使制造权适用的前提，也是指使制造权区别于专利分许可的标志。尽管指使制造权与分许可存在相似之处，均是由被许可人作出，但就指使制造权而言，如专利许可协议无相反规定，则推定其存在；而分许可则相反，无明确约定就不存在。在卡莱诉美国案中，法院对二者的区别进行了清楚的划分：在该案中，美国政府获得了钛合金生产方法专利的许可，并有权进行分许可，美国政府同相关生产商签订了制造钛合金的合同。根据该专利方法生产的制成品一些直接卖给美国政府，一些则卖给第三方。索赔法院认为，卖给美国的钛合金是基于指使制造权生产的，而其他的则基于分许可生产，结果则导致两种情形的制造分别适用不同的许可费率。此外，指使制造权的适用还要求为被许可人制造必须是真实的，不能借为被许可人制造之名而行向他人提供专利产品之实。既然指使制造权可以作为专利侵权的抗辩事由，很多未获许可的经营者往往希望借此来规避侵权指控。为达

〔1〕 See Amber L. Hatfleld, *Patent Exhaustion, Implied Licenses, and Have-Made Rights: Gold Mines or Mine Fields?*, 2000 Computer L. Rev. & Tech. J. 1, 2000, p. 28.

成此目的,这些投机的经营者通常会与被许可人相互串通,签订形式上的代工协议,然后从被许可人处进行回购。杜邦内穆尔公司诉壳牌石油公司案(E. I. du Pont de Nemours & Co. *v.* Shell Oil Co.)[1]则是一起以虚假合同形式规避专利侵权的典型案例。在该案中,壳牌石油公司是专利被许可人,联合碳化物公司(Union Carbides)试图获得杜邦内穆尔公司的许可但未获成功,于是与壳牌石油公司接洽,但壳牌石油公司不具备满足联合碳化物公司需求的制造能力。于是双方签订了为壳牌石油公司代工生产的协议,然后再由联合碳化物公司将其购回。德拉瓦高等法院审查该案实质后否认了指使制造权的主张,认为其不是为壳牌石油公司自身使用和利益而生产,已经超越了指使制造权的范围。

指使制造权是基于被许可人行事不必亲力亲为之常情常理而作出的推定,来源于许可协议所赋予的制造、使用或销售的基本权利。但是,此种推定不应超越专利权人的真实意图。基于对被许可人资质、信誉以及防止专利权旁落等种种考虑,专利权人可以在许可协议中就是否授予、如何授予指使制造权进行限制。在 Cyrix 公司诉 Intel 公司案[2]中,Intel 公司指控 SGS-Thmson 公司委托其意大利分公司(ST-Italy)生产专利芯片并向 Cyrix 公司销售的行为构成侵权。该案与杜邦内穆尔公司诉壳牌石油公司案相似之处在于同样存在委托代工协议和向第三人 Cyrix 销售的两个协议,但地区法院和联邦巡回上诉法院均不认为其为虚假协议,因为被许可人 SGS-Thmson 公司与 Cyrix 公司签订销售合同在先,因其生产能力的制约,为履行其义务,委托其意大利分公司生产芯片,故而 ST-Italy 分公司的生产行为是为 SGS-Thmson 公司的利益,因此成立指使制造权抗辩。从专利权人的视角看,该案拓展了侵权抗辩的适用范围,架空了专利权人选择适格被许可人的权利,对专利权造成了威胁。同时,还引发了对指使制造权究竟是抑制发明还是鼓励诉讼等问题的关注。因此,在许可合同中就指使制造权的适用进行限制是专利权人应对威胁的一种措施,但此种限制必须合理合法,并且在专

---

[1] 498 A. 2d 1108 (Del. 1985).

[2] Cyrix Corp. *v.* Intel Corp., 879 F. Supp. 666 (E. D. Tex. 1995), aff'd, 77 F. 3d 1381 (Fed. Cir. 1996).

利权行使和公共政策允许的范围内。

三、因在先协议产生的默示许可

专利发明本质上是一种技术方案。技术方案并不一定以专利权的形式出现,但同样具有价值与使用价值,从而存在许可使用之可能。因此,当技术许可人在事后取得专利权,无论该权利经由专利申请抑或基于转让获得,如果技术许可人就事后取得的专利权主张侵权,就会引发默示许可问题。此外,如果许可协议中的专利权权利要求范围比较广泛,可能覆盖协议之外的专利权,当许可人就协议之外的专利权主张权利时也可能涉及默示许可问题。AMP 公司诉美国案[1]和心血管诊疗公司诉伯林格曼海姆公司案(Cardiovascular Diagnostic,Inc. *v.* Boehringer Manheim Corp.)[2]是根据在先协议产生的默示许可的典型案例。在 AMP 公司诉美国案中,AMP 公司与美国政府签订了技术研发合同,合同约定美国政府有权使用 AMP 公司研发的用于电线连接工具的主题发明,并对"主题发明"进行了宽泛定义,AMP 公司也获得了该发明的相关专利,在与美国政府的合同完成后,AMP 公司获悉在先存在的另一项为他人拥有的专利覆盖了自己的专利,AMP 公司获得这项在先专利后控诉美国政府侵权。美国政府以默示许可进行抗辩,并获得了法院的支持。在心血管诊疗公司诉伯林格曼海姆公司案中,心血管诊疗公司(Cardiovascular Diagnostic,Inc. ,CDI)作为技术的所有人与伯林格曼海姆公司(Boehringer Manheim Corp. ,BMC)签订了 PT 和 aPPT 测试系统的许可协议。为了换取 BMC 的权利,双方又对协议进行了修改,约定 BMC 可以免费试用该测试系统,而 CDI 则享有不受限制地制造、试用、销售以及许可他人制造、试用、销售该技术的权利,并且将主题技术界定为 CDI 拥有的专利及其改进的相关技术。在协议修改之前,BMC 从另一家公司获得了相关凝结测试技术的专利,协议修改后,BMC 主张 CDI 侵权。最终,纽约东区法院和联邦巡回上诉法院认定在修改协议的基础上成立因普通法禁反言

---

〔1〕 389 F. 2d 448(CT. CL. 1968).

〔2〕 985 F. Supp. 615(E. D. N. C. 1997); 1999 U. S. App. LEXIS 1366 (Fed. Cir. Feb. 1, 1999)(unpublished).

产生的默示许可。

在美国,默示许可的产生原因可以分为普通法禁反言、衡平法禁反言、默许和行为。[1] 因既成在先协议而产生的默示许可被归入普通法禁反言的范畴。[2] 普通法禁反言与衡平法禁反言的根本区别在于认定默示许可的关键是协议的内容,而非许可人的诱导性承诺。协议中必然包含对相同技术使用的许可,而无论此种技术是专利技术抑或非专利技术,如果允许许可人就协议之外有着相同技术内容的专利权主张权利,显然违背诚信原则,给被许可人的信赖利益造成损失。因普通法禁反言而产生的默示许可之构成要素包括如下三项:一是专利权人许可或让渡了相关的专利权项;二是专利权人就该让渡获得了对价;三是专利权人试图违反此项权利。[3] 剥离普通法禁反言的语境,因在先协议而成立的默示许可主要涉及以下的基础事实:一是有专利或非专利技术的许可协议存在;二是协议之外的专利技术与协议之内的专利技术内容相同;三是协议之外的专利权在协议签订后为专利权人(许可人)获得。具备这样一些基础事实,专利权人(许可人)出尔反尔地主张被许可人侵犯协议之外的专利权,被许可人可基于默示许可进行抗辩。

因在先协议导致的默示许可的认定仍然是一个个案问题,案件的具体细节不同则可能导致不同的认定结果。在苏珊舒尔诉舒伯特萨尔泽案(Spindelfabrik Suessen-Schurr Stahlecker & Grill *v.* Schubert & Salzer Maschinenfabrik Aktiengesellschaft)[4]中,虽然同样存在在先协议和相同内容专利的基础事实,但法院却作出了不同的判决。在该案中,苏珊是协议之外的专利权人,拥有 946 号专利,舒伯特与村田机械公司(Murata Machinery)签订了专利许可协议,允许舒伯特使用村田机械公司的 011 号专利。一年后,苏珊起诉舒伯特使用 011 号专利的行为侵犯自己的 946 号专利权。因为当舒伯特与村田机械公司签订协议时,其知晓苏珊的 946 号专利,并意识到自己的行为可能侵权,因为舒伯特使用 946 号专利的请求被拒绝。在诉

[1] See Rachel Clark Hughey, *Implied Licenses by Legal Estoppel*, 14 Alb. L. J. Sci. & Tech. 53, 2003-2004, p. 56.

[2] 英美法传统中的普通法禁反言包括协议禁反言。

[3] See Rachel Clark Hughey, *Implied Licenses by Legal Estoppel*, 14 Alb. L. J. Sci. & Tech. 53, 2003-2004, p. 72.

[4] 829 F. 2d 1075 (Fed. Cir. 1987).

讼进行中,苏珊从村田机械公司处购买了 011 号专利,在此基础上,舒伯特主张法律禁反言对抗苏珊关于 011 号专利的侵权指控。联邦巡回上诉法院认为,苏珊对 011 号专利权的购买只能使其负担不起诉针对该项专利使用的义务,而且苏珊并未获得相应对价,因此法律禁反言并不适用。该案值得推敲之处在于苏珊在购买 011 号专利前后,舒伯特行为的不同性质。在此之前,无疑舒伯特对 946 号专利构成侵权,而在购买后,苏珊接受了附许可之专利权,因此应允许舒伯特继续使用 011 号专利;与此同时,又起诉其侵权,将会使舒伯特基于许可协议的权利落空,苏珊的义务也无从兑现。

从此案可以发现,默示许可认定的关键因素在于合法、合理、诚信基础上对专利权人意思的推定,当专利权人表示出的意思与法院根据诚信原则推定的意思相反时,就出现了利益权衡与价值取舍问题。同时,权利人意思又隐含于千差万别的个案事实中,基础事实不同影响到对权利人意思的推定。因此,在先协议产生的默示许可只是一个相对粗线条的框架,最终是否成立默示许可有赖于具体的案件事实和背景,但是在先协议作为产生默示许可的一种原因,在研发和许可协议普遍存在以及因专利权内容宽泛而导致技术内容相同的条件下有广阔的适用空间。

四、因未披露标准专利产生的默示许可

专利标准化是知识经济时代的产物,是技术的一种新的使用和存在形态,对于技术推广创新、经济发展和社会进步具有积极作用,因此,其成为国家、行业、企业之间抢占技术制高点、争夺技术话语权的有效策略。但是,专利本身的垄断性与标准的普适性产生的私权与公共物品之间的矛盾以及所引发的利益冲突也不容忽视,这种利益冲突典型表现为标准专利权人与标准使用人之间的冲突。因标准专利产生的案件在美国和欧盟已不鲜见,在我国的司法实践中也时有发生。[1] 鉴于专利与标准相结合对相关各方利益产生的影响,有必要从司法对策上加以研究。

---

〔1〕 我国涉及技术标准的专利侵权案件适用默示许可第一案当为 2007 年辽宁省高级人民法院审理的季某、刘某诉朝阳市兴诺建筑工程有限公司专利侵权案。涉案专利经专利权人同意被纳入建设部《复合载体夯扩桩设计规程》,被告按此规程设计、施工,被该专利的独占许可实施人提起侵权之诉。最高人民法院在复函中认定专利权人同意该专利纳入规程的行为构成同意实施该专利的默示许可,此可视为默示许可在我国司法实践中作为侵权抗辩事由的开端。

(一)专利标准化及专利权人的策略行为

“技术标准,是指一种或一系列具有一定强制性要求或指导性功能,内容含有细节性技术要求和有关技术方案的文件,其目的是让相关的产品或服务达到一定的安全要求或进入市场的要求。”[1]技术标准在某种程度上代表着特定产业的质量和效率要求,被纳入标准的技术是成熟技术、兼容技术、通用技术,面向该产业领域的所有市场参与者开放,因此,具有公共物品的属性。由于专利技术本身所具有的创造性、新颖性和实用性,技术标准化过程中不可能不涉及专利技术。而专利技术一旦被纳入标准,技术标准在本质上就演变为一种权力,这种权力是对市场的控制权、是游戏规则的制定权。无疑,此种权力归属于专利权的所有者。专利权天生的垄断性借助标准的力量产生强大的市场控制力,众多的市场参与者不得不追随裹挟着专利权的技术标准,从而在市场竞争中陷于被动。专利权人则牢牢占据着主动地位和市场准入的决定权,并凭借这种优势地位获得超额利润。

正是基于专利标准化带来的巨大利益,专利权人致力于在标准化的过程中纳入自身拥有的专利,并不惜通过投机行为达成这一目标。在标准制定过程中专利权人的投机行为主要表现为“专利挟持”和“专利伏击”。前者是指专利权人声称标准中不包含专利技术,或者其不会主张适用于标准的专利技术,从而激发公众将其采纳为标准。而一旦该技术纳入标准并对产业产生锁定效应,专利权人则违背其先前的承诺而主张权利。后者是指在标准制定过程中,专利权人隐瞒或不披露专利权存在的真实信息,以待产生锁定效应后向该产业内部成员主张权利,从而获取比在披露专利权情况下更多的许可费收入并提升自己的要价能力。[2] 专利权人的上述机会行为不仅违背了诚信原则,也损害了善意市场参与者的利益,使整个社会为此付出了高昂的代价。

(二)限制标准专利权人滥用行为的必要性

1. 保护信赖利益

一旦专利技术通过专利权人的机会行为成为标准技术,就会对相关产

[1] 张平、马骁:《标准化与知识产权战略》,知识产权出版社 2002 年版,第 14 页。

[2] See Robert P. Merges & Jeffrey M. Kuhn, *An Estoppel Doctrine for Patentde Standards*, 97 Cal. L. Rev. 1, 2009, p. 1.

业及其成员产生重大影响。一方面，基于对专利权人不主张权利或声称权利不存在的信赖，相关市场参与者会就技术标准的采纳进行大量前期投入。其中包括设备的购置、人员的培训、标准技术及辅助技术的学习投入，从而产生大量的沉没成本。另一方面，由于网络效应和锁住效应，无论该产业从整体上采取替代性技术还是产业内个别成员退出使用标准而采纳可替代技术，其所付出的转移成本均相当高昂。而沉没成本和转移成本均会造成产业成员信赖利益的损失。因此，必须在专利权人垄断利益和产业及成员的信赖利益之间进行适度平衡。专利权人利益固然值得保护，但产业成员的信赖利益也不可偏废。如果听任专利权人滥用权利寻求超额垄断利润，损害的将不仅是产业成员的经济利益，还可能危及整个产业的发展前景。从这个意义上看，单纯的信赖利益可能上升为社会公共利益，从而成为政策考量的重要内容。同时，专利权人滥用权利的行为也有违诚信原则并使专利制度关于技术社会效益最大化的初衷和价值诉求难以实现。

2. 保护劳动价值

技术标准是典型的网络产品。这意味着使用者越多其价值越大。因此，技术标准的价值主要由两部分构成。一部分为技术本身所具有的先进性和创造性所带来的产品或服务质量、效率的改进而使技术所具有的市场价值。这部分价值为技术创造者（可能是专利权人）所贡献。另一部分是由于技术标准的网络化使用而产生的增值价值。这部分价值为所有使用该技术的市场参与者所贡献。按照洛克的劳动财产权理论，劳动者就其劳动成果主张权利天经地义。但正如诺齐克所言，不能因为把番茄汁倒入大海就拥有整个大海。标准不应成为专利权人独家攫取超额垄断利润的工具，每一位价值的贡献者都应该参与到价值分配的过程中，即凡是参与了价值构成的产业成员均应分享标准的市场价值。这不仅符合分配正义，也与技术标准公共物品的本性相一致。

3. 促进技术传播

技术标准并非只对企业有意义，也不仅仅是私人利益的体现，其在一定程度上也反映了国家利益和社会利益。在国家层面，由于国际、国家间的自由贸易协定取消了关税壁垒，技术标准成为各国保护民族产业的新型贸易壁垒。各国通过技术标准相互向对方施压以此维系国际贸易的平衡。因此,一国技术标准的多寡会影响其在国际贸易中的竞争力。要在国际贸易中占据主导地位,掌握话语权,就必须培育本国的技术标准,使之与国外标准相抗衡。在社会层面,标准化的过程实际上就是在众多的专利技术中优选出最实用、成本最低、又能代表一定先进程度的技术,通过技术筛选,优质技术被纳入标准专利中。[1] 高效、优质、兼容、价廉的技术所带来的利益最终将转化为消费者福利,惠及普罗大众。如果标准技术的利用成本过于高昂,不仅不利于国家层面上标准战略的实施,也会将成本转嫁给普通消费者,进而影响技术的传播、使用,难以充分实现技术资源的社会效益。

(三)对专利权人滥用标准专利的实践规制:默示许可与禁反言

专利权人滥用标准专利的主要表现为:通过"专利挟持"和"专利伏击"等机会行为将专利纳入标准后,又出尔反尔就专利主张超额利润。在司法实践中,对专利权人此种不诚信行为的规制方式主要有两种:一是将其行为定性为默示许可;二是适用禁反言原则。

涉及标准的默示许可典型案例是Wang Lab.案。该案中,Wang Lab.力促联合电子装置委员会将其技术纳入标准,但隐瞒了其就该技术申请专利的行为,并诱使Mitsubishi公司进入该技术市场,在其就该技术获得专利后主张被告侵权,法院认定Wang Lab.的行为构成衡平法禁反言基础上的默示许可。

在利昂斯坦布勒诉迪堡公司案(Leon Stambler *v.* Diebold, Inc.)[2]中,法院则适用衡平法上的禁反言与懈怠原则对案件进行了审理。利昂斯坦布勒是一种运用于自动柜员机(Automatic Teller Machine, ATM)的银行卡认证系统的专利权人。20世纪70年代中期,其就对主要美国公司的ATM产品非常熟悉。1975年利昂斯坦布勒起诉另一家公司侵犯其专利权,并证明其认为迪堡公司也侵犯了该专利权。迪堡公司拥有个人身份号码认证系统(Personal Identification Number, PIN)的相关专利。1985年,因销售ATM和使用PIN及相关系统,迪堡公司被控侵权。

法院认为,原告在得知被告侵权的10年后提起诉讼,且诉讼拖延的理

---

[1] 张平、马骁:《标准化与知识产权战略》,知识产权出版社2002年版,第21~22页。
[2] 11 U. S. P. Q. 2d 1709 (E. D. N. Y. 1988).

由均不成立,因此其行为构成懈怠不能获得损害赔偿。在适用禁反言时,法院认为,10年前,原告指控被建议的相关技术标准侵犯其专利权。原告及整个产业均清楚地知悉,原告所依仗的技术正在被考虑作为国家和国际标准。而且,在提出相关标准侵犯其专利权后,原告曾于70年代中期列席美国国家标准研究院标准委员会,随后原告离开该委员会但未曾告知其所提起的专利侵权诉讼。在此背景下,原告有义务提请标准委员会注意其专利的存在。原告有提醒义务但却保持沉默,直至10年后才提出诉讼,其行为构成积极的误导。该标准被采纳后,整个产业均实施这一标准,并且实施者均产生了该技术标准是向其无偿开放的信赖,原告不能在这样的情况下主张专利权。因此,原告的沉默可以被合理地解释为其打算放弃专利主张从而被禁止反言。

Rambus系列案件是21世纪以来影响较大、持续时间较长、波及面较广的涉及标准的专利侵权案件。其中,不仅包括Rambus诉Infineon等公司侵犯专利权民事案件(Rambus *v.* Infineon Technologies AG.),还包括美国联邦贸易委员会(Federal Trade Commission,FTC)诉Rambus公司涉嫌垄断案(FTC *v.* Rambus)。[1] Infineon等公司向Rambus公司提起的反诉理由为,Rambus公司在参加标准化组织的会议时,没有按照知识产权政策的要求披露其在标准关键技术中已有的和正在申请的专利。根据Infineon公司对Rambus公司违反标准组织关于专利披露政策的指控,美国联邦贸易委员会认为,Rambus公司通过欺骗的手段误导动态随机存取存储器(Dynamic Random Access Memory,DRAM)内存标准,企图通过锁定内存产业,以实现垄断的目的。两类案件争议的焦点都在于Rambus公司是否应该披露其在芯片内存标准中的相关专利。尽管联邦巡回上诉法院和哥伦比亚特区巡回法院均认为Rambus公司没有欺诈行为,该案仍然向我们昭示了一个重要的问题:专利权人在标准技术制定过程中的披露义务以及对此义务的违反可能导致的法律规则适用。美国的司法实务正是通过衡平法禁反言、默示许可和懈怠以及普通法欺诈等原则来处理类似案件。

---

〔1〕 22 F. R. D. 280 (E. D. Va. 2004); 522 F 3d. 456(D. C. Cir. 2008).

继 Rambus 案后，美国联邦巡回上诉法院在高通公司诉博通公司案（Qualcomm Incorporated *v*. Broadcom Corp.）[1]中，对于标准化组织成员的专利披露义务再次表明了立场，其适用的规则，可以认为是对著名的 Rambus 案件所确立的规则的进一步的阐述和发展。[2] 该专利侵权案件涉及认定在专利权人有义务向标准化组织披露专利权但却沉默时的责任认定。地区法院认为，高通公司违反了其向标准化组织联合视频组（Joint Video Team，JVT）的披露义务。因此，地区法院支持了博通公司关于高通公司不符合衡平法精神的行为构成弃权的主张，从而认定其专利不具对世实施效力。联邦巡回上诉法院维持了地区法院关于高通公司负有披露义务并违反该义务的认定，但认为其关于专利不具对世实施效力的认定太过宽泛从而将其撤销，并在肯定高通公司构成默示弃权的前提下将对世不可实施仅限于所有实施 H. 264 标准的产品。在初审中，博通公司在质疑答辩中主张高通公司的行为尤其应为衡平法禁反言和默示许可所禁止。这一主张在上诉中得到了联邦巡回上诉法院的肯定。默示弃权、衡平法禁反言以及默示许可在责任（或救济）的程度上有所不同，"美国法下的衡平法制度中，常被使用的权利放弃、禁止反悔、懈怠等责任类型虽然具有不同的构成要件，但是又具有共同的原则，包括确保公正、公平、公道、正义"。[3] 但其都是为了寻求当事人之间的利益平衡，防止因不当行为获利。而在英国，禁反言、默示许可以及懈怠等衡平法原理则通过一套单一的标准公式予以认定。[4]

（四）专利权人滥用标准专利适用默示许可的理论困境

从上述美国几个涉及标准的专利侵权案件可以看出，法院在适用默示许可和禁反言对案件性质进行认定时存在微妙区别。在 Wang Lab. 案中，Wang Lab. 不仅在力促标准制定组织采纳其技术作为标准的过程中隐瞒了产品申请专利的事实，同时，还在与 Mitsubishi 公司的接洽过程中就设计

---

〔1〕 548 F. 3d 1004 (2008).

〔2〕 参见刘晓春：《标准化组织专利披露政策相关规则在美国的新发展——解读高通诉博通案》，载《电子知识产权》2009 年第 2 期。

〔3〕 沈宗灵：《比较法总论》，北京大学出版社 1987 年版，第 172 页。

〔4〕 See Mark Finn, *When the Chips Are Down*, 24 European Intellectual Property Review 286, 2002.

和制造积极提供建议和帮助，并回购 Mitsubishi 公司生产的 SIMMS。法院正是基于 Wang Lab. 对于 Mitsubishi 公司的诱导行为推断出存在确定的默示许可。而利昂斯坦布勒诉迪堡公司案和 Rambus 诉 Infineon 技术公司案的共同特点就在于，专利权人未在标准制定过程中披露其专利，事后又指控他人对标准专利的使用构成侵权。专利权人隐瞒专利的行为不具有特定的针对性，而是对进入该产业的所有人都可能构成误导。因此，在这两个案例中，法院认为原告的行为受制于衡平法上的禁反言原则。

这种区别实际上反映出作为事实推定的默示许可在适用传统合同法理论时的局限和困境。有论者指出，专利权人的披露义务及公平、合理、无歧视(Fair, Reasonable, and Non-discriminatory, FRAND)承诺是否直接意味着默示许可关系的建立还在讨论中。"现实情况技术标准的实施者要主动向专利权人请求获得专利许可，这其中的原因主要是：第一，专利权人基于标准化组织的政策要求其承担的义务仅仅表达了专利权人进行专利许可时愿意遵守的原则，并没有针对某个实施者表达具体专利权的授权许可条件；第二，标准化组织许可政策中的 FRAND 条款较为模糊，不足以形成清晰的专利许可合同。"[1]传统合同法理论要求，作为合同构成要素的要约与承诺必须明确、具体、可操作。然而，在专利权人未披露其专利的情况下所认定的默示许可，合同意思表示的相对人不确定、对价不确定、许可的范围和具体内容不确定，因此，难谓其构成了一个确定的专利许可合同。

此种担忧有其合理性，但却不足为虑。具体理由如下。一是默示许可本身是一种法律推定，带有强烈的价值考量因素，推定的内容既可包含对默示许可成立与否进行推定，当然也可包含对许可内容的推定。二是默示许可只是一种话语表达，其在专利侵权案件中的实质作用在于对抗专利权人的侵权指控，默示许可的真正价值在于其适用的法律效果，而并非强求其严格遵循合同法的要素构成。三是默示许可能够在很多方面发挥积极作用。莱姆利教授认为，适用默示许可在救济方式和范围的选择、对于标准化组织政策规则的完善以及其在对抗机会主义并弥补反垄断法和欺诈规则在矫正

[1] 张平：《论涉及技术标准专利侵权救济的限制》，载《科技与法律》2013 年第 5 期。

机会主义缺陷等功效方面具有优势。[1] 因此,我们不必过分拘泥于合同的构成要件而忽略了法律规则的本意。正如墨杰斯教授所言,专利权人的特定允诺和行为构成一种有约束力的默示许可,从而禁止其随后主张该专利权的企图。这种对禁反言的适用意在表明其超越了默示许可通常存在的语境。换言之,公开的承诺既不需要达至根据合同所要求的单方要约的程度,也不需要指向具体的相对人或者发生于合同或半合同的关系背景中。[2]

五、因专利权人懈怠等其他行为产生的默示许可

懈怠是美国衡平法中的概念,是专利侵权诉讼中的一种抗辩事由,发挥着限制专利权人滥用权利的作用。在 1893 年莱恩博迪公司诉洛克案(Lane & Bodiey company *v.* Locke)[3]中,美国联邦最高法院首次对懈怠制度进行了讨论并将之运用于专利案件。1992 年阿克曼公司诉查迪斯公司案是对懈怠制度适用规则及效力进行透彻解读的经典案例。在该案中,阿克曼公司作为专利权人向查迪斯公司发出信函,控诉其侵犯专利权并表示了主张权利的意图,然而阿克曼公司却因疏忽直至其发出首份信函后的九年后才提出诉讼。地区法院支持了被告提出的懈怠和禁反言抗辩。联邦巡回上诉法院则进一步明确了懈怠的判定标准,即被告需证明以下两点方能成立懈怠:一是原告知道或应当知道被告侵权,在没有合理理由的情况下延迟提起诉讼;二是拖延给被告造成损害。而一旦成立懈怠抗辩,专利权人不能获得提起诉讼之前时间段的损害赔偿,但依然可以就诉讼之后的损害获得赔偿并要求禁令救济。由于懈怠和禁反言是共存的衡平法抗辩事由,因此,联邦巡回法院在适用二者时对其区别进行了严格的界分。在阿克曼公司诉查迪斯公司案中,联邦法院确定了认定禁反言的三个要件:一是权利人以言辞、行为或沉默等方式进行了误导性意思表示;二是相对人基于此意思表示产生了信赖;三是如果权利人撤回先前的意思表示则会给相对人带来

---

[1] See Mark A. Lemley, *Intellectual Property Rights and Standrad-Setting Organizations*, 90 Cal. L. Rev. 1889, 2002, p. 1925.

[2] See Robert P. Merges & Jeffrey M. Kuhn, *An Estoppel Doctrine for Patentde Standards*, 97 Cal. L. Rev. 1, 2009, p. 22-23.

[3] 150U. S. 193; 145. Ct. 78; 37L. Ed. 1049(1893).

实质性损害。禁反言的救济比懈怠更广泛,其不仅可以使权利人丧失诉讼之前的损害赔偿,也可以使其丧失诉讼后的损害赔偿并失去获得禁令救济的机会。

由此可见,在美国法上,懈怠与建立在禁反言基础上的默示许可存在一定差别,但同时也有千丝万缕的联系。二者区别主要体现在:一是二者的构成要件不同,懈怠并不要求相对人对权利人的懈怠行为产生信赖,此外,构成禁反言的误导性意思表示包括但不限于迟延诉讼;二是适用效力不同,禁反言的法律后果对于专利权人而言更严重。二者的联系在于,如果相对人对专利权人不合理的拖延行为产生了信赖,则懈怠也可能转化为禁反言。衡平法上的禁反言则导致被告获得使用争议专利的默示许可。[1] 然而,"懈怠就好像因原告在其权利上睡大觉而产生一种临时许可。但是,这种许可是可撤销的。一旦原告醒来并且再次主张其权利,这种衡平法上的许可则被撤销"。[2]

我国现有制度与懈怠制度最接近的是诉讼时效制度。诉讼时效制度的初衷在于尊重既成事实,维护社会经济秩序的稳定,客观上起到督促权利人积极行使权利,防止其消极不作为的作用。懈怠制度中不合理的迟延与诉讼时效中时间的经过也使二者具备了共同的认定标准。我国《专利法》(2020年修正)规定了侵犯专利权诉讼的三年时效期。[3]《最高人民法院关于审理专利纠纷案件适用法律问题的若干规定》第17条对持续侵权行为的诉讼时效进行了规定。[4] 通过该规定可以看出,我国的诉讼时效仅适用于损害赔偿请求权而不适应于停止侵害请求权,没有顾及相对人因合理信赖在权利人迟延期间的各种投入,在双方利益的权衡上对相对方利益的保

---

〔1〕 See John B. Campbell Jr. ,*A Decade of Aukerman:An Analysis of Laches and Estoppel in The Federal Circuit*, 43 IDEA 299,2003.

〔2〕 [美] Jay Dratler,Jr. :《知识产权许可》,王春燕等译,清华大学出版社2003年版,第235~236页。

〔3〕 根据《专利法》(2020年修正)第74条的规定,侵犯专利权的诉讼时效为三年,自专利权人或者利害关系人知道或者应当知道侵权行为以及侵权人之日起计算。

〔4〕《最高人民法院关于审理专利纠纷案件适用法律问题的若干规定》第17条规定:"……权利人超过三年起诉的,如果侵权行为在起诉时仍在继续,在该项专利权有效期内,人民法院应当判决被告停止侵权行为,侵权损害赔偿应当自权利人向人民法院起诉之日起向前推算三年计算。"

护有所欠缺。同时,我国的时效制度以时间作为唯一的考量因素,在防止权利人恶意拖延诉讼上存在不足。为此,理论界普遍呼吁在我国《专利法》的时效规定中补充懈怠制度的条款,并将被告的善恶意纳入考量范畴。这无疑是弥补时效制度不足的一种思路,但其关注的重心仍然是时间的经过,而那些钻法律漏洞、放水养鱼、恶意拖延诉讼的专利权人仍然可以利用规定固化的弊端来规避法律。鉴于此,通过默示许可规制权利人的懈怠行为不失为另外一种可供选择的思路,也可为法官公正权衡利弊提供相对宽松的自由裁量空间。

在适用默示许可时,懈怠和禁反言的适用规则给予了我们如下启示:一是不以时间经过作为唯一的判定标准,时间只是参考因素而非决定因素。"法院所要考虑的不仅仅包括迟延的本质、原因、时间长度,迟延的理由,因迟延而给被告造成损害的性质与范围,以及与迟延相关的被告的善意,而且还须考虑在特定案件中与公平或衡平救济相关的其他情形,并且必须在做出结论之前,把所有这些事实和情形统统以衡平法的尺度进行衡量。"〔1〕简言之,懈怠的认定是一个综合权衡的过程,法官所秉持的是衡平法精神,但结论却依赖于千差万别的个案事实。二是懈怠的许可效力及于诉讼之前,而禁反言的许可效力可延伸至诉讼之后,对专利权人的利益影响重大。由于二者的主要区别在于是否需要判断被告产生了信赖,因此,法院在认定被告是否产生信赖时非常慎重,适用的标准相对严格,专利权人对第三人的诉讼以及基于其意图而向被告作出的通知都可以使被告的信赖主张不能成立,这也从一个侧面反映了美国法院在适用衡平法抗辩事由时所遵循的利益权衡的基本立场。三是懈怠和禁反言适用的法律效果在于向前或向后不能获得损害赔偿,相当于获得免费许可,其是否完全适用于默示许可还有待斟酌。默示许可既可以是有偿的,也可以是无偿的。在决定默示许可是否应当支付对价时,仍然应坚持衡平精神,综合考虑双方当事人的过错程度、资源利用效率以及相关的社会影响等,没有必要追随无偿许可的做法,完全剥夺专利权人的经济利益。

---

〔1〕[美] Jay Dratler, Jr.:《知识产权许可》,王春燕等译,清华大学出版社 2003 年版,第 234 页。

默示许可本质上是建立在常情常理基础上的一种推定,尽管当事人未予言明,但是根据诚信原则能够从相关事实背景中推定出理当如此的情形均能成就默示许可。因此,其表现形式也并不拘泥于前文所述类型,专利权人的行为(包括作为或不作为)只要表达出许可之意愿,均可以作此推定,这也决定了默示许可类型是多种多样的。如在 MeCoy 公司诉 Mitsuboshi 餐具公司案(MeCoy *v.* Mitsuboshi Cutlery, Inc.)[1]中,MeCoy 公司拥有虾刀的专利,其子公司向 Mitsuboshi 餐具公司订购了 15 万把虾刀,但又拒绝接受产品并支付费用,而 MeCoy 公司虽然承诺承担责任,但其仅支付了 2 万把虾刀的费用。Mitsuboshi 餐具公司在协商无果的情况下,多次向 MeCoy 公司表明其转售虾刀以减轻损失的意图,并向第三方转售了虾刀。联邦巡回上诉法院认为 MeCoy 公司的违约行为导致 Mitsuboshi 餐具公司合理地获得了出售专利虾刀的默示许可。这一论断虽然可能与权利人的真实意图相去甚远,但却符合衡平正义之精神。若非如此,无过错之当事人的损失将无法得到弥补,默示许可在此不仅发挥着侵权抗辩之功能,而且成为法院掌控利益权衡之术的话语和策略。

此外,默示许可还在关联专利许可、授权改进等情形中得到了运用。[2]有的国家还运用默示许可来处理平行进口产品的合法性以及雇佣发明的使用权问题。但因我国《专利法》(2020 年修正)第 75 条已明确承认了专利平行进口的合法性,《专利法》(2020 年修正)第 6 条也对职务发明归属及利用作出了明文规定,因此,在我国上述问题没有通过默示许可进行探讨的必要。

第二节 专利默示许可类型的限缩与扩张

专利默示许可的各种类型是根据其产生的原因在经验基础上归纳得出的,或者是未予深究直接接受既成分类事实的结果。因此,被纳入类型的专利默示许可的合理性是否经得起推敲还有待检验。同时,专利默示许可的

---

〔1〕 67 F. 3d 917 (Fed. Cir. 1995).

〔2〕 National Rubber Machinery Co. *v.* Mcneil Machine & Engineering Co. 132 F. 2d 436 (6th Cir. 1942); St. Joseph Works *v.* Farmers Manufacturing Co., 106 F. 2d 294 (4th Cir. 1939).

类型包括但不限于已经出现的事实类型,随着技术发展和客观事实的变化,其类型范围注定是一个不断扩张的过程。

一、修理专利产品适用默示许可的误区与反思

专利产品的修理重作问题是一个在美国专利法史上讨论了百年而至今尚存争议的话题。修理与重作之间的界限历来是各方争议的焦点,而不同地区不同层级法院前前后后的案例一直在可允许的修理与不被允许的重作之间徘徊,二者之间的界限始终难以清晰划定。与其说修理重作问题是专利理论逻辑演绎的结果,不如说是一个基于现实需求的利益平衡问题,其更多地依赖于法官对于案件细节的洞悉与解释,依赖于对实现个案公正的诸多因素的权衡。与此同时,对专利产品修理合法性理论基础的探讨也是这场讨论中不容忽视的问题。综合国内外相关研究结论,关于修理合法性理论基础的观点大致有两种:一是权利穷竭理论;二是默示许可理论。[1] 美国法院和评论者就可允许的修理应该适用权利穷竭还是默示许可展开了持续不断的争论。[2] 然而,在对默示许可理论的阐释中,各家观点并不统一。有的将默示许可与权利穷竭相提并论,有的将默示许可简化为权利人销售专利产品时所附条件,有的将权利人的意愿与默示许可混同,这些解读在逻辑上的混乱致使我们在运用默示许可理论解释修理问题时莫衷一是,难以梳理出清晰的脉络。因此,有必要将对修理专利产品适用默示许可的误区进行逐一分析,并在此基础上尝试对修理合法性理论和默示许可理论之间的关系进行重新界定。

---

〔1〕 例如,我国学者宁立志认为,通过对修理原理的运作机理的分析,可发现修理原理的理论基础其实是默示授权理论及权利耗竭原则。李扬则认为,在权利用尽范围内,即使构成再造与重作也不构成侵权,而在权利用尽范围之外,默示许可也难以解释修理的合法性问题。日本学者田村善之认为,权利用尽理论作为利益衡量的根据,是权利滥用法理具体化的一个表现。在权利用尽范围内的修理不构成侵权,而权利用尽范围外的重作构成侵权。默示许可法理和用尽理论,由于宗旨不同,其要件和效果等也不一样,默示许可提供了反对意思表示的可能性。

〔2〕 在美国,主流观点认为,修理权根源于因不附条件的产品销售的专利权穷竭,典型案例是 Jazz Photo Corp. 案,而一些评论者主张法院应将分析修理重作二分的原则从权利穷竭转向默示许可,如 Carborundum 案,以及参见 Mark D. Janis,*A Tale of the Apocryphal Axe*:*Pepair*,*Reconstruction*,*and the Implied License in Intellecdtual Property Law*,58 Maryland Law Review 423,1999。美国联邦巡回上诉法院对不同案例分别采取了不同的理论基础解释修理的合法性问题。

(一)修理专利产品适用默示许可的误区

1. 误区一:认为修理权源于专利产品销售所产生的默示许可

这样的观点在英美案例法中存在相当大的市场。在1986年英国莱兰汽车公司诉阿姆斯特朗专利公司案(British Leyland Motor Corp. *v*. Armstrong Patents Co.)[1]中,法院认为:就修理而言,显然获得专利产品的人拥有修理的默示许可,但是构成专利产品的更新除外。在汤姆森太阳能工程公司等诉巴顿案中,上诉法院认为,专利产品的购买者获得了修理的默示许可。联合电线有限公司案的初审法官罗伯特·沃克(Robert Walker J.)也采纳这一观点,认为被告的行为不构成侵权。[2] 在环球电子公司案中,鼎盛电子公司主张环球电子公司销售遥控器的行为对其特定的遥控方法专利构成间接侵权。地区法院认为,对损坏遥控器的替代是可允许的修理行为,鼎盛公司授予了其顾客修理遥控器的默示许可。针对此观点,有以下几点值得质疑。

第一,该观点认为修理的合法性源于权利人的授权,但前提是权利人有权可授予,而论者大多没有回到专利权的效力范围来思考这一问题。综观各国专利法,专利权的效力范围在于禁止他人未经权利人许可,制造、使用、销售、允诺销售专利产品或实施专利方法等行为。[3] 从字面上看,权利人禁止的范围并不包括修理。申言之,修理并不在权利人的禁止范围之内,也就无须权利人许可。国内外学者也在一定程度上意识到了这个问题,其给出的解释是:应对使用作广义理解,修理是为了能够正常使用专利产品,因此应将修理纳入广义使用的范畴。“专利权人一旦将专利物品售于购买者,即给予了其使用该专利物品的默示授权,而‘修理’当然在该使用范围之内。”[4]田

[1] (1986) A. C. 577, (1986) All E. R. 850 (H. L.).

[2] Isabel Britton, *Patent: Right to Repair*, 22 European Intellectual Property Review 164, 2000.

[3] 例如,我国《专利法》(2020年修正)第11条规定:发明和实用新型专利权被授予后,除本法另有规定的以外,任何单位或者个人未经专利权人许可,都不得实施其专利,即不得为生产经营目的制造、使用、许诺销售、销售、进口其专利产品,或者使用其专利方法以及使用、许诺销售、销售、进口依照该专利方法直接获得的产品。外观设计专利权被授予后,任何单位或者个人未经专利权人许可,都不得实施其专利,即不得为生产经营目的制造、许诺销售、销售、进口其外观设计专利产品。

[4] 宁立志:《专利辅助侵权制度中的法度边界之争——美国法例变迁的启示》,载《法学评论》2010年第5期。

村善之则认为:作为产品使用一环所引起的修理等行为也可以合法地进行。[1]

这样的解释在一定程度上弥补了该观点的漏洞,但从中可以推知其暗含的意思为,如果没有权利人的默示许可,则修理实际上是不被允许的行为。这就引发了对于该观点的另一质疑:按照传统英美法合同默示条款理论和先例,默示内容是可以为明示所推翻的,这就给权利人提供了滥用权利的空间,其可以通过明示排除默示许可的适用,对购买者的修理行为进行限制甚至禁止,购买者基于所有权而自由处分专利产品的权利将在很大程度上受限,自由处分权名不副实,这将削减所有权强大的对世效力,也会影响所有权人的合理预期。

第二,“在默示许可情况下,行为人作为抗辩的实施权不像正常许可情况下的实施权,没有进行登记,这样,在专利权进行了转让的情况下,行为人拥有的实施权将无法对抗新的专利权人,因而一旦继续实施,其行为也将构成专利权侵害”。[2]

第三,通过默示许可解释修理的合法性往往又使这一问题与权利穷竭交织在一起。如美国联邦巡回上诉法院对不同案件的裁定就在二者间摇摆不定。在富士相片公司诉捷士相片公司案(Fuji Photo Film Co. *v.* Jazz Photo Corp.)[3]中,联邦法院认为:构成修理重作二分法基础的是权利穷竭原则,专利权人销售未附限制条件的专利物品穷竭了权利人控制售出物品进一步销售和使用的权利。同时,大量的修理重作案例都提到了默示许可问题。[4] 如在 Aktie-bolog 公司诉 E. J. 公司案(Aktie-bolog *v.* E. J. Co.)[5]中,法院认为专利权人向顾客销售专利钻孔机的行为即为在钻孔机有效的使用寿命内向顾客授予了使用该钻孔机的默示许可,对使用的默示许可就

---

[1] 参见[日]田村善之:《修理、零部件的更换与专利侵权的判断》,李扬译,载吴汉东主编:《知识产权年刊》(2006 年号),北京大学出版社 2007 年版,第 36~52 页。

[2] [日]中山信弘:《工业所有权法》(上),弘文堂 2000 年版,第 361 页。转引自李扬:《修理、更换、回收利用是否构成专利权侵害》,载《法律科学(西北政法大学学报)》2008 年第 6 期。

[3] 394 F. 3d 1368 (Fed. Cir. 2005).

[4] See Mark D. Janis, *A Tale of the Apocryphal Axe: Repair, Reconstruction, and the Implied License in Intellectual Property Law*, 58 Maryland Law Review 423, 1999, p. 492-527.

[5] 121 F. 3d 669 (Fed. Cir. 1997).

包括了对钻孔机修理的默示许可。甚至有观点将修理型默示许可作为默示许可的一种类型而予以区分。[1] 这些案件对修理权来源的理论基础态度不一,使默示许可与权利穷竭之间的界限更难以区分,进一步加剧了认识上的混乱。

2. 误区二:将权利人销售专利产品时所附条件视为默示许可

在销售专利产品时,专利权人基于种种考量,会以明示或默示方式进行售后限制。由于这些售后限制隐含专利权人的意图,因此,对于购买者是否能够从事修理,进而判断其行为是修理抑或重作具有指导作用。正是在这个意义上,这些售后限制条件被解读为默示许可。其中,较典型的如萨奇产品公司诉德文工业公司案(Sage Product, Inc. *v.* Devon Industries, Inc.)、肯德尔公司诉进步医疗技术公司案(Kendall Co. *v.* Progressive Medical Technology, Inc.)、马林克罗特公司诉麦迪帕特公司案(Mallinckrodt. Inc. *v.* Medipart. Inc.)、惠普公司诉重复模板制造公司案(Hewlett-Packard Co. *v.* Repeat-O-Type Stencil Mfg. Corp.)、FMC 公司诉 Up-Right 公司案(FMC Corp. *v.* Up-Right, Inc.)[2]等案例涉及的"一次性使用限制"。这种对默示许可的理解同样存在值得质疑之处。

第一,尽管"一次性使用限制"暗含了专利权人的意图,但是不同的法院对这一限制所隐含的专利权人的意图却作出了不同解释。在萨奇产品公司诉德文工业公司案和肯德尔公司诉进步医疗技术公司案中,法院认为,专利权人所附加的"一次性使用限制"意味着其允许购买者对只能使用一次的零部件进行更换和替代,因此认定被告的行为不构成侵权。与此相反,在马林克罗特公司诉麦迪帕特公司案中,法院则认为双方可以基于一次性使用的默示许可而签订合同,因此认定被告的随意替换行为构成侵权。在 FMC 公司诉 Up-Right 公司案中,法院认为"一次性使用"的限制使任何后续的替换行为构成重作。而在惠普公司诉重复模板制造公司案中,法院并不认为惠

---

〔1〕 See Daniel M. Lechleiter, *Dividing the (Statutory) Baby Under Anton/Bauer: Using the Doctrine of Implied License to Circumvent § 271 (c) Protection for Components of a Patented Combination*, The John Marshall Law School 3 J. Marshall Rev. Intell. Prop. L. 355, 2004.

〔2〕 45 F. 3d 1575(Fed. Cir. 1995); 85 F. 3d 1570(Fed. Cir. 1996); 976 F. 2d 700(Fed. Cir. 1992); 123 F. 3d 1445(Fed. Cir. 1997); 21 F. 3d 1073(Fed. Cir. 1993).

普公司“一次性使用限制”构成默示许可。不同法院基于自身的推断和理解,对于涉及“一次性使用”这一售后限制的案例得出的判决各不相同,并未对所谓的售后条件“默示许可”形成共识。默示许可本质上作为一种侵权抗辩事由,以默示形式出现,在具体案件中根据事实推知,应遵循诚信、公正的价值导向,以客观事实为依据。上述案件中不同的判决结果说明,仅凭“一次性使用限制”是无法全面、客观地反映专利权人的真实意愿的,必须结合案件的其他事实综合判断,因此,虽然售后限制条件在一定程度上反映了专利权人的主观意愿,但是否是默示许可还存有疑问,不应将这一主观意愿与默示许可画上等号。

第二,将销售条件视为默示许可的主张者也不得不承认:既然专利权人明确地主张、申明了该限制条件,尽管这一申明是简短的,从严格意义上讲,这一限制不应被称为“默示许可”,称其为“销售条件限制”更为合适。只是因为约定俗成的叫法,所以将“一次性使用限制”纳入默示许可的术语范畴。[1] 由此可知,专利默示许可有其特定内涵、功能与价值,在使用这一术语时,必须对其所指的具体内容有清晰的认识,不能含糊其词,笼统地将近似的概念或事实与此相等同,否则就会造成制度适用上的混乱。

3. 误区三:将专利权人销售时的主观意愿等同于默示许可

在美国的判例法传统中,相关案件对于修理重作的区分是建立在对被替换部分的物理属性的认识上的。以 Aro 制造有限公司等诉活动顶置换有限公司案为例,美国联邦最高法院诉诸单一的“损耗”标准对修理和重作进行区分:由非专利部件组成的专利产品的重作限于这样的情形,即该产品整体上已经发生损耗,对于该产品的重作事实上制造了新的物品。单一的损耗标准在各级法院作为先例而予以沿用。但是,由于美国联邦最高法院对于损耗的内涵语焉不明,各级法院在适用这一标准时,不得不通过种种阐释性的术语将其具体化,其中包括:发明的灵魂、零部件的重要性和创造性、零部件的有效使用寿命和替换成本等。这些具体标准无不是把关注的中心放在对客体属性的判断上,因此,可以将其视为客观化、客体导向型的修理重

---

[1] See Christina M. Sperry, *Building a Mystery: Repair, Reconstruction, Implied Licenses and Hewlett-Packard Co. v. Repeat-O-Type Stencil Mfg. Corp.*, 5 B. U. J. Sci. & Tech. L. 193, 1999, p. 36-37.

作判断标准。由于实践中各个案例在细节上的千差万别,因此,无论提出多少种判定标准,仍然有待法官从具体的个案事实中厘清真相。同时,众多判断标准的存在反而让人无所适从。因此,有论者建议将判断修理重作的着眼点从客观方面转移到主观方面:重视具体案件中专利权人和购买者的主观意图。由专利权人和购买者主观意图所共同构筑的语境被解读为默示许可:修理重作问题是默示许可的一个特殊类型,其在本质上是默示许可的范围问题,如果认定行为为修理,即落入默示许可的范围之内;如认定行为为重作,即落在默示许可的范围外。[1]

该观点以专利权人的主观意图为标准来区分修理与重作,在逻辑思路上存在误区。理由在于,专利权人本身可能并未对修理与重作作出明确的区分,其许可的也许是无须许可的修理,其未许可的也未必就是重作。因此,不应以是否许可来判断修理或重作,而应该首先区分修理或重作,并对其是否需要许可作进一步判断。

此外,在专利权人和购买人通过买卖合同销售专利产品的情况下,专利权人的主观意图可能基于专利权的行使而产生,也可能纯粹基于买卖合同而产生,与专利权的行使并无关系。因此,不能将两种情况一概而论,笼统地认为专利权人的主观意图就是默示许可。购买人对其主观意图的违反可能只涉及违约而不涉及侵犯专利权。更有甚者,专利权人很可能超出专利权范围,但是基于合同约定而对购买者提出相应的约束条件,如果约束条件对商品合理流通和自由市场造成不当限制,那么该意图可能被作为权利滥用而被禁止。

(二)修理专利产品适用默示许可的反思

前述三种观点的共同误区在于:预设了修理权需要许可这一前提。但修理重作问题本质上并非默示许可的范围问题,而是默示许可是否存在的问题。对物品的修理权根源于所有权,早在 19 世纪中叶,法院就曾在固特异公司诉贝弗利橡胶公司案(Goodyear *v.* Beverly Rubber Co.)[2]中指出,如

---

[1] See Mark D. Janis, *A Tale of the Apocryphal Axe: Repair, Reconstruction, and the Implied License in Intellectual Property Law*, 58 Maryland Law Review 423, 1999, p. 495.

[2] 10F. Cas. 638, 641(C. C. D. Mass. 1859).

果购买方获得了绝对的、无条件的专利产品,他可以一直使用该物品直至其报废,他也可以以处理其他产权物品的方式按照其意愿对该物品进行修理或改进。

各国专利法并未明确规定专利权人的修理权,因此,专利产品所有人的修理行为并未落入专利权的效力范围。因为"修理权"没有被明确禁止,应给予其绝对的保护。由于专利权人在销售专利产品时不能对"修理权"进行明确限制,因此,根据《欧洲共同体专利公约》(Community Patent Convention,CPC),"修理权"并非一种与默示许可有亲缘关系的利益,事实上其根本与许可利益无关。[1] 有学者通过将"修理"解释为广义"使用"的一部分,从而将其纳入专利权的效力范围显得过于牵强。由于涉及零部件市场的利益分配问题,所以各国不得不从专利法的视角来看待修理问题。而对于零部件市场利益的分配,美国专利法已经设计出间接侵权制度进行调节,也就无须再将修理纳入专利权人的权利范围。真正需要许可的是可能构成侵权的重作,由于重作是对专利产品的重新制造,落入了专利权的效力范围,此时,方存在适用默示许可对涉嫌侵权的重作行为进行豁免的问题。

在英国,法院关于修理重作问题的主流观点并未采取一种亲默示许可的立场。在联合电线有限公司案中,上议院认为:专利产品购买者的修理权并非经由许可授予给他的一项独立的权利,而是一项留存的权利,是只要不构成对专利产品的制造的其他可以自由行事的权利的一部分。[2]

尤其值得关注的是,在2013年英国舒茨有限公司诉英国维特有限公司案中,英国最高法院也跳出了将默示许可、权利穷竭与修理重作放在一起进行讨论的惯有思维模式,在认定被告是否构成重作以及是否侵犯专利权的判断上,既有突破也有坚守:一是法院强调修理重作问题与默示许可或权利穷竭并无关联,[3]从而将问题单一化,仅就修理重作的区分进行认定;二是

---

[1] See Mark D. Janis, *A Tale of the Apocryphal Axe: Repair, Reconstruction, and the Implied License in Intellectual Property Law*, 58 Maryland Law Review 423, 1999, p. 493.

[2] See Isabel Britton, *Patent: Right to Repair*, 22 European Intellectual Property Review 164, 2000.

[3] Schütz *v.* Werit, EWCA Civ 303(2001).

法院仍然将判断是否构成制造的重心放在对被替换部分属性的审视上，认为所替换部分“发明性”这一概念是考虑被告行为是否构成制造的关键，但并非唯一因素。

因此，在涉及修理重作的具体专利侵权相关案例中，应遵循以下思路：先由法院根据个案事实判断被告的行为是修理抑或重作。如果认定是修理，则当然不构成侵权；如果认定构成重作，那么被告方可据此进一步提出默示许可抗辩，而默示许可抗辩是否成立，则有待于对原告销售、指导等行为的认定。

二、对专利默示许可类型范围的再思考：动态的扩张过程

专利默示许可制度产生于司法实践，其适用规则也在司法实践中不断丰富和完善。专利默示许可认定的依据在于司法实践中的基础事实，基础事实的复杂多样性决定了专利默示许可的适用范围是一个动态发展、不断演变的过程，因而也决定了专利默示许可在未来专利制度的走向中有广泛的适用空间。这一论断主要基于三点考量：一是专利默示许可的发展历程；二是专利默示许可相对于其他制度的比较优势；三是应对新兴技术和创新模式的现实需要。

（一）专利默示许可的适用范围是一个逐步扩张的过程，是司法积累的结果

在专利默示许可的发源地——英国，其最初的形式主要表现为专利产品销售时，购买人使用和再销售专利产品的默示许可。英国早期涉及默示许可的案例主要解决专利产品售出后专利权与所有权的冲突问题，虽然这一问题也落入了权利穷竭规制的范围，但传统上英国就是通过默示许可来解决专利产品售出后购买人的使用和转售问题。在贝茨案百年后的汤姆森太阳能工程公司等诉巴顿案中，上诉法院法官通过默示许可来判定被告是否享有修理权，其认为专利产品的购买者理所当然地享有修理该产品的默示许可。[1] 在世纪之交的联合电线有限公司案中，上诉法院和上议院均就

---

[1] See Isabel Britton, *Patent: Right to Repair*, 22 European Intellectual Property Review 164, 2000.

默示许可抗辩是否适用于修理重作案件发表了意见。尽管屏幕维修服务公司试图主张通过专利产品的销售而获得了维修该产品而延长其使用寿命的默示许可,并且该主张得到了初审法院的支持,但上议院认为:在被告被控诉因制造专利产品而侵权的情况下,默示许可或者权利穷竭并无作用,因为专利物品的销售并没有授予其制造另一专利产品的默示许可,也未穷竭专利权人制止他人制造的权利。被告将默示许可抗辩适用于该案件的意图并未得到上议院的支持。由此可见,英国法院沿袭了其早期对默示许可适用范围的立场:默示许可是在专利产品销售的情形下适用,并且只能是针对使用和转售的默示许可。在由此衍生的修理专利产品默示许可问题上,法院却出现了分歧。

随着经济技术的发展,技术专利化、专利标准化已成为一种趋势,也成为专利权人追求高额利润回报的不二选择。而专利一旦与标准结合,即产生强大的垄断力,由此导致权利人为追求垄断利润而拒绝许可的弊端。"对于专利权人拒绝许可的釜底抽薪式的解决方法就是根据技术标准的公益性本质推定专利权人在认可其专利技术纳入技术标准时默认已经同意授予任何潜在的标准实施者以专利许可。"〔1〕默示许可理论、衡平法禁反言和合同法都是以抗辩的形式对抗标准专利滥用的救济方式。〔2〕与美国类似,英国也是通过禁反言、懈怠和默示许可等普通法原则对标准固定行为进行法律规制的。〔3〕尽管英国默示许可适用的范围有限,但也随着社会生活的变化而拓展到新领域。

美国从英国的专利法司法实践中借鉴了默示许可制度,但对这一制度运用的广度和深度却超越了英国。在案例的丰富程度、规则的完善程度、探讨的深入程度上,美国可以说是专利默示许可制度的集大成者。"作为一种非明示的许可行为,专利默示许可存在的范围似乎难以界定,一切存在专利

---

〔1〕 马海生:《专利许可的原则——公平、合理、无歧视许可研究》,法律出版社2010年版,第14页。

〔2〕 See Park, *Patents and Industry Standards*, 2010, p. 50. 转引自 Dr. Valerio Torti, *Enforcement of A Maximum Licensing Cap in Standardization Environments*, 35 European Intellectual Property Review 261, 2013, End notes 59。

〔3〕 Mark Finn, *When the Chips Are Down*, 24 European Intellectual Property Review 286, 2002.

利用的领域或许都有专利默示许可存在的空间。"[1]涉及专利的利用行为多种多样,在早期的亚当斯案中,法院认为,专利产品销售可以产生后续转售和使用的默示许可。在随后的案例中,又陆续产生了因当事人事先提供技术支持、因销售只能适用于专利产品或只能用于实施专利方法的零部件或设备、双方在先协议、权利人的违约行为、指使制造权、关联专利、权利人懈怠等导致的默示许可。这些案例的出现,为默示许可研究提供了丰富的素材,也为默示许可适用规则的提炼和认定、类型的划分奠定了基础。

进入21世纪以来,美国同样遭遇了专利标准化所引发的技术封锁难题。一方面,专利权人将专利引入标准;另一方面,又借二者结合产生的强大垄断力实施市场控制,为市场准入设置障碍,这一做法对众多非专利权人的市场参与者而言尤为不公。正是在这样的背景下,美国法院将禁反言原则、默示许可原则引入涉及标准专利的案件中,以此弱化专利权人的排他控制力,达至不同主体之间的利益平衡和市场的均衡布局。Rambus 诉 Infineon 技术公司案就是一起对标准专利权人进行限制的典型案例。在该案中,Rambus 公司将其处于申请中的专利纳入标准而未向公众进行披露的行为被认定为欺诈,从而该专利被判定不可执行。对于稍早一些的 Wang Lab. 案,法院正是在衡平法禁反言的基础上作出了默示许可的认定。

专利权人行为的多样性导致了默示许可适用范围的不断扩大,而市场、技术的变化正是这一表象下的深层推动力量。零部件市场的发展引发了销售商与专利权人的利益角逐,累积性创新和复杂产品促成了专利池许可模式的广泛采用,技术标准化又引发了相关各方的新一轮博弈。当前,专利领域又出现了开放式创新、合作创新等新兴创新模式和非实施主体这一新型专利权人类型,这些新生事物可能引发专利法领域既有利益格局的变动,但其具体表现和走势还不得而知。专利权人及其被许可人的行为具有多样性和不可预期性,技术发展、演进的方向具有不可预期性,专利技术的应用形式也具有不可预期性,而正是这众多的不可预期性,决定了专利默示许可具有可为我们所预期的广泛的适用空间。

---

[1] 袁真富:《基于侵权抗辩之专利默示许可探究》,载《法学》2010年第12期。

(二)专利默示许可相对于其他制度的优势

专利默示许可(仅指与权利人意愿有违的非自愿默示许可)与强制许可、法定许可的功能存在相似之处:均是通过弱化或者消解专利权人的主观意志从而对专利权进行限制,防止其滥用。但同时,专利默示许可与强制许可、法定许可在适用范围、构成条件、启动程序等方面也存在区别。上升为成文法规则的专利默示许可条款具有准法定许可的性质,而大量的专利默示许可的认定则取决于司法对于个案的裁决结果。司法裁决的事后性与能动性决定了专利默示许可具有其他非自愿许可所不具有的比较优势。

1. 与强制许可相比,适用效率更高

强制许可制度是专利法上一项典型的权利限制制度。学术界历来对强制许可的研究成果可谓汗牛充栋,包括从历史的、逻辑的、价值的、功能的各个侧面对强制许可进行全方位透视,以及从经济的、伦理的、社会的多学科视角对其进行综合的分析。然而,与热闹的理论研究形成鲜明对比的却是适用案例寥寥无几的尴尬现实,强制许可处于备而不用的困境。也有学者将其功能解读为悬在专利权人头上的“达摩克利斯之剑”(The Sword of Damocles),可以对专利权人造成一种威慑力。这种解读是否有足够的实证支撑还有待证明,试图滥用权利的人并不会因为强制许可制度的书面存在而畏惧三分。从强制许可的国别实施情况来看,我国专利法上虽有这一制度,但却从未利用这一公共政策工具颁发过一例强制许可。同为发展中国家的印度,在 2013 年始出现专利强制许可第一案。[1] 由于美国信奉自由市场经济理念,并采取了亲专利政策,其对政府干预专利交易市场的强制许可制度一直持保留态度。美国专利立法中并无强制许可的一般条款规定,只在极个别领域,基于公共政策、反垄断等考量制定并实行专利强制许可。[2] 在德国,1950~2011 年的 62 年间,德国仅授予一例强制许可的

---

〔1〕 参见易继明:《专利的公共政策——以印度首个专利强制许可案为例》,载《华中科技大学学报(社会科学版)》2014 年第 2 期;2013 年德国拜耳公司诉印度拿特科公司一案中,印度知识产权上诉委员会维持了授权拿特科公司的药品强制许可。

〔2〕 参见[美]Jay Dratler, Jr.:《知识产权许可》,王春燕等译,清华大学出版社 2003 年版,第 177~179 页。

案例。[1]

针对这一问题,无论是理论界还是实务界都进行了不同程度的反思,除发达国家刻意抑制以及实体性的适用条件不明确导致难以操作外,程序的烦琐无疑是其中症结之一。从国内立法层面来看,强制许可程序需经启动申请、证据提交、听证、审批等一系列环节方能实现。此外,当事人对于行政机关作出的强制许可决定不服,还可以提起行政诉讼,又进一步拉长了战线。从国际立法层面上看,由于对专利保护强度持不同立场,发达国家和发展中国家对于专利强制许可的现实需求并不统一。在发达国家的力促下,《TRIPs 协定》第 31 条对强制许可制度的适用作出了严格的限制。[2] 为了获准强制许可,申请人不得不付出大量的人、财、物成本,耗费大量的时间和精力。作为理性的经济人,申请人将会在所花费的成本和将取得的收益之间进行权衡。而就依靠时间优势抢占市场先机的专利产品而言,当行政程序所花费的时间成本可能导致其丧失优势地位时,申请者就会放弃对强制许可的申请。

相较而言,专利默示许可是当事人之间基于特定语境而作出的一种推定。只要使用一方在诚信、善意的基础上,能够从专利权人的作为或不作为中推定出许可使用之意思表示,并基于此产生信赖,即可以从事默许范围之内的行为,而无须大费周折地履行相关程序义务。即使权利人不予认可而提起诉讼,无论最终判决结果是否认定默示许可成立,均不会对效率产生实质影响。从这点来看,默示许可无疑大大提高了专利利用的效率,在成本上更经济。

2. 与法定许可相比,适用弹性更大

正如有论者指出,法定许可是一个既陌生又熟悉的制度。其缘由就在于在著作权法领域,法定许可制度已是一项较成熟的制度,但在国内专利法上却难寻踪影。既然著作权法和专利法同样肩负着促进知识技术传播的社

---

〔1〕 Daniel Krauspenhaar, *Liability Rules in Patent Law A Legal and Economic Analysis*, Springer-Verlag Berlin Heidelberg, 2015, p. 25.

〔2〕《TRIPs 协定》第 31 条(未经权利持有人许可的其他使用)就强制许可的适用规定了 12 项程序上和实体上的限制性条件,足见其适用之烦琐,限制之苛刻。

会化职能,而专利法领域又面临着技术垄断、公共伦理危机等“瓶颈”问题,那么为什么不可以考虑引入法定许可制度来缓解这一困局呢？鉴于此,国内曾有一位年轻学者大胆提出了“专利法定许可”的概念:“根据法律的规定,以特定的方式使用他人的专利技术可以不经专利权人的许可,但应当向专利权人支付使用费。”[1]这一建议和设想是具有一定的前瞻意义和制度价值的。国外学者也从责任规则的角度关注了这一问题,丹尼尔·克劳森哈尔、库尔(Kur)与斯瓦博(Schovsbo)称之为“自动强制许可”[2],并将其界定为在排他性权主导的专利制度下的一种机制,在此机制下如果满足特定的法定情形,第三人可以不经专利权人许可而使用专利发明,但必须支付对价。事实上,从国际专利立法的视野来看,这种自动强制许可制度早已存在。例如,《瑞士专利法》第40条规定:任何意图使用生物技术发明作为研究工具或方式之人可以在支付合理补偿的前提下就此发明享有非独占许可权。因此,无论是在理论上抑或实践上,专利法定许可制度均不应被忽视和遗忘。

通过著作权法定许可的构成和前文的分析,我们可以提炼出专利法定许可制度的三大要素:一是法定许可的事由由法律明确规定;二是依法律规定可直接利用专利而无须权利人同意;三是该种使用是有偿的,必须向专利权人支付合理报酬。法定许可的优势和特点之一就在于许可事由的法定性,这种法定性和确定性给潜在使用人提供了高度稳定的预期,使其可以从法律的明文规定中获知许可可以被授予的情形。然而,恰恰是这种确定性却可能成为其“短板”。法定许可的事由由立法规定,注定了其适用情形的有限性,面对纷繁更迭的社会生活现实,立法规定的滞后性和立法程序的复杂性使其不能顺应瞬息万变的生活实际,以致确定有余而弹性不足。而这恰恰是默示许可制度可以弥补的,默示许可的存在既可由立法推定也可由司法推定,而且主要是由法官在个案中斟酌案件事实予以认定,决定默示许

---

[1] 黎运智:《从专利技术标准化看专利法定许可》,载国家知识产权局条法司编:《专利法研究》(2006),知识产权出版社2007年版,第381页。

[2] See Kur. A., Schovsbo J., *Expropriation or Fair Game for all? The Gradual Dismantling of the IP Exclusivity Paradigm*, In Kur. A & Levin M, eds., *Intellectual Property Rights in a Fair World Trade System-proposals for Reform of TRIPS*, 1st edn. Elgar, Cheltenham, 2011, p. 408-451.

可成立与否的是灵活的案件事实，因此，默示许可更具包容性，更能囊括多样的现实需求，更能应对多变的发展态势。

（三）适用专利默示许可是应对新兴技术和创新模式的现实需要

专利制度应技术而生，为技术而存在，这一说法是有道理的。因为几乎每一次技术变革以及技术创新模式的更迭都会引发专利制度的变革。究其原因，无非技术领域的变化导致了利益格局、利益诉求的变化。作为调整、分配技术利益的专利制度，必须对此作出回应。生物技术进入专利法的调整领域并非最近才出现，只是当前关注的重点已不再是生物技术的可专利性问题，而是专利制度如何应对因技术特性所导致的新一轮利益博弈问题。同时，开放式创新模式的兴起与发展也向专利制度提出了新的考问。

1. 应对生物技术等新兴技术领域发展的需要

自第三次技术革命浪潮兴起以来，生物技术等新兴技术的出现对人类的社会、经济生活影响巨大。由生物技术造就的生物工程产业所蕴含的商业价值使这一领域成为各方关注的焦点。与专利制度相关且最具争议的问题就是，如何使专利法适应于具有自体复制功能的发明物。传统上，专利穷竭原则被用于解决专利产品售出后购买人的使用、转售问题，专利权人针对该专利产品的使用权和销售权穷竭，但仍保留制造权。然而，具有自我复制功能技术的兴起却使“制造和使用”二分法的区分陷入困境。如果将自我复制界定为使用，并“将首次销售原则应用于能够自体复制技术的后代，那么专利权人的权利也就随之摘除了”。[1]由此造成的后果可能是专利权人基于自身利益的考虑而人为分割市场，限制小规模农户获取生物基因技术产品，进而影响生物技术的传播和普及。

对此，斯科特曾在1995年提出了以默示许可解决该问题的思路。在他看来，作为法律上的默示许可，权利穷竭的适用缺乏灵活性，使用这一把尺子去丈量所有的事实是不科学的，因此，应通过适用事实上的默示许可，以合同对价为核心判断标准，据此认定专利权人的主观意图，从而为权利人提

---

〔1〕 Monsanto Company *v.* Scruggs，459 F. 3d 1328（Fed. Cir. 2006）. 转引自李菊丹、宋敏：《美国基因专利权利用尽原则的适用与启示》，载《知识产权》2015年第2期。

供更为充分的保护,为双方当事人的行为提供更合理的解释。[1] 时隔18年后,在鲍曼诉孟山都案中,卡根(Kagan)法官正是依据默示许可对案件当事人的法律关系进行了认定。在本案中,孟山都公司就销售的种子用途进行了限制,卡根法官认为,即使孟山都公司与销售方没有明确的许可协议,也应认为在孟山都公司和农民之间存在一个关于农民只能种植一次种子的默示许可。卡根法官据以认定默示许可的理由,就在于种子销售合同中对价所体现的孟山都公司的主观意愿。如果按此价格赋予农民无限制的复制权,专利权人则无法就其发明获得充分的报偿,其权利也就因一次销售而告终。自我复制技术并不局限于生物工程领域,在3D打印、计算机软件等领域也存在类似问题。正如美国联邦最高法院在鲍曼案中的表态:鲍曼案的判决仅适用于本案的情形,不能延及每个具有自体复制功能的技术领域,因为这些技术领域已经变得非常普遍、复杂和多样化。因此,诉诸默示许可对当事双方的意思表示进行认定是较理想的选择。

2. 应对开放式创新模式的需要

正如世界知识产权组织总干事弗朗西斯·高锐所言:人类创造性地表达自己的方式在过去30年中发生了深刻变化。用户生成内容正在爆炸式地涌现,人们开始通过"众包"和开放式创新平台等方式参与集体创造,这种创造性合作为人类开辟了新机遇。[2] 自1994年以来,用户创新和开发合作创新已经出现了突破式的增长。这些创新范例并不适应建立在传统知识产权制度之上的以销售为导向的大规模交易模式。[3] 以开放和共享为特征的开放式创新模式对知识产权运用提出了新的要求。开放式创新的典型范例是开源软件项目,近年来,其逐步发展到农业和生物技术领域。

按照斯坦伯格教授的分析,开放式创新模式的特点之一就在于其提出了关于私人秩序和治理的问题。根据治理规则的不同,开放式创新可以分为依据未成文的社会规则建构的治理模式和依据正式规则建构的治理模

---

〔1〕 Scott A. Chambers, *Exhaustion Doctrine in Biotechnology*, 35 IDEA 289, 1995, p. 319-328.

〔2〕《国知局信息速递第8期:WIPO开放式创新会议介绍》,载国家知识产权战略网2017年8月8日,http://www.nipso.cn/onews.asp? id=37248。

〔3〕 See Katherine J. Strandburg, *Evolving Innovation Paradigms and the Global Intellectual Property Regime*, 41 Conn. L. Rev. 861, 2008-2009, p. 863-864.

式。未成文的社会规则包括诸如传统科研社团约定俗成的规则等，这些成规是缄默的、非正式的，依赖于加入其中的成员的共同认可和遵守。因此，如若产生纷争，默示许可可以作为解决争议的制度工具。就依据正式规则建构的开放式创新而言，其对私人秩序提出了较高的要求，而这种秩序的形成不仅依赖于知识产权法，也依赖于合同法、相关的许可规则等。默示许可作为合同法、许可规则的组成部分，对于建立公平、诚信的私人治理秩序可以发挥积极作用。

第三节　对专利默示许可类型的理性归纳

源于经验事实的类型虽然直观，但仍然有必要上升到理性思维的高度。在韦伯和拉伦茨的分析框架中，这种理性思维就表现为理念类型，理念类型不仅指涉某种对象，更是一种思维方式和方法论。现象被建构为理念类型，理念类型又被用于解构现象。“理想类型来自实在，又是用来比较和衡量实在的手段，它引导人们认识实在知识，解释实在。”[1]但理想类型的意义并非仅限于此，韦伯始终将法创制与法发现作为其法社会学的核心内容。理性化的类型方法对于法律的意义也是如此。通过对专利默示许可类型的理性归纳，源于经验事实的默示许可因共同性特征被予以分类梳理与整合，不仅在认识论的意义上对专利默示许可的理解得以深化，也使得对专利默示许可的分类被赋予了法律上的效果与含义。

一、对专利默示许可类型理性归纳的必要性

（一）基于经验事实的类型局限

基于经验事实的类型总是能够在生活事实中找到原型。经验类型在使类型更直观、更容易把握的同时也给自身带来困扰。此种类型依赖于经验事实，而经验事实林林总总、千差万别，导致此种类型划分纷繁复杂且无规律可循，不仅不符合人类探究认识世界的思维惯性，也使其因不具前瞻性与可预见性而陷入认识的被动中。经验事实不发生，就不能判断其可能出现

---

〔1〕 刘士国：《类型化与民法解释》，载《法学研究》2006年第6期。

与存在的形式，不具合理预期。因此，“将繁多而疑难的材料化约到一个体系中的模型”就是可欲的。[1] 经验事实的反复出现为类型的理性提炼和归纳提供了可能。如果不对专利默示许可的事实类型进行系统的归纳整理，那么其将可能永远是一盘散沙，无法为法创制与法发现提供助益。

（二）符合人从直觉经验到抽象理性的认识规律

理性思维能力被认为是人区别于其他生物的根本特征。人类的智慧表现在不仅仅满足于理解现象，更重要的是解释世界。“当人们面对千变万化的自然现象与社会现象时，必然不甘于机械地受着客观事物的支配，而需要寻找出一种规律性的说明，以解释万事万物为何会产生这种变化，以及如何通过人力来预测、阻止这些变化。事物只是以一种客观的形态呈现在人们的面前，如何利用人类的智慧来串联起这林林总总的现象并进行体系化的解释，就必须寻求一定的叙述方式。由此就出现了如何解释自然和社会现象的方法论问题。”[2] 为了回应这一问题，韦伯提出了“理念类型”的思维方式。“在法律研究中引入归类法之后，通过对经验材料的秩序化，可以在此基础上进行一定的推理。”[3] 而将类型理性化正好提供了这样的基础。对类型的理性思维过程不仅是人的认识从直觉经验上升到抽象理性的过程，从法学视角看，也是一个体系化的过程，是生活事实上升为法律事实的过程。作为经验事实的默示许可需要理性化的加工来契合既有的法规范并获取其法律意义。

二、专利默示许可类型的理性划分

（一）权利穷竭型、侵权禁反言型与非侵权用途测试法型（两步测试法）默示许可

权利穷竭型默示许可用来解决专利产品售出后，购买人使用与再销售所购买产品的权利问题。在英国专利法传统中，即是通过将权利人的销售

---

〔1〕［爱尔兰］J. M. 凯利：《西方法律思想简史》，王笑红译，法律出版社 2002 年版，第 48 页。

〔2〕胡玉鸿：《韦伯的“理想类型”及其法学方法论意义——兼论法学中“类型”的建构》，载《广西师范大学学报（哲学社会科学版）》2003 年第 2 期。

〔3〕李琛：《论知识产权法的体系化》，北京大学出版社 2005 年版，第 8 页。

行为解释为默示许可，使购买人的后续使用和销售行为具备合法性。英国在19世纪的相关案例就典型地体现出这一特征。根据权利穷竭理论，产品的购买人获得了覆盖该产品的权利要求以及从属权利要求的默示许可。〔1〕美国的专利制度是在各州专利制度的基础上建立起来的。在北美殖民时期，各州在专利制度及其理念上深受其宗主国——英国的影响。美国专利法的源头，则可以追溯到建国前的北美殖民地专利制度和独立初期的各州专利制度，并因殖民地与英国的关联性而与英国专利制度紧密相关。〔2〕但美国对于英国专利制度的继受并非全盘照搬，而是根据本土实际灵活移植。“北美英属殖民地的专利制度，就是殖民地在移植英国专利制度的基础上，根据北美现实需要而本土化的结果。”〔3〕并且，在19世纪60年代后，美国开始反超英国，引领世界各国的专利制度。这反映在专利产品销售问题上，一方面沿袭了英国的默示许可理论，另一方面又发展出首次销售理论（权利穷竭理论）处理售后问题。因此，有观点认为权利穷竭建立在默示许可的基础上。事实上，权利穷竭常常被视为默示许可的一种形式。〔4〕从而形成了权利穷竭型默示许可，并被解读为法律上之默示许可。〔5〕

侵权禁反言型默示许可则是在因专利权人的行为使相对人产生信赖的情况下，禁止专利权人否定其意思所传达的法律意义的一种推定许可。在禁反言规则下，分析的焦点从专利权人的产品转到专利权人的行为。如果专利权人的行为使对方采取了进一步行动，则有可能成立默示许可。〔6〕侵权禁反言型默示许可关注的不再是专利权人对产品的销售，专利权人的误导性行为以及相对人在此基础上产生的信赖及后续行动才是此种默示许可的核心构成要素。专利权人行为的表现形式是多样的，可能是专利权人的

〔1〕 See Michael J. Swope, *Recent Developments in Patent Law: Implied License—An Emerging Threat to Contributory Infringement Protection*, 68 Temple L. Rev. 281, 1995, p. 281.

〔2〕 杨利华：《美国专利法史研究》，中国政法大学出版社2012年版，第13页。

〔3〕 同上书，第18页。

〔4〕 See Amber L. Hatfleld, *Patent Exhaustion, Implied Licenses, and Have-Made Rights: Gold Mines or Mine Fields?*, 2000 Computer L. Rev. & Tech. J. 1, 2000, p. 7.

〔5〕 See Scott A. Chambers, *Exhaustion Doctrine in Biotechnology*, 35 IDEA 289, 1995, p. 294.

〔6〕 See Michael J. Swope, *Recent Developments in Patent Law: Implied License—An Emerging Threat to Contributory Infringement Protection*, 68 Temple L. Rev. 281, 1995, p. 291.

在先协议、帮助实施行为、诱导使用行为以及明知侵权而不予阻止等,其行为是否构成默示许可有赖于对个案背景的判断和根据诚信原则对专利权人意思表示的合理推定。

非侵权用途测试法型(两步测试法)默示许可,是指在某些情况下,构件的购买人可以以该构件系授权销售或其系善意购买为由主张存在默示许可。此种情况经由联邦巡回上诉法院的阐释,包括以下两个条件:"第一,被销售的构件必须不存在任何非侵权用途。第二,销售的情况必须清楚地显示,授予许可是可以被推定的。"[1]在通常情况下,专利权人不仅销售专利产品,而且也销售用于专利产品的零部件。如果这些零部件除了用于组装专利产品没有其他用途,那么推定存在使用该零部件制造专利产品的默示许可就在情理之中。在此种情况下,值得重视的问题就在于如何认定非侵权用途,以及当专利产品由多个部件组成时,部分源于合法授权,部分源于非法授权时如何认定组装行为的性质。此类默示许可也源于专利权人的销售行为,但其销售的并非完整的专利产品,故与权利穷竭型默示许可有所区别,并因其在实践中的重要意义而独立于侵权禁反言型默示许可。

此种默示许可分类方法的积极意义不仅在于系统梳理了实践中出现的各种默示许可类型,还将其纳入了规范分析的范畴,通过权利穷竭、禁反言等法律原则和制度的运用,赋予生活事实以法律意义,为后来的法律适用打下了基础。

(二)权利穷竭型、衡平法禁反言型与修理型默示许可

与第一种理念类型相似,此种分类法将权利穷竭作为一种独立的默示许可类型。所不同的是,其将非侵权用途的两步测试法纳入衡平法禁反言型默示许可中,同时,将可允许的修理作为一种默示许可单列。此观点认为联邦巡回上诉法院正是依赖于衡平法禁反言而发展出非侵权用途的两步测试法。并且,奔达克案所认定的用于排除默示许可的两项要件成为联邦巡

---

〔1〕[美]Jay Dratler, Jr.:《知识产权许可》,王春燕等译,清华大学出版社2003年版,第192页。

回法院认定衡平法型默示许可的基本要素。[1]

修理型默示许可存在于对专利产品进行修理的环境。一旦专利产品销售后,购买人即获得了修理该组合专利的非专利部件的默示许可。[2] 此种类型的默示许可与对专利产品修理权来源的认识密切相关,并且,在专利产品各部分均没有非侵权用途的情况下,对于弥补两步测试法的局限具有积极意义。在美国专利法上,如果专利产品的各部分没有非侵权用途,则落入了间接侵权制度的保护范畴。既然如此,那么专利权人在销售零部件的过程中也就没有必要再就产品的使用进行明确的限制。因此,根据两步测试法中关于销售环境推定默示许可存在的条件,认为专利权人未进行明确限制即符合该项条件就是不合理的。在此种情况下,可以适用修理型默示许可,将使用人的行为解释为修理,则可以避免适用两步测试法与间接侵权规定的矛盾。[3]

将修理权解释为源于专利权人的默示许可,忽略的问题是修理权与产品所有权之间的关系,前文已经就修理是否适用默示许可进行了探讨:修理权源于所有权而非专利权。因此,本书对此种类型的论述仅仅出于观点的介绍而非立场和态度上的选择。

(三)因衡平法禁反言、普通法禁反言、行为和默许而产生的默示许可

在 Wang Lab. 案中,联邦巡回上诉法院认为默示许可源于以下几种情形:一是衡平法禁反言;二是普通法禁反言;三是行为;四是默许。[4] 英美法传统中存在普通法与衡平法的区分,衡平法禁反言则是在普通法禁反言的基础上发展而来。在一般意义上,普通法上禁反言与衡平法之允诺禁反言的最大区别就在于前者针对的是既成事实的陈述或既成协议的存在,而允诺禁反言则针对的是当事人将来的意图或将来行为的陈述。就作为默示

---

〔1〕 Daniel M. Lechleiter, *Dividing the (Statutory) Baby Under Anton/Bauer: Using the Doctrine of Implied License to Circumvent § 271(c) Protection for Components of a Patented Combination*, The John Marshall Law School, 3 J. Marshall Rev. Intell. Prop. L. 355, 2004, p. 371.

〔2〕 Daniel M. Lechleiter, *Dividing the (Statutory) Baby Under Anton/Bauer: Using the Doctrine of Implied License to Circumvent § 271(c) Protection for Components of a Patented Combination*, The John Marshall Law School, 3 J. Marshall Rev. Intell. Prop. L. 355, 2004, p. 372.

〔3〕 Ibid., p. 375.

〔4〕 Wang Lab. *v.* Mitsubishi Elecs. Am. 103 F. 2d 1571, at 1580 (Fed. Cir. 1997).

许可基础的禁反言而言,普通法禁反言相较于衡平法禁反言来说指涉的行为范畴更窄,仅包括专利权人许可或转让权利并获得了对价,又试图违背此种授权的情形。[1] AMP公司诉美国案和心血管诊疗公司诉伯林格曼海姆公司案是美国法院基于普通法禁反言认定默示许可的典型案例。而衡平法禁反言关注的焦点则是专利权人不会主张其权利的误导行为。[2]

尽管普通法禁反言默示许可和衡平法禁反言默示许可均涉及专利权人的行为,但某些行为因缺少相关要件而无法纳入上述两种默示许可范畴,因此被单独作为一类。例如,专利权人与侵权人所达成的免除侵权人所有侵权责任的协议,就被视为产生了默示许可;[3]专利权人的违约行为均可能因为诚信和公平之考量而被认定成立默示许可。[4]

默许这种抗辩与懈怠或禁止反悔的抗辩相较,其构成要件并不清晰,至少在知识产权案件中如此。"如果默许是建立在默示同意的基础之上,且该默示同意与原告的致人损害的迟延相关,则其看起来更像是懈怠。如果默许是建立在被告信赖的基础之上,那么它只是一种特殊的禁止反悔。"[5]德雷特勒认为,默示许可与默许的区别反映了默示合同与允诺禁止反悔之间的区别,前者专利权人的许可意图是存在的,只是未予言明,而后者则不问其是否真正存在许可之意图。二者的抗辩效果亦不同,默示许可可以随时终止或撤销,一切有待于专利权人的意图,而后者如果构成懈怠或禁止反悔,则免除被告的损害赔偿责任。

默许禁反言与行为禁反言均是普通法禁反言历史上存在的类型,是套用普通法禁反言类型的结果,而这些禁反言规则之间的差别是细微的,此种建立在英美法基础之上的分类,涉及的法律理论复杂且不易区分。尽管各

---

〔1〕 Gregory M. Luck, *The Implied License: An Evolving Defense to Patent Infringement*, 16 IPL Newsl. 3, 1997-1998, p. 4.

〔2〕 See Rachel Clark Hughey, *Implied Licenses by Legal Estoppel*, 14 Alb. L. J. Sci. & Tech. 53, 2003-2004, p. 57.

〔3〕 Furc Corp. *v.* Up-Right, Inc., 26 U. S. P. Q. 2D 1173 (N. D. Cal. 1993). See Gregory M. Luck, *The Implied License: An Evolving Defense to Patent Infringement*, 16 IPL Newsl. 3, 1997-1998, p. 28.

〔4〕 MeCoy *v.* Mitsuboshi Cutlery, Inc. See Gregory M. Luck, *The Implied License: An Evolving Defense to Patent Infringement*, 16 IPL Newsl. 3, 1997-1998, p. 28.

〔5〕 [美] Jay Dratler, Jr.:《知识产权许可》,王春燕等译,清华大学出版社2003年版,第266页。

种类型行为表现形式不同,但其指向和所追求的价值是相同的,因此,纷繁行为表象下所体现的法律精神才应成为我们关注的重点。正如 Wang Lab. 案法官所指出的:这些标签并非描述不同种类的许可,而是描述了指向默示许可的不同行为。这些标签诠释了达成这一法律效果的内在理性。

(四)法定的默示许可与依权利人行为产生的默示许可

“法定的默示许可是指依据法律的直接或间接规定而产生,法律规定专利许可尽管没有权利人的明确授权,但使用人对专利的使用并侵犯专利权人权利的情况,即可以视为专利权人已经对该使用进行了默示的许可,这种许可包括因为权利穷竭产生的默示许可与为教学科研等法定目的对专利技术使用的许可。”[1]权利穷竭是一种典型的法定默示许可。此外,美国在专利法理论和实践中,还将雇主对雇员发明的实施权、先发明人的先用权解释成默示许可,并经由法律的规定而赋予其强制性法律效力。在我国,基于现实需要,技术标准默示许可也在《专利法》第四次修改草案中被纳入法定默示许可的范畴。可以预见,随着专利司法实践的不断发展,一些在实践中基本成型并逐步规律化的默示许可种类将成为法定默示许可的新形态。

“依权利人行为产生的默示许可是指虽然没有明确的法律依据,使用人也未与专利权人签订明确的书面授权许可合同,但专利权人的行为足以证明其许可使用人使用……这时,使用人会被认为得到了专利权人的默示许可。”[2]专利权人的行为包括积极作为和消极不作为。在积极作为情况下产生的“默示许可首先要根据当事人,尤其是专利权人的一定行为来进行判断,同时可以证明许可存在的书面协议或者其他文件也具有相当的说服力,美国法院在对此类情况判决为默示许可时,通常还会考虑使用专利技术人的合理期待以及对公平与公正的考虑等”。[3] 消极不作为产生的默示许可主要体现在专利权人明知侵权人侵犯其专利权,但无合理理由而怠于主张权利的情形。权利人的懈怠会给侵权人造成默许其使用专利技术的表象,基于秩序、效率和公平的考虑,法院可能认定此种情况构成默示许可。

[1] 徐红菊:《专利许可法律问题研究》,法律出版社 2007 年版,第 107 页。
[2] 同上。
[3] 同上书,第 109 页。

此种分类没有建立在区分普通法与衡平法的基础上，对于各国专利法具有普适性与通用性。并且，这种分类法看到了法定默示许可的价值，并借鉴合同默示条款与默示意思表示理论，将法定默示许可作为一种类型予以单独列出，具有积极意义。但其忽略的一个问题是，法定的默示许可与依权利人行为产生的默示许可的区分并非建立在同一标准之上。法定的默示许可也可能是因专利权人行为而产生。因此，此种分类也存在局限。

三、专利默示许可理性分类之重构

（一）理性化类型之功用

1. 法律创制

我们可以从三个方面理解类型对于法律创制的功用：第一，类型概念是法律语言的主要形态；第二，类型是法律规范的基础；第三，类型化方法是建构法律体系的重要立法技术。当立法者想要形成抽象的法律规范时，浮现在他脑海里的并不是空洞的法律理念，也不是过度烦琐的生活事实，而是一个类型的图像，或者一个“典型”案例的图像。[1] 类型与概念相同，都是规范构成中不可或缺的基本单元，是规范得以形成的基础和前提。理念类型是对经验类型归纳提炼的结果，经由对类型特征的选择取舍，在此基础上形成的规范类型体现了一定的价值倾向，据此，则可以形成并了解法律体系内部的意义脉络。“法律体系的形成以概念为基础，以价值为导向，其间以归纳或具体化而得之类型或原则为其联结上的纽带。”[2]

2. 法律适用

如同类型是连接法律规范与案件事实的桥梁一样，理想类型也是连接规范类型与经验类型的桥梁。关于法及法学，拉伦茨将类型分为规范性的真实类型和法的构造类型。前者以经验性的类型为基础，经验类型直接包含规范性因素而上升为规范类型；后者所涉及的正是法律性创作的特殊构造。[3] 换言之，在法的构造类型中，经验类型与规范类型并非一一对应，规

---

〔1〕 周玲：《类型思维及其法学方法论意义》，西南政法大学 2005 年硕士学位论文，第 17～23 页。

〔2〕 黄茂荣：《法学方法与现代民法》，法律出版社 2007 年版，第 575 页。

〔3〕 参见［德］卡尔·拉伦茨：《法学方法论》，陈爱娥译，商务印书馆 2003 年版，第 340～341 页。

范类型在法律生活中并不能找到相应原型,而是法律对生活事实进行规整、剪裁的结果,即通过对类型特征的选择与取舍,构造符合价值诉求的理念类型,进而上升至规范层面。当法官裁判案件时,无论是案件事实的定性抑或法律规范的查找都必须借助理念类型这一中介:通过提炼经验事实的特征将之归入相应的理念类型,并经由理念类型的参照查找适用的法律规范,最终通过大小前提的三段论逻辑推理得出判决结果。

理性化类型对于法律规则的创制、体系的建构以及法律适用均具重要意义。“立法的成功与失败,端赖立法者能否正确地掌握类型。”〔1〕立法如此,司法亦如此,并且尤其又以理性化类型的准确提炼更重要。前述所列举之三种理性化类型,带有浓厚的英美法系色彩,在大陆法系中并不存在与之相似的对应物,经由普通法与衡平法之区分传统而形成的类型与规范在大陆法系中无法找到出处。尽管存在某些神似的制度,但也只能借鉴其神而不能借鉴其形。因此,建立在衡平法基础上的专利默示许可类型划分并不适用于大陆法系,也无法建立相关的规则体系,意图在专利默示许可类型上制定普适性规则必须另辟蹊径。

(二)法律上之默示许可与事实上之默示许可

1. 合同默示条款之借鉴

英美合同法中的合同默示条款理论将默示条款分为法律上的、事实上的和习惯上的默示条款。正如前文所述,这种分类方法对于专利默示许可具有借鉴意义。其可资借鉴之处在于:事实上的和习惯上的默示条款经过长期司法实践的沿用,成为一定地域或领域公认的具有普遍适用性的规则,从而逐步积累沉淀成为法律上的默示条款。在萨维尼看来,法律是民族精神的自然言说。这里民族精神囊括了基于特定历史、地理、文化而形成的民众生活的基本面貌,因此,法律也是对民众生活的忠实记载,事实上的默示条款上升为法律上的默示条款也就理所当然。此外,法律上与事实上默示条款的界分,既表现在其来源和出处的区别,也反映在其各自价值侧重点的不同:事实上的默示条款意在探寻事实之真,而法律上的默示条款意在维

〔1〕 A. Kaufmann: Analogie und “Natur der sache”, Zuleich ein Beitrag zur Lehre vom Typus, 2. Aufl. Heidelberg 1982, S. 48-49. 转引自周玲:《类型思维及其法学方法论意义》,西南政法大学2005年硕士学位论文,第18页。

护价值之善。法官在司法中认定默示条款时,总是力求客观、准确地把握当事人的内心真意,而源于事实上的默示条款经由时间和社会的检验后,成为合乎事理与法理,带有规律性的规则,方能上升为法律上的默示条款。但其一旦成为法律之规定,面对千差万别的案件事实,难免背离特殊个案中当事人的内心真意,此时法律首先需要考虑的就是基于公平、正义和效率的法秩序,而非作为特例甚至与诚信原则有违的当事人意愿。二者的差别足以说明其在实践中的功能,因此,这种分类方法应当在专利默示许可的类型划分中予以援用。但需要注意的是,这种价值倾向上的侧重点并非绝对。法律上的默示条款在追求价值之善时也并不排斥事实之真,而且只要秉承诚信、善意之准绳行事,法律对于客观事实之推定就具有高度的盖然性,即吻合事实之真;而法官在尊重事实原貌的同时,也需要权衡利益、保证公平,并非完全与价值无涉。这是专利默示许可借鉴这一分类法时应尤为注意的,既有所侧重但绝不僵化死板。

2. 法律上与事实上默示许可分类及意义

借鉴合同默示条款的分类法,将专利默示许可划分为法律上的默示许可与事实上的默示许可,具有如下意义:一是可以避免分类标准不一所带来的认识上的混乱。综观各国专利默示许可司法实践,之所以将因专利产品销售导致权利穷竭而产生的默示许可单独列为一个类型,并非其不是因专利权人的行为而产生,而是由于各国对其理论基础的认识不一所造成的。事实上,所有的默示许可都是因为专利权人行为产生,否则将无讨论必要。因此,因专利权人行为而产生的默示许可不应作为一种独立的类型。二是具有普遍适用性。这避免了基于英美法系普通法与衡平法划分基础上的默示许可无法适用于大陆法系国家的局限。三是有利于专利默示许可制度的构建。在合同默示条款理论中,法律上的默示条款与事实上的默示条款在价值倾向、适用规则上有所不同。由于前者更多地考虑利益平衡,因此,在多数情况下其适用是强制性的,不允许当事人以约定排除。而后者则要求默示条款一般不得与明示条款相冲突,即默示许可之推定可能会招致专利权人真实意愿的对抗,这将会影响二者具体规则的构建。四是有利于专利默示许可的法律适用。由立法规定法律上的默示许可,统一了司法适用标准,根据相同案件事实相同处理的原则,节约了司法资源,提高了效率。而事实上的默示许可则留给法官相对较大的自由裁量空间,由其根据个案事实与司法理性作出公允裁决。

小 结

本章探讨了专利默示许可的类型划分,对其适用范围进行了反思,对理性类型的归纳方式进行了重构。专利默示许可的类型是根据默示许可的产生原因建立在经验判断基础上的一种类型划分,有助于加深对默示许可的认识,更好地理解其本质特征。根据现有的司法案例和观点学说,专利默示许可类型大致可以分为因关联产品销售(无论该产品是否享有专利)、因指使制造权、因在先协议、因标准专利以及专利权人懈怠等诱导性表示行为所产生的默示许可。这些不同表现形式的默示许可均各有其适用条件和适用规则。有些被归入类型中的默示许可值得商榷。国内外的传统观点认为专利产品的修理权源于专利权人的默示许可。国外理论界和实务界对修理问题中默示许可的解释也存在诸多误区。修理权源于产品的所有权,只要其未落入制造的范围,修理就无须专利权人许可。专利默示许可的类型是不断扩张的,默示许可相较于其他制度而言具有比较优势,在新的技术变革和创新模式下具有一定的适用空间。专利默示许可的理性划分是在经验基础上进行理性思考、总结、提炼的结果。国内外主要存在如下划分方式:一是权利穷竭型、侵权禁反言型和非侵权用途测试法型;二是权利穷竭型、衡平法禁反言型和修理型;三是衡平法禁反言型、普通法禁反言型、行为和默许型;四是法定默示许可型和依权利人行为产生型。为了更好地进行制度构建和规则适用,参照合同默示条款类型的划分,本书主张将专利默示许可类型划分为法律上的默示许可(由立法规定)和事实上的默示许可(由司法推定)。

第六章　专利默示许可的认定

专利默示许可的认定是默示许可适用规则中最重要的环节。法定默示许可相对容易确定,而事实上的默示许可则有待法院在千差万别的个案事实中予以认定。因此,提炼出一般性的认定规律就尤为必要。同时,一些特殊事由和因素也会对默示许可的认定产生影响。是否存在默示许可与默示许可的范围是不同的问题,前者涉及默示许可的认定,后者涉及默示许可的内容。确认了默示许可的存在,才能进一步探讨其具体内容。

第一节　专利默示许可的认定方法和因素

以经验主义为基础的英美法系法官在发现法律、裁判案件时总是以问题为导向,遵循从判例到判例的思维逻辑,而大陆法系法官的风格则与之形成鲜明对比,总是将寻找案件适用的规则前提放在首位。但二者并非毫无共性可言,尽管法官在专利默示许可的认定上享有较大的自由裁量权,如果没有一定的参考标准,认定难免会陷入漫无边际、无章可循的泥淖。“普通法的技术也要求法官寻找在有关先例中实际判决背后潜含的一般原则。”[1]抽象原则的归纳不仅有助于认定事实,在一定程度上还可以保证判决标准的连续性与可预见性。因此,如何确定一套相对成熟的、基本无争议的且具有普遍适用性与约束力的认定标准就成为专利默示许可理论亟待解决的问题。

---

〔1〕［德］K. 茨威格特、［德］H. 克茨:《比较法总论》,潘汉典等译,法律出版社 2003 年版,第 393 页。

一、两步测试法及其局限

美国司法实践对于专利默示许可的认定标准进行了积极有益的探索，其标志性成果就是奔达克案中"非侵权用途"两步测试法的确立。在某种意义上，基于衡平法禁反言原则，奔达克案被认为确立了构成默示许可的基本框架。[1] 根据此分析框架，实施专利方法或制造专利产品的默示许可可以因用于实施该方法或制造该产品的设备或部件满足以下两项条件而得出：一是该设备或部件除了用于实施该项专利无其他非侵权用途；二是销售环境清晰地表明授权许可是可以被推定的。对这两项条件的理解，是美国法院认定构成默示许可的关键。

（一）"非侵权用途"的认定

对于非侵权用途的条件限制，联邦巡回上诉法院在奔达克案中采取了相对宽松的认定标准。法院认为，将该设备卖给其他代理商、将该设备拆散成零部件出售或者更改该设备以使其不能实施专利方法都构成非侵权使用。即只要使用是合理的、可行的即可，并不要求使用方式与购买人的主观意愿一致。在 CyrixⅢ案[2]中，得克萨斯州东区法院提出了"商业可行性"作为认定非侵权用途的标准。在该案中，原告 Intel 公司主张涉案的微处理器可以在未产生专利权利要求配置的情况下使用，因此存在非侵权用途，该微处理器与外部存储器的组合不能构成默示许可。地区法院并未采纳原告的这一主张，认为被告从原告被许可人那里购买的微处理器如果不与外部存储器组合使用将丧失商业上可行的用途。而法院所界定的商业上可行用途的含义为营利性地销售设备以及为业务经营提供可持续发展的能力。换言之，即便该微处理器可以有不涉及此种配置的用途，但此种用途无法保证获利以及业务的持续发展。在玻璃设备发展有限公司诉 Besten 有限公司案（Glass Equip. Dev., Inc. *v.* Besten, Inc.）[3]中，原告玻璃设备发展有限公司拥有制造隔离架的方法专利，该隔离架由末端连接有角键的中空铝棒构

---

〔1〕 See Amber L. Hatfleld, *Patent Exhaustion, Implied Licenses, and Have-Made Rights: Gold Mines or Mine Fields?*, 2000 Computer L. Rev. & Tech. J. 1, 2000, p. 16.

〔2〕 Cyrix Corp. *v.* Intel Corp. (CyrixⅢ), 879 F. Supp. 666 (E. D. Tex. 1995), aff'd, 77 F. 3d 1381 (Fed. Cir. 1996).

〔3〕 174F. 3d 1337 (Fed. Cir. 1999).

成,其被用于玻璃窗隔热。原告销售用于实施该方法的线性挤出机。被告从原告的许可人那里购买角键,并以非侵权的方式组装隔离架。但后来 Besten 有限公司购买了另一被告销售的线性挤出机后开始使用原告的专利方法,同时,仍向原告的许可人购买角键。地区法院和联邦巡回上诉法院就该角键是否具有非侵权用途产生分歧。联邦巡回上诉法院否定了地区法院的"商业可行性"标准,认为其过度限制了非侵权用途的认定,并将标准拉回了原有的具备合理可行性和实践性的轨道上来。联邦法院对待非侵权用途的宽松立场恰好反映了其对待默示许可的严格态度,其对于认定默示许可采取的是一种紧缩政策,正如联邦法院在 Wang Lab. 案中所指出的,无论基于哪种原则,司法上的默示许可是相对较少的。[1]

美国司法实践关于认定非侵权用途的另一个问题是,所销售的部件是整体抑或其中某一部分无非侵权用途。此问题通常发生于专利权人销售的整体产品无专利权,而构成部分拥有专利权的情形中。在 Trico Products 公司诉 Delman 公司案和鼎盛电子公司诉环球电子公司案中,两个法院就整体抑或部分的非侵权用途问题采取了截然不同的立场。前者的专利权人所销售的汽车配备了汽车车窗洗涤擦拭系统,该系统享有专利。专利权人认为,销售汽车并不意味着授予了该洗涤擦拭系统的默示许可。法院认同这一观点,认为尽管汽车被专门设计以运行洗涤和擦拭系统,但汽车也可以仅仅配置擦拭系统而不配置洗涤系统,此种非侵权使用足以击败默示许可抗辩。在后一案例中,鼎盛电子公司销售配有遥控器的电视,电视中的接收电路与遥控器中的传输电路共同实施鼎盛电子公司的遥控发明。环球电子公司销售可用于包括鼎盛电子公司所销售电视在内的遥控器。鼎盛电子公司诉环球电子公司间接侵权,地区法院接受了环球电子公司的主张,认为鼎盛电子公司电视的特殊接收电路没有非侵权用途,鼎盛电子公司未附加条件的销售行为授予了顾客实施发明的默示许可。在将其关注点放在所售产品的组成部分时,地区法院没有注意到这样的事实:电视作为整体产品可以在没有遥控器的条件下使用,因此无须实施该发明。[2] 由此可见,将视角放

---

〔1〕 See Wang Lab. *v.* Mitsubishi Elecs. Am., 103 F. 3d 1571, at 1581 (Fed. Cir. 1997).

〔2〕 See Amber L. Hatfleld, *Patent Exhaustion, Implied Licenses, and Have-Made Rights: Gold Mines or Mine Fields?*, 2000 Computer L. Rev. & Tech. J. 1, 2000, p. 24.

在整体还是局部的非侵权用途上最终将导致完全不同的结果,从而影响默示许可的认定。美国法院在司法实践中提出的这些影响默示许可认定的因素是有积极意义的,有助于从不同的角度、各种侧面来审视和平衡双方的利益,法官对案件细节的深究和推敲将会使相关当事方的利益得到更周全的保护。

(二)销售环境的认定

两步测试法第二项条件要求能够从销售环境清楚地推知存在默示许可。"联邦巡回法院表述第二个条件时措辞谨慎。这意味着专利权诉讼中的被告必须跨越这道高高的栏杆,以说服法院相信存在默示许可。"[1]事实上,这项条件相当于给法院留下了回旋余地,使其不至于完全被第一项条件所束缚。法院所要表达的意思是即使销售产品不存在非侵权用途,如果有其他相反事实和证据,则仍然不得认定成立默示许可。在奔达克案中,特许经销商将设备销售给被告、被告实施了专利方法的一系列行为与专利权人毫无关系,法院认为在设备销售前,购买人与专利权人并无接触,专利权人不可能就实施专利方法向被告作出任何示意,实施专利方法的许可仅仅来自被告单方面的主观意愿,此种销售背景决定了没有默示许可存在的可能。尽管法院没有就何为销售环境进行明确界定,但继奔达克案后,法院在案件中对于销售环境的阐释表明,在很大程度上可以将销售环境理解为权利人销售有关产品时作出的明示或默示的限制性要求。在 Met-Coil 案中,尽管专利权人在角片销售之后向顾客提出了使用限制,但法院认为其在销售后才作出的通知是无效的,专利权人无条件销售仅能用于实施专利方法或制造专利产品的设备的行为足以推断出许可的存在。在 Lifescan 有限公司诉 Can-Am 护理公司案中,地区法院根据权利人限制的有效性作出了不同处理:认定没有限制条件的血压仪的销售成立默示许可并支持了被告的即席判决动议,而对于有销售条件限制的血压仪则否决了该动议。

对于销售环境的理解,有观点认为还包括所售部件的来源合法。其理由是如果销售的部件的来源非法,但依然因默示许可的存在而免于侵权,将

[1] [美] Jay Dratler, Jr.:《知识产权许可》,王春燕等译,清华大学出版社 2003 年版,第 192~193 页。

会与间接侵权原则产生矛盾。[1] 此观点和理由均值得商榷。而且此观点遭到实践案例的反驳：在 Met-Coil 案与 Lifescan 有限公司诉 Can-Am 护理公司案中[2]，专利权人均是就第三人销售部件的行为提起了间接侵权诉讼，而法院也作出了默示许可的认定。因为当专利权人将产品售出后，购买人即获得了使用具有唯一用途的相应部件对该产品进行替换的默示许可，第三人未经授权销售该具有唯一用途的部件构成间接侵权，但第三人不承担间接侵权责任并非默示许可的直接抗辩，而是因为直接侵权不成立，导致间接侵权也不成立。因此，要消除默示许可与间接侵权之间的矛盾，应该从直接侵权与间接侵权的关系着手，根据各方利益综合权衡，不再固守间接侵权以直接侵权为前提的传统做法。

（三）两步测试法的局限

两步测试法是针对销售仅用于实施专利方法或制造专利产品的设备或部件的情形所确立的认定默示许可的方法。根据前文对于默示许可经验类型的介绍，专利默示许可不仅产生于产品销售的情形，还可以基于专利权人的其他行为产生，如专利权人的事先协议、专利权人的消解懈怠等。因此，两步测试法不具普遍适用性，无法囊括实践中出现的各种默示许可类型，无法适用于除销售唯一用途在于实施专利之外的其他原因产生的默示许可。

二、专利默示许可的认定因素

专利默示许可的认定因素可以从两大法系的禁反言原则与外观主义原则那里获得启示。理由在于，此两项原则均旨在对基于特定外观事实所形成的善意相对人信赖给予保护，而形成这种外观事实的原因不仅包括准确无误的言辞，也包括非言辞的行为。而且，由于非书面或言辞行为的模糊性和多义性，其往往也是造成适用禁反言与外观主义原则的重要原因。前文已述及：经由长期的理论和实践总结，禁反言和外观主义原则已经形成了一

---

〔1〕 参见[美] Jay Dratler, Jr.：《知识产权许可》，王春燕等译，清华大学出版社 2003 年版，第 199 页；董美根：《专利许可合同的构造：判例、规则及中国的展望》，上海人民出版社 2012 年版，第 124 页。

〔2〕 803 F. 2d 684 (Fed. Cir 1986)；859 F. Supp. 392(N. D. Cal. 1994).

套相对稳定的认定规则(构成要件)。前者包括:有确定性的允诺存在、相对人对该允诺产生了信赖、允许允诺撤回将会造成不公平的后果。后者包括:有外观事实的存在、相对人对该外观事实产生信赖以及本人原因力,即本人行为是造成相对人信赖的原因。前者体现了对允诺人出尔反尔的不诚信行为的否定评价,后者旨在稳定和维护经由外观事实形成的法秩序和利益格局,但最终落脚点都在于对相对人信赖利益的保护。专利默示许可可以取二者的神形而借鉴之。如果专利权人的行为(默示)使相对人认定其构成许可之允诺,即形成了默示许可之事实外观,如允许专利权人否定此事实外观的效力,则将损害相对人的信赖利益,打破相对稳定的既有秩序。因此,可以将专利默示许可的认定因素概括为:存在专利权人以行为(作为或不作为)之默示方式产生的许可外观,相对人对此种外观事实产生了信赖,专利权人行为与相对人信赖之间存在因果关系。至于允许专利权人否定该事实外观所造成的不公平的结果是一个弹性较大的影响因素,有赖于法官的自由心证和对基于个案事实的公平正义之理解,因此,不宜将其作为单独的认定因素,而宜作为一种原则性的参考要素贯穿于专利默示许可的认定过程中。

(一)存在专利权人以行为(作为或不作为)或其他具有法律意义特定符号之默示方式产生的许可外观

允诺禁反言的核心要件在于有确定性的允诺存在。在阿克曼公司诉查迪斯公司案中,联邦巡回法院将禁反言规则适用于专利侵权案件,并将这一要件具体化为了解真实情况的权利人以言辞、行为或沉默的方式作出了误导性表示。在大陆法系传统的默示意思表示理论中,该意思表示可以分为三种情形。一是指“通过可推断的行为表示的意思表示”。这里,意思表示不是用话语表达的,而是用能够说明内心所欲求的表示符号表达出来的。二是指通过补充解释添加进某项意思表示中去的那部分东西。三是指真正的沉默。[1] 沉默则包括约定沉默和法定沉默(规范化的沉默)。[2] 两大法

〔1〕 参见[德]迪特尔·梅迪库斯:《德国民法总论》,邵建东译,法律出版社2013年版,第252页。

〔2〕 参见[德]卡尔·拉伦茨:《德国民法通论》(下),王晓晔等译,法律出版社2013年版,第485~490页。

系在对行为人行为的理解上存在共通之处,即将其区分为积极作为和消极不作为(沉默)。根据这一分类方法,在专利默示许可中,专利权人的行为也可以划分为积极作为和消极不作为。

1. 专利权人的积极作为

专利权人的积极作为的表现方式多种多样,例如,专利权人向购买人销售其唯一用途在于实施专利方法的机器设备、专利权人许可被许可人实施其某一专利时,而该专利的实施必然涉及对另一专利的使用,此时作出默示许可的推定就是合情合理的,如若排除默示许可的意图就等于以有价值的对价销售无用的产品。[1] 购买者目的落空,于法于理不符。专利权人的行为还可能表现为专利权人向相对人赠送专利产品,并积极帮助其实施。总之,据以推定出默示许可的行为造成了许可的外观事实,该推定结论可以是专利权人纯粹意思表示的结果,如专利权人积极地帮助实施行为,也可以是由专利权人的特定行为结合所涉客体物理特性所共同决定,如销售唯一用途产品。此种基于专利权人行为而产生的默示许可依赖于法官在理性基础上对个案背景的甄别。甄别应符合常识、常理、常情,并以社会所广泛接受和认同的经验法则为大前提,以个案事实为小前提,进行逻辑推定,尽管此种推定只具有高度盖然性,不具绝对必然性,但如果不作出此种推定,其后果或者不公平,或者不效率,或者有违常识和常理。以授权许可关联专利为例,在专利权人没有明确设置限制性条件的情况下,对某一专利的授权许可必然涉及其他关联专利的利用时,可以推定其就使用其他关联专利作出了默示许可;否则,被授权许可之专利将无法实施,不仅对被许可人不公平,也违背了常理。

但积极行为产生默示许可的前提是必须存在权利人行为,而不能是相对人一厢情愿的期待。如在斯蒂克尔诉休伯莱恩公司案(H. M. Stickle *v.* Heublein, Inc.)[2]中,法院就认为使用人的单方期待和合理期望均不符合销售环境的条件要求,不构成默示许可。在奔达克案中,法官则认为专利权

〔1〕 参见[美] Jay Dratler, Jr.:《知识产权许可》,王春燕等译,清华大学出版社2003年版,第198页。

〔2〕 716 F. 2d 1550, 1559, 219 U. S. P. Q. (BNA) 377, 383 (Fed. Cir. 1983).

人与最终实施专利方法的人无任何事先接触,因此不可能作出任何具有法律意义的表示行为,默示许可不能在专利权人对侵权行为毫不知情的情况下产生。

权利人的行为在通常情况下受其意志控制,并且也反映其内心意愿。但也不排除专利权人在无意中作出表意行为的例外情形。然而,无论权利人作出该行为的主观状态怎样,只要其就该行为的作出具有可归责性,权利人就应对此种行为负责。正如禁反言原则所要求的,行为人必须对其误导性行为负责,而该行为出自故意或过失在所不问。默示许可从法律性质上看是双方法律行为。正是因为存在相互制约的利益双方,对于当事人意思的理解才从完全尊重意思自治转向意思自治与信赖保护并重。因此,默示意思表示要求该意思必须向相对人作出,而禁反言原则要求相对人必须知晓该行为。如此,才能达成相对人对于权利人传达出的意思的理解,才能成就双方法律行为。否则,该意思表示所欲传达的法律意义就会因没有受众而不复存在。

积极作为还可能表现为当事人就双方关系进行了书面约定,但含义模糊、语焉不明,或者表述产生歧义,这就需要对其意思进行解释,而对明示表示的补充解释也可能产生默示许可,此种默示许可仍然是建立在对当事人意思进行推定的基础上的。在进行补充解释时,至少要在三个层面上说明理由,即可推测的当事人意思、通常的意义以及衡平的意义。德国最高法院在一项判例中指出,可推测的当事人意思"与当事人意思自治之间不存在直接的联系";因为,可推测的当事人意思"并不是由合同双方当事人的主观想法(所决定的),而是由法院在依据客观情形作利益权衡的基础上得出的"。[1] 虽然完全不顾当事人意思的看法有待商榷,但这也说明权衡与诚信之考量在进行推定时的重要性。

2. 专利权人的消极不作为

沉默在本来意义上是不具有传达内心意愿的法律效果的。但是,在特定语境下,权利人应为而未为,保持沉默就可能向相对人传达出具有某种含

---

〔1〕[德]迪特尔·梅迪库斯:《德国民法总论》,邵建东译,法律出版社2013年版,第257~258页。

义的信号。在大陆法系中,沉默被分为约定沉默和法定沉默。默示许可的双方当事人可就沉默的特定含义进行事先约定,当双方作出特别约定时,一方的沉默则具有了该特定含义。此外,基于公正合理与效率之考量,法律也会将特定环境下当事人的沉默赋予强制性法律意义。法定沉默是法律在权利人负有作为义务的情况下未履行此义务时对权利人意思的推定,体现了法律的价值取向和立场选择。如在专利标准化过程中,专利权人根据标准化组织规定,应当披露相关专利却未披露,违背了应有的作为义务,潜在的标准采用者也可主张专利权人行为构成默示许可,这是专利权人消极不作为的一种表现。两大法系的权利失效制度和懈怠制度也是因应权利人怠于行使权利而创设的一种法定沉默制度。法律认为,享有权利者同时也承担着积极主张、行使权利的义务,法律不保护"躺在权利上睡觉"的人。因此,如果权利人没有合理理由怠于主张权利达到一定时间,法律就规定由懈怠之人承担利益丧失的不利后果。在约定沉默的情形下,如果专利许可合同双方约定,在许可协议到期后,专利权人不作反对表示则意味着许可协议继续,此时,专利权人的沉默则相当于授予了继续履行协议之默示许可。

在专利默示许可中,专利权人的消极不作为典型表现为其怠于行使权利。如果权利人知晓侵权人侵犯其专利权,在无合理理由的情况下怠于主张权利,就侵权人的行为保持沉默,则可能被侵权人理解为其沉默另有深意,是权利人默示许可的象征。阿克曼公司诉查迪斯公司案、史赛克公司诉齐默公司案以及施坦布勒诉戴博案都是专利权人怠于行使权利的典型案例。在阿克曼公司诉查迪斯公司案中,法院提出了认定懈怠的两项要件:一是专利权人自知道或应当知道其权利被侵害之时起不合理地拖延诉讼,并且这种拖延是没有合理理由的;二是该拖延行为给被告造成了损害或明显不公的后果。由于懈怠是衡平法上的救济方式,因此,法院在考虑适用时将不公正的损害后果放在了重要地位,同时,并没有设置明确的时间界限。在我国,有观点认为,构成懈怠的要件还包括怠于行使权利已经超过法定诉讼期间。[1] 本书认为,怠于行使权利的判断,不应过于强调损害要件和时间

〔1〕 参见李建华、王国柱:《论专利权默示许可的认定》,载《河南社会科学》2013 年第 12 期。

因素,损害与特定时间只是认定默示许可的参考因素,最关键的因素是判断懈怠行为是否足以产生让相对方合理信赖的许可意思表示。同时,由于我国存在诉讼时效制度,在三年诉讼时效之内的懈怠,专利权人无权行使停止侵权请求权,仅享有支付合理使用费之请求权;而在三年之外的懈怠,则适用《最高人民法院关于审理专利纠纷案件适用法律问题的若干规定》第 17 条进行裁判。[1]

(二)相对人对专利权人的行为或表示产生信赖

信赖保护原则被认为是有别于意思自治原则的一项体现了社会伦理因素的民法原则。[2] 因此,信赖保护不仅是社会伦理道德的体现,也是民法的基本价值诉求。信赖所反映的是一种双方或多方的关系,这种关系在民法上最典型地表现为契约关系。对信赖保护的方式莫过于两种:一种是使信赖人因信赖而遭受的损失得到补偿或赔偿;另一种是使双方的关系沿着信赖人所期待的方向进行。此两种方式在民法上的对应物为缔约过失责任和强制缔约。就专利权人行为所产生的信赖而推定成立之默示许可属于后者。如何判断是否产生信赖自然成为认定默示许可的关键。

1. 认定信赖的方式

信赖是一种心理状态,属于主观心理范畴,是人内心对于外在环境、人际关系等体验到的一种安全可靠的心理感受。人心并非不能洞悉,对于财、色、名、利的追求既是人之常情,也是我们洞悉人心的依据。尽管法律不能完全从科学的角度还原人的内心想法,但是可以通过立法技术,实现主观心理客观化、个体感知一般化:借用相关当事人的外在行为表现,将主观信赖外化为普通第三人所感知的合理的行为标准,从普通第三人的角度对是否产生信赖进行判断和推定。这种立法技术将在很大程度上减轻相对人的举证责任。具体到专利默示许可,权利人如果作成某种具有许可含义的行为

---

〔1〕《最高人民法院关于审理专利纠纷案件适用法律问题的若干规定》第 17 条规定:“侵犯专利权的诉讼时效为三年,自专利权人或者利害关系人知道或者应当知道权利受到损害以及义务人之日起计算。权利人超过三年起诉的,如果侵权行为在起诉时仍在继续,在该项专利权有效期内,人民法院应当判决被告停止侵权行为,侵权损害赔偿数额应当自权利人向人民法院起诉之日起向前推算三年计算。”

〔2〕参见[德]卡尔·拉伦茨:《德国民法通论》(上),王晓晔等译,法律出版社 2013 年版,第 58 页。

或表示，而相对人又采取了某种处于许可效力范围之内的行为，信赖产生的诱因和表征均足以说明信赖的存在，至于此种信赖是否合理还需借助普通第三人标准并结合具体背景作进一步判断。

2. 信赖应具有合理性

信赖是否具有合理性仍然应以经验法则和理性人标准作为判断依据。专利权人作出了某一行为，按照大众的经验知识和理性认识，均认为其作出了许可的意思表示，那么此种信赖就是合理的。有学者将基于外观事实的信赖分为一般信赖与特定信赖。一方面，当信赖人是抽象的、一般的、具有社会性的相对人时，那么交易相对人的信赖与外观事实之间就是一种一般信赖关系；另一方面，每一项交易最终总是通过具体的、个别的交易主体完成，特定的交易相对人对于交易信息的了解和掌握有别于一般大众，因此，对其信赖的考察必须结合该特定交易相对人的主观状态、信息获取情况进行个别判断。此种信赖与一般信赖相对，则为特定信赖。[1] 特定信赖的判断往往与相对人的主观善意判断联系在一起。“当交易相对人于外观事实之外，尚知道真实权利的状况及其与外观不一致时，就不具备特定信赖，因此，不能再以外观的存在为由而主张适用外观主义。”[2]因为在此种情况下，交易相对人难谓善意。正如衡平法上的洁手原则所彰显的，欲“请求衡平法院救济者，必须自己清白”(He who comes in equity must come with clean hands)。[3]即欲获得衡平法之保护，其本身在主观上必须无过错。这种对信赖的区分实际上反映了对相对人主观善意的要求：尽管在一般人看来可能成立默示许可，但是由于交易一方就是否许可存在其他相反表示，且相对人明知此种相反表示，就不能以一般人的理解来看待双方之间的法律关系，权利人的其他表示将否定特定信赖的存在。

(三)权利人行为与相对人信赖之间存在因果关系

“在学者试图发现本人负担不利益的正当性时，其中一个方向就是考察

[1] 参见丁南：《民法理念与信赖保护》，中国政法大学出版社 2013 年版，第 203~204 页。
[2] 丁南：《民法理念与信赖保护》，中国政法大学出版社 2013 年版，第 211 页。
[3] 何孝元：《诚实信用原则与衡平法》，台北，三民书局股份有限公司 1986 年版，第 160 页。

外观的形成及信赖的产生于本人行为与意思之间的关系。"[1]其中的关键在于"本人引致"。"'本人引致'也称'本人与因',是本人对于外观事实的形成给与一定的原因力。"[2]这反映了行为人特定行为的可归责性。权利人行为是相对人信赖的原因,因此,权利人应当接受相对人在该种信赖下所预期的法律效果。权利人行为受其意志控制,如果表示行为与内心真意不一致,那么权利人在主观上至少存在过错(此处权利人的过错可能是故意,也可能是疏忽大意之过失)才会发生此种情形。因此,基于其过错而使其承受行为表示之默示许可法律关系之后果就具备正当性基础,这也是自由意志、自己责任的民法思想在专利法上的运用。此外,相对人信赖基于权利人行为产生在某种程度上也意味着信赖的合理性。相对人的信赖不能是主观臆测和假想,必须以权利人行为为根据,否则就会失去保护的必要性和正当性。

值得探讨的一个问题是,在权利人完全无过错的情况下,具有许可意思的表示是否可以导致默示许可的成立。"一些外观事实是由真正权利人或本人过错所致,而另外一些则与过错无关。大陆法系学者将前者称为'有过错的外观',而称后者为'纯粹的外观'。"[3]外观主义在此问题上采取的立场是危险责任原则,即不以过错为标准,而是考虑资源抑或危险的合理分配。"比较符合公平正义的处理方法应该是:由制造了某个危险源或维持这个危险源并从中获得利益的人来全部或部分地承担损害。"[4]并由此人向最终责任承担者进行追偿。专利默示许可是否能够沿用危险责任原则不无疑问。民法中无过错责任的确立在于危险(不利益)的合理分配,在专利默示许可中则不能一概而论:既然权利人无过错,那么表示行为仍是基于某种原因产生,该诱因可能来自第三人,也可能来自相对人,此时,法官就需要全面考虑双方的主观状态,认定默示许可对于双方以及第三方利益的影响,合

[1] 丁南:《民法理念与信赖保护》,中国政法大学出版社 2013 年版,第 218 页。

[2] [德]曼弗雷德·沃尔夫:《物权法》,吴越、李大雪译,法律出版社 2002 年版,第 284 页。转引自丁南:《民法理念与信赖保护》,中国政法大学出版社 2013 年版,第 218 页。

[3] 马新彦:《现代私法上的信赖法则》,社会科学文献出版社 2010 年版,第 287 页。转引自丁南:《民法理念与信赖保护》,中国政法大学出版社 2013 年版,第 218 页。

[4] [德]卡尔·拉伦茨:《德国民法通论》(上),王晓晔等译,法律出版社 2013 年版,第 82 页。

理配置权利义务。尽管默示许可不是完全的负面责任,权利人也可从中获取利益,但由于不同许可对象的资质、能力有所不同,对许可对象的选择也在专利权人的自决范围之内,如果在权利人完全无过错的情况下要求其承担相应法律后果,权利的排他性和自主性将随时笼罩在不可预见的他人行为的阴影中,这将破坏权利秩序的稳定,对专利权的冲击将是巨大的。例如,专利权人将具有唯一用途的实施专利方法的设备销售给被许可人,并约定该设备只能由其使用不得转售给第三人;而被许可人违背约定,擅自将其转售给他人,则不得认定存在专利权人针对第三人的默示许可。

第二节　影响专利默示许可认定的其他因素

德雷特勒指出,据以认定默示许可的因素除了当事人的行为、可适用的书面协议外,还包括当事人的合理预期、基于公平诚信的考量以及据以建立知识产权制度的公共政策。这足以说明,认定专利默示许可是一个综合判断的过程,除当事人通过行为表现出来的许可意愿外,一些政策和价值因素也在认定中扮演着重要的角色。因此,有必要对这些特殊因素逐一讨论。

一、明示限制性条件对认定的影响

(一)允许当事人就默示许可附一定条件

许可是行使专利权的一种方式,不管是以明示还是以默示的形式,专利权人均有权决定是否许可、如何许可、许可达成的条件等。在英国,解决专利产品销售后使用权与转售权的理论基础是默示许可。法官认为,只要专利权人没有就专利产品的再利用提出限制性条件,就视为其授予了使用和再销售的默示许可。在德国,正是由于专利权人可以为默示许可附限制条件从而阻碍自由市场,学者才提出了权利穷竭理论。由此可见,各国在默示许可能否附条件的立场上是一致的,均认为默示许可可以附相应限制条件。以英美法系的合同默示条款规则和大陆法系的合同解释规则为参考,二者的一个共同之处在于:适用法定任意性默示条款和事实上默示条款或进行合同解释时的一个基本原则就是不能与明示条款相冲突。体系解释方法不仅应当运用于法律条文的解释,也应当运用于合同条款的解释。当法律条文内容不明时，应当探究其与上下文在体系上的联系，结合上下文的逻辑以及条文背景确定其意义。[1] 合同解释也应采用整体解释法，“合同文本具有整体性，各条款之间具有相关性”，[2]不能脱离上下文语境而孤立地解读合同条款。因此，专利默示许可的推定也应当与双方的其他明示表示相一致。当专利权人作出明示的不欲许可的表示或其他限制性条件时，默示许可的认定和内容就应该受此条件的限制。

（二）法律上的默示许可不允许排除适用

借鉴合同默示条款的分类方法，本书将专利默示许可分为法律上的默示许可与事实上的默示许可。前者由立法规定，后者由司法推定。司法在推定事实上的默示许可时，应结合个案背景，尊重当事人已经明确作出的意思表示并无疑问。而法律上的默示许可是否允许当事人附条件颇值得探讨。已如前文所述，法律上的默示条款包括任意性默示条款和强制性默示条款，前者旨在弥补当事人意思表示的不足，可以为当事人明确排除适用。而强制性默示条款因融入了立法意图和政策考量，发挥着规范合同秩序的功效，不容许当事人随意设置限制条件排除适用。一般来说，可能被纳入法律的默示许可承载着特定的功能。以标准必要专利为例，如果专利权人参与了标准的制定，但又不披露纳入标准的必要专利，其动机和出发点将被质疑，因为专利技术一旦被纳入标准，产生的市场锁住效应是巨大的，专利权人很可能借机进行“专利挟持”或“专利伏击”。因此，法律将不披露专利的行为视为默示许可，并且明确合理使用费标准，避免畸高要价造成的不公。这一规定体现了法律对于专利权人行为的评价和对可能的权利滥用行为的规制，因此，不允许专利权人附条件排除适用。

（三）限制条件的内容

专利权人的明示表示并不一定表现为直接否定许可，也可能是以限制性条件的形式出现。如专利权人可能限制后续销售的地域范围、使用期限、实施方式以及限定特定的零部件提供人等。如销售唯一用途在于实施专利的产品和设备时，由于支付的价格不同，购买人获得的相应权利的范围也可

---

〔1〕 参见梁慧星：《民法解释学》，法律出版社2015年版，第219页。

〔2〕 陈小君主编：《合同法学》，中国政法大学出版社1999年版，第270页。

能不同,专利权人完全可以就该设备的使用地域、使用时间、所生产专利产品的销售范围作出限制。

在一些案件中,对于专利权人销售专利产品所附条件本身是否构成默示许可这一问题也存在不同的认识。在马林克罗特公司诉麦迪帕特公司案(Mallinchrodt, Inc. *v.* Medipart, Inc.)[1]和萨奇产品公司诉德文工业公司案(Sage Product, Inc. *v.* Devon Industries, Inc.)[2]中,专利权人分别就用于诊疗肺部X光的喷雾装置和医疗废物处理装置的内部容器作出了一次性使用限制。该一次性使用限制的初衷在于对病人安全和健康的保护,但美国司法界对于此种限制的含义却存在不同的解读。地区法院认为这一限制违反了"对已售产品不得施加限制的"在先判例,因此限制无效。美国联邦巡回上诉法院认为,可将该限制理解为专利权人作出了同意其他公司销售该零部件以及购买人从其他公司获取并替换该零部件的默示许可。美国联邦巡回上诉法院的这一推定的逻辑并不严谨。该喷雾装置固然只能使用一次,但对使用后向谁购买、如何再次使用的问题,专利权人并未言明,该装置的销售权关系到专利权人对市场的控制,其必然会慎重对待。存在类似问题的还包括打印机墨盒案,[3]墨盒的使用寿命短于打印机,而且专利权人作出了一次性使用的限制,这意味着购买者如需继续使用打印机必须更换墨盒,但是否也同时意味着专利权人允许购买者从第三人处购买墨盒值得探讨。墨盒的唯一用途在于装入打印机实现打印功能,对墨盒销售市场的控制与专利权人利益攸关,因此专利权人不可能不认真考虑就轻率作出允许第三人销售之默示许可。如果专利权人既销售打印机,同时也销售墨盒,尽管该墨盒也限于一次使用,但专利权人的销售行为也无法推定其作出了允许未经授权的他人销售墨盒用于组装专利的默示许可。总之,对于限制性条件含义的理解必须结合案件的事实背景,在尊重当事人内心意愿的基础上作合理推定,不能凭空而论。

---

〔1〕 976 F. 2d 700(Fed. Cir. 1992).

〔2〕 45 F. 3d 1575(Fed. Cir. 1995).

〔3〕 最高裁判所2007年11月8日判决,参见《喷墨打印机用墨盒案——综合判断专利权用尽和侵权》,载智南针网2014年12月15日,https://www.worldip.cn/index.php? m = content&c = index&a = show&catid = 93&id = 74。

(四)对所附条件的要求

从形式要件来看,第一,限制性条件的内容必须清楚、明了,不能含糊其词,也不能只是一些建设性的希望和建议,即专利权人应当明确指出该条件是相对人必须承担的义务,而不是可为、可不为的无约束力条款;第二,限制性条件必须先于或与默示许可成立同时为相对人所知晓,事后作出的限制无效。在 Met-Coil 案中,尽管专利权人在角片销售之后向顾客发出了使用限制,但法院认为其在销售后才作出的通知是无效的。从实质要件来看,专利权人所附的限制性条件不仅要受到合理性审查,还要受到合法性审查。限制性条件不得违反法律法规的强制性规定,也不得违反诚信原则和公平合理的商业秩序。就合理性审查而言,限制性条件不能违背公知的常识、常理和常情。在销售唯一用途产品的案例中,如果专利权人所销售的产品或设备只能用于制造其专利产品,那么"任何排除默示许可的限制条件就等于以有价值的对价销售无用的产品"。[1]这是不合理的,因此,这一限制是无效的。就合法性审查而言,限制性条件应当受反垄断法、反不正当竞争法、专利法、合同法以及其他相关法律的调整。如专利权人要求购买者必须从某一特定渠道购买相关专用产品或零部件或者在要求购买该产品的同时搭售其他不相关产品,该限制性条件就应接受反垄断法和反不正当竞争法的规制,如果构成垄断或不正当竞争行为,该限制性条件就是无效的。

二、诚信原则、公共政策对认定的影响

(一)诚信原则对于默示许可认定的影响

如果说明示性限制条款是对默示许可认定的限制,那么诚信原则和公共政策就是对明示性限制条款的反限制,并在默示许可的认定中发挥终局裁决的作用。在特定情况下,对公平、正义等价值的追求超越了对当事人内心真意的探究。当事人的内心意愿对于默示许可的认定并不重要,法官对于诚信原则的考量,对于公平正义的案件裁决结果的追求,对于各方当事人利益平衡的考量在默示许可的认定中起决定性作用,Meloy 公司诉 Mit suboshi

〔1〕 [美]Jay Dratler,Jr.:《知识产权许可》,王春燕等译,清华大学出版社 2003 年版,第 198 页。

餐具公司案就是其中的典型案例。在该案中,原告拥有虾刀产品专利,其子公司向被告订购了 15 万把虾刀,但在交付时该子公司却无理由拒绝接受虾刀并支付费用。原告承认对其子公司的行为负责,但仅支付了 2 万把虾刀的费用。在协商无果的情况下,被告多次通知原告其将转售虾刀挽回损失,并在原告无回应的情况下销售了虾刀。美国联邦巡回上诉法院认为被告在解决其与原告商业纠纷的过程中为了维护自身利益除了销售该批专利产品别无选择,因此,可以视为其已经获得了销售虾刀的默示许可。作为专利权人的原告承认对其子公司的行为负责,但又未能实际全部支付费用,仅从这一事实是无法推定出其具有许可被告销售专利产品的意图的。但其内心意愿如何已不重要,重要的是如何公平合理地处理该违约案件,使被告方的损失能够得到弥补。在被告占有专利产品的情况下,法院最终选择以默示许可的方式赋予被告销售专利产品的权利,既吻合了案件事实,又巧妙地解决了争议。由此可见,在某些环境下,推定默示许可纯粹出于诚信原则和利益权衡的考虑,而非出于对当事人真实意思的追求,即价值之善超越了事实之真,同时也可以看出,默示许可在适当条件下作为利益调节工具的重要作用。

(二)公共政策对于默示许可认定的影响

专利法承载着一定的公共政策考量。典型的国家如美国,其专利保护力度的周期性变化就与其特定时期反垄断政策和自由市场政策密切相关。在通过专利制度对技术资源进行分配时,制度设计者总是希望能够找到一个最佳的平衡点,实现帕累托最优,既能保障创新技术的充分供给,又不过度影响公众对技术利益的分享,从而达至最佳社会效果。为了实现这一初衷,专利制度才会设计多样化的利益平衡机制。因此,尽管专利权是一种排他的带有垄断属性的权利,但其也受制于公共政策的考量。这些公共政策可能体现为对技术传播的促进、对产业利益的维护等。例如,各国专利法规定专利技术使用的实验室例外,就是为了使专利权不至于成为技术进步的障碍。在推进标准专利化的进程中,被纳入标准的专利在技术质量、可兼容性以及环境友好性等方面具有相对优势,对于优化产业结构、增加消费者福利和整体社会福祉都有积极意义。因此,不能由专利权人一方攫取垄断利润,而应实现利益共享。当专利权人参与标准的制定而又不披露其拥有的必要专利时,该专利技术可以被顺利纳入标准,被整个行业采用。此时,专利权人若以主张专利权相要挟,畸高要价,难免对标准使用者不公。因此,将专利权人的行为视为默示许可,并将专利权人可获利益控制在合理范围内是符合诚信原则和公共政策要求的。尽管这可能与专利权人谋求高额利润的本意相去甚远,但并不影响法律将此种行为认定为默示许可。

三、专利权主体变更对认定的影响

在专利权因各种原因而让渡于第三人导致权利主体变更的情况下,因专利权人行为而在先成立的默示许可是否对专利权继受人继续有效将影响各方利益,必须妥善、慎重认定。专利权为第三人继受,通常在权利转让和法人作为权利人时公司资产破产清算的情况下发生。为保障交易安全,我国专利法就专利权转让规定了登记生效主义的变动模式,即专利权转让必须向国家专利行政管理部门登记,转让合同才能生效,并由专利行政管理部门予以公告使其获得对抗第三人的效力。即使专利转让有效,但该被转让的专利权是否负担原有的默示许可需要综合各种因素加以判断。根据登记公示公信原则,专利转让合同一旦登记,就视为原有默示许可的被许可人知晓该权利转让的事实,但并不一定就意味着默示许可的终止。在原有默示许可无期限暗示,且该默示许可的产生基于原专利权人的行为,带有较强的人身依附性时,应认定默示许可终止;但在销售专利产品或方法的专用品的情况下,应视为原有的默示许可在该专用品存续寿命内始终有效,并且不具有人身依附性,因此,此种默示许可应在专利权转让的情况下继续存在。

在第三人继受专利权情况下,默示许可是否应继续存在的判断因素涉及默示许可的存续期间、默示许可产生的原因、相关各方的主观意愿、过错程度以及对各方利益的平衡。换言之,该问题既是一个是否存在的事实问题,也是一个是否应当的价值问题,对该问题的价值判断仍然应当在事实判断的基础上综合进行。在专利权转让时,受让方是否知晓默示许可的存在至关重要,如果其知晓并仍然接受专利权,表明其也愿意接受附着于该专利权的默示许可。但如果受让方对此并不知情,就应该结合产生默示许可的原因进行判断。如果该默示许可系原专利权人的积极意思表示所产生,在专利权转让已进行登记并公示的情况下,根据权利的公示公信力,应推定原被许可人已经知晓了该权利转让的事实,因此,默示许可不应继续存在;如果该默示许可系原专利权人的行为并结合所涉及产品的物理特性(仅有唯一用途)而产生,在原专利权人未就后续使用、销售作出限制的情况下,应视为默示许可继续存在。也就是说,在专利权主体变更的情况下,认定默示许可的存在不仅需要考虑主体变更这一事实,同样也仍需根据诚信原则、公共政策等进行利益权衡和综合判断。

第三节 专利默示许可内容的认定

"默示许可是在交易中产生的,默示许可的范围取决于当事人基于交易环境对默示许可范围的合理期待。"[1]因此,默示许可的内容包括许可期限、许可地域、许可权项、许可类型、许可费等,必须根据案件的具体事实进行认定。

一、许可类型的认定

同明示许可一样,默示许可也面临许可类型的确定问题,许可类型的不同将影响默示许可被许可人诉权的享有和行使。专利明示许可分为独占许可、排他许可和普通许可,但默示许可是否可以进行同样的分类值得探讨。有学者认为,默示许可只能是一种非独占性许可,同时默示许可并不意味着实施者具有转许可的权利。[2] 有的学者认为,默示许可的类型应结合具体事实认定,"如果从据以认定专利默示许可的事实中能够推断出确定的许可类型,专利默示许可也可能存在独占许可等许可类型(而不限于非独占许可),甚至存在转许可(再许可)的可能性"。[3] 在通常情况下,独占许可和转许可需要明确的意思表示才能确定,而默示许可是对权利人行为或间接言辞等意思表示进行推定的结果,默示许可此人实施并不意味着禁止他人

---

〔1〕 李建华、王国柱:《论专利权默示许可的认定》,载《河南社会科学》2013 年第 12 期。

〔2〕 参见韩立余:《知识产权权利限制研究》,载 http://www.sipo.gov.cn/sipo2008/dtxx/zlgzdt/2007/200804/t20080419/-384713.html。转引自袁真富:《基于侵权抗辩之专利默示许可探究》,载《法学》2010 年第 12 期。

〔3〕 袁真富:《基于侵权抗辩之专利默示许可探究》,载《法学》2010 年第 12 期。

实施,自然不能因此推出独占许可和转许可的成立,默示许可只能是普通许可,除非专利权人有其他明确表示。同样,根据权利人行为推定的默示许可带有较强的人身性,是特定相对人之间的信赖成就了默示许可,因此,一般不允许转让。但也有例外情况,例如,在原有技术许可协议规定了独占许可和转许可的情况下,该技术许可协议因专利申请转化为专利许可协议时,才可能存在独占许可和转许可。

二、许可期限的认定

默示许可的期限和范围必须依据发明的性质和默示许可据以作出的环境确定,并且二者又依赖于双方当事人的意愿。[1] 作为一项准合同制度,默示许可取决于双方对交易环境的理解和期待。[2] 由于双方意愿并未言明,因此默示许可成立及范围的认定就成为一项权衡之术。在 Carborundum 公司诉熔融金属设备创新公司(Carborundum Co. *v.* Molten Metal Equipment Innovations, Inc.)案[3]中,美国联邦巡回上诉法院诉诸弹性的案件环境因素对默示许可的期限进行了认定。该案原告拥有用于熔化废弃金属的设备专利,即熔化金属的传送泵设备中的一个部件,原告销售该传送泵而没有销售专利设备,被告也向原告的顾客销售该传送泵。法院认为,原告销售传送泵的行为使顾客获得了将其与其他部件组装成专利设备的默示许可。争议点在于:原告认为默示许可期限仅限于被售出的传送泵的使用寿命之内,而被告主张期限延及整个专利权存续期。基于销售环境和双方的意愿,法院认定该默示许可期限仅及于传送泵的使用期限。具体事实背景不同,默示许可的期限也各不相同。在标准专利默示许可的情况下,其期限一般及于专利权存续期。在其他根据权利人行为推定默示许可的情况下,一旦权利人作出了相反的意思表示,则应视为默示许可终止。

---

〔1〕 See Withington-Cooley Mfg. Co. *v.* Kinney, 68 F. 500, 506 (6th Cir. 1895).

〔2〕 See Mark A. Lemley, *Intellectual Property Rights and Standrad-Setting Organizations*, 90 Cal. L. Rev. 1889, 2002, p. 1923-1924.

〔3〕 72 F. 3d 872 (Fed. Cir. 1995).

三、许可地域的认定

知识产权可分地域取得和分地域行使,需经批准授权的知识产权,只在批准授权的国家或地区受保护,同一项知识产权可以在受保护的地域范围内分别行使。[1] 专利权在此国行使并不影响其在彼国的状态。因此,专利默示许可的地域范围与专利权的地域范围密切相关。在专利权人没有作出明确表示的情况下,默示许可的地域范围与专利权的地域范围一致,但有以下两种例外情况:一是在标准专利默示许可的情况下,如果该标准是地区标准,那么实施范围就应仅限于该地区之内;二是在专利权人销售专利产品或方法专用部件或设备的情况下,如果该专用部件或设备被转售至国外,依据该进口国专利法,如其承认默示许可作为抗辩事由,则该默示许可的效力就延及国外。此时,专利权人可以选择在销售时设置地域范围的方式来控制默示许可的效力范围。这也从一个侧面说明了我国规定默示许可作为侵权抗辩事由对保护国内专利产品专用品使用者利益的重要性。

四、许可权项的认定

默示许可权项的确定也需要具体问题具体分析。标准专利默示许可的权项相对广泛,包括制造、使用、销售、允诺销售。尽管我国 2015 年《专利法修改草案(征求意见稿)》第 82 条表述为"视为其许可该标准的实施者使用其专利技术",但对于一些行业,尤其是通信业,一件产品中涉及众多专利技术,任何其中一项均不足以成为一件独立产品。制造专利产品、使用专利技术(尤其是使用专利方法)的目的在于获得最终产品并进行销售,因此,在默示许可中包括销售和允诺销售也在情理之中。对于根据销售专利专用品产生的默示许可来讲,如果专利权人在销售时并未对销售对象进行限制,那么销售对象就可能既包括个人使用者,也包括制造后进行销售的经营者,相应地,默示许可的权项就应该包括制造、使用、销售、允诺销售。基于在先协议产生的默示许可则需根据协议具体内容确定许可权项。而对于因违约产生的默示许可,如 Meloy 公司诉 Mitsuboshi 餐具公司案,因为认定默示许可的

---

[1] 参见张玉敏主编:《知识产权法学》,法律出版社 2017 年版,第 16~17 页。

目的在于弥补制造人损失,因此,默示许可的权限也就仅限于销售和允诺销售,不能及于其他。

五、许可使用费的认定

默示许可一旦成立,随之而来的问题就是该许可是有偿还是无偿。对此,美国的司法实践并未给出统一的回答,我国理论界和实务界也认识不一。是否存在默示许可与是否有偿许可是两个不同的问题,"虽然默示许可能够使被控侵权人不再承担侵权责任,但其给付使用费的义务却不能当然地免除"。[1] 在默示许可存在的情况下,被控侵权人是否应当支付专利使用费还需要进一步判断。如在专利权人销售唯一用途在于实施专利方法的设备时,如果没有明确相反的意思表示,可以推定其所销售的设备价格中包含了专利方法的使用费,因此,不必另行再向其支付专利使用费。在美国,通过懈怠和禁反言规则认定默示许可的法律效果在于:懈怠使专利权人丧失此前因怠于主张权利的损害赔偿救济,而禁反言则不仅丧失在前的损害赔偿救济,也不能对后续的专利实施行为主张损害赔偿,实际上相当于授予了一种免费的默示许可,对于专利权人来说是非常严苛的。

但是,默示许可是否有偿不能一概而论,必须结合个案背景区别处理。以涉及标准的默示许可使用费为例,就通常情况而言,"标准化组织规定的违反专利披露政策的责任主要有以下几种:1. 强制 FRAND 许可;2. 降低许可费;3. 强制免费许可"。[2]在 Wang Lab. 案与利昂斯坦布勒诉迪堡公司案中,法院判决均建立在衡平法禁反言的基础上。前者认定 Wang Lab. 的行为构成衡平法禁反言基础上的默示许可,Mitsubishi 公司获得相关专利不可撤销的免费许可,而免费许可正是衡平法禁反言法律责任的体现。衡平法禁反言一旦成立,将阻止专利权人获得诉讼之前和之后的损害赔偿,并且也无法寻求禁令救济。其具有与专利制定法限制相同的法律效果,[3]相当于授予了被告诉讼前后的免费许可。由于适用禁反言的法律后果较严重,因

---

〔1〕 李建华、王国柱:《论专利权默示许可的认定》,载《河南社会科学》2013 年第 12 期。

〔2〕 张平:《论涉及技术标准专利侵权救济的限制》,载《科技与法律》2013 年第 5 期。

〔3〕 Leon Stambler *v.* Diebold, Inc. ,11 U. S. P. Q. 2d 1709 (E. D. N. Y. 1988).

此,法院在认定时也相对慎重。在 Wang Lab. 案中,Wang Lab. 在积极促成其技术纳入标准的同时,一再通过其专家委员会和员工向标准化组织申明其不会就该技术申请专利,并隐瞒了其申请并获得专利的事实,其行为属于典型的"诱导采用"。同时,Wang Lab. 积极向 Mitsubishi 公司提供技术指导,引诱其生产专利产品并予以回购。法院正是基于 Wang Lab. 的上述行为认定其构成衡平法禁反言基础上的免费的默示许可。而在利昂斯坦布勒诉迪堡公司案中,专利权人不仅未披露专利权,还拖延诉讼长达 10 年,因此,法院认定其放弃主张专利并禁止其反言。就标准专利权人的投机行为而言,是否适用衡平法禁反言基础上的默示许可,即是否认定其为完全免费的默示许可是一个值得推敲的问题,应结合案件事实具体情况具体分析。如果专利权人的投机行为表现为诱导采用,即其在将技术纳入标准时明确表示不含专利或者不会申请专利,其后又背信弃义地主张专利权,那么对使用该技术标准的不特定第三人的信赖利益应予保护,专利权人的权利主张不应被支持,此时认定免费的默示许可就是合理且必要的。但如果专利权人的投机行为表现为"专利伏击",又另当别论。

就"专利伏击"而言,专利技术在纳入标准时,专利权人隐瞒了该技术上存在专利权的事实,未披露标准中所含有的专利权。专利权人的这一用意是明显的,即希望通过将专利纳入标准,以产生产业锁定效应,从而绑架标准使用人,牟取超额垄断收益。专利权人的行为虽然并不违背之前的承诺,但其初衷或出发点并非善意。因此,法律应当矫正专利权人的非善意行为,使之回到 FRAND 许可的轨道上来。FRAND 已经成为绝大多数知识产权组织所认可的专利许可原则。[1] 根源就在于此原则可以达致专利权人和被许可人双赢的效果。首先,FRAND 许可是有偿许可,是保证专利权人实现其经济利益的必然要求。其次,尽管 FRAND 许可没有一个预先设定的明确标准,但其却为标准使用人合理合法捍卫自身利益提供了基本原则和依据。少数标准组织规定,如果专利权人没有充分、及时地披露相关专利信

---

〔1〕 马海生:《专利许可的原则——公平、合理、无歧视许可研究》,法律出版社 2010 年版,第 80 页。

息,就必须承担免费许可的责任。[1] 但这一规定是建立在成员自愿接受基础上的。相较于免费许可,FRAND 许可更公允、客观和周全:既不会完全置专利权人利益于不顾,无视专利技术的价值,又给当事人协商和司法裁决留下了空间。该许可使用费既可能低于正常的许可使用费,也可能与之持平,而一切都取决于公平、合理、无歧视的考量。

我国司法和立法实践对标准专利默示许可使用费的认识也经历了一个逐步转变的过程:2003 年《最高人民法院关于审理专利侵权纠纷案件若干问题的规定(征求意见稿)》第 75 条规定不披露标准专利的视为免费默示许可。[2] 2008 年最高人民法院就朝阳市兴诺建筑工程有限公司是否构成专利侵权向辽宁省高级人民法院的复函中认为,视为授权许可的许可使用费的数额应明显低于正常的许可使用费。[3] 2009 年《最高人民法院关于审理侵犯专利权纠纷案件应用法律若干问题的解释(征求意见稿)》曾规定,应根据专利技术作用等因素合理确定使用费数额。[4] 虽然正式发布的解释删除了这一规定,但足以说明司法实践对标准专利默示许可使用费的认识在不断深入,涉及的确定使用费的参考因素更为科学合理。2015 年我国《专利法修改草案(征求意见稿)》第 82 条规定,标准必要专利默示许可的许可使用费由双方协商确定。其基本立场是,对于不披露专利的专利权人,其行为视为默示许可,许可使用费应当合理确定,同时充分尊重当事人的意思自治,不再强制性地明确何为许可使用费的合理标准,而是留待当事人自行决定。如若双方协商不成,再由行政、司法机关居中裁断。由此看出,就默示

---

〔1〕 参见马海生:《专利许可的原则——公平、合理、无歧视许可研究》,法律出版社 2010 年版,第 89 页。

〔2〕 参见徐曾沧:《我国技术标准实施中专利侵权问题及立法规制》,载《WTO 经济导刊》2007 年第 11 期。

〔3〕 《最高人民法院关于朝阳兴诺公司按照建设部颁发的行业标准〈复合载体夯扩桩设计规程〉设计、施工而实施标准中专利的行为是否构成侵犯专利权问题的函》认为,在专利权人参与了标准的制定或者经其同意的前提下,将其专利纳入标准的,视为专利权人授权许可他人实施该专利。专利权人享有请求支付使用费的权利,但支付的数额应明显低于正常的许可使用费。

〔4〕 2009 年《最高人民法院关于审理侵犯专利权纠纷案件应用法律若干问题的解释(征求意见稿)》在第 20 条第 1 款中规定,专利权人要求标准实施人支付使用费的,人民法院应当综合考虑专利的创新程度及其在标准中的作用、标准所属的技术领域、标准的性质、标准实施的范围等因素合理确定使用费的数额,但专利权人承诺放弃使用费的除外。

许可使用费这一问题,司法以及立法的态度经历了一个从免费许可到明显低于正常许可使用费再到合理使用费的转变过程。这一过程,是我国司法、立法界对于专利默示许可适用规则认识渐趋深入的过程,同时也是一个理性回归的过程,必将使默示许可的适用效果更能兼顾各方利益。

小 结

本章探讨了专利默示许可的认定。美国奔达克案确立了判断默示许可的两步测试法,但该测试法仅适用于因销售唯一用途产品产生的默示许可类型,不具普遍适用性。尽管专利默示许可的表现形式千差万别,但在认定时仍存在一般性的原则和标准可以遵循。这一原则为:专利权人的诱导性行为(无论该行为出于故意抑或过失)使相对人产生了授权许可的信赖。因此,参考两大法系关于禁反言原则、外观主义原则构成要件的规定,可以将默示许可认定因素确定为:存在专利权人以行为(作为或不作为)或其他具有法律意义特定符号之默示方式产生的许可外观;相对人对专利权人的行为或表示产生信赖;权利人行为与相对人信赖之间存在因果关系。同时,专利权人所附限制性条件、诚信原则与公共政策、专利权主体变更等因素也会对专利默示许可的认定产生影响。认定专利默示许可成立后,随之而来的问题就是确定该默示许可的内容。默示许可的内容需要结合个案事实,具体问题具体分析,没有统一的适用标准。许可使用费是专利默示许可的一项重要内容,其既可能是无偿的免费许可,也可能低于正常的许可费,还可能与正常使用费持平,均取决于公平、合理、无歧视的考量。

第七章　专利默示许可的立法建议

第一节　专利默示许可成文化之必要性

理论界和实务界就《专利法》是否应规定标准必要专利默示许可存有不同意见。因此，专利默示许可成文化的理由还有待进一步充分论证。

一、符合立法规律和大陆法系传统

司法过程中一个常被质疑的问题是，法官究竟是在创造法律还是在发现法律，而立法过程也面临同样的困惑。针对这一诘问，自然法学、历史法学和法经济学给出了各自的解答。从表面看，法律、制度和规则从无到有的过程似乎说明了法律是一种创造之物。但是，这一创造物并非无中生有，法律制度是建立在自然理性、民族历史习惯和自发市场秩序基础之上的，是对上述法律得以形成的第一性社会存在的反映、继承和认可。"真正的法律是与自然相一致的正确的理性；它普适、恒常、永续"，"自然法的特点在于其作为一种'更高级别'的法的地位及其可通过理性思考来发现"。[1] "神是自然法的制定者，立法者有能力发现自然法并将其体现于法典之中，于是成为人间的上帝。"[2]自然法相对于实定法而言是一种先验性的存在，自然法决定着实定法的选择和取舍。历史法学则认为，民族国家内部的、默默发挥作

---

〔1〕［英］雷蒙德·瓦克斯：《法哲学：事实与价值》，谭宇生译，译林出版社 2013 年版，第 3 页。

〔2〕李琛：《论知识产权法的体系化》，北京大学出版社 2005 年版，第 161 页。

用的力量塑造了法律。“对所有存在的事物,已经形成的事物,也包括即将形成的事物的尊敬及对所有现实的尊重,是历史学派的基本特征。”[1]与自然法学不同的是,历史法学认为法律是带有国家民族烙印的产物,而非四海皆同。科斯的法经济学理论吸收了哈耶克关于自生自发秩序理论的精髓,其提出的法律生成论主张市场体系的自发演化会自动试验能节约交易成本的制度创新,有效的制度创新会被正式承认并转化为法律。尽管各家各派对法律是什么的认识有同有异,但其均认可第二性的法律是对第一性存在的反映,有现实利益需要才有法律调整之必要。因此,促成法律生成、演化的力量存在于社会生活的现实需要中。英美合同法中法律上的默示条款就是通过对习惯上的默示条款的接纳和吸收而形成的,当习惯上的默示条款经反复适用积累到一定程度,成为公认的具有合理性、有效性的普适性规则时,普通法继而成文法就会将其纳入判例法和成文规则中,完成从习惯到法律的演化史。

囿于将法律看作立法者理性的外化,大陆法系对成文法保持着敬畏之心。经由理性制定的成文法具有概念明确、体系完备、逻辑严密的特征,成文法覆盖了社会生活的方方面面,能够为人们行为和审判活动提供详尽的指导。尽管基于先例的权威性、案件适用法律的困难等原因,大陆法系法官也会借鉴和参考在先判例,但这仅仅是审判中据以作出正确合理判决的非官方性实践。在大陆法系中,判例并未成为有明确法定约束力的法律渊源。找到正确的法律条文依据作为案件裁决的大前提并予以适用是每个法官在判决作出前必须完成的基本工作。大陆法系法官甚至普遍对明确法律条文产生依赖心理。此外,由于受到立法权和司法权严格分离思想的影响和对确定的法律秩序的追求,大陆法系法官的能动作用较其英美同行相对有限,主流观点对法官能动解释法律甚至创造法律持反对态度,整个审判过程被固定于形式逻辑的三段论中,“将成文法规定作为大前提,再参考作为推

---

〔1〕[德]古斯塔夫·拉德布鲁赫:《法哲学》,王朴译,法律出版社2013年版,第21页。正是基于此,萨维尼才主张立法应当缓行,待转型社会轮廓形成秩序初定之时再立不迟,其并非纯粹向后看的保守主义者。

论小前提的案件事实,从而推论出案件的判决结果。”[1]尽管应该赋予法官解释法律的权力和自由裁量权,但是法官在审理案件、解释法律过程中,难免基于主观因素将个人偏见混入其中,使判决结果有失公正。因此,法官权力不能“走”得太远,应该受到约束。

运用专利默示许可进行抗辩的案件在我国已有出现,但由于没有明文规定,其是否适用、如何适用,各地法院还未能放开手脚,具体表现就是求助于最高人民法院予以裁夺。已如前述,法律是对社会生活现实的反映,实践中如有需要,法律就应该作出回应。同时,成文化也能为相关行为人提供明确预期,为司法审判提供明确依据,有助于形成确定的法律秩序。况且,我国《民法典》和《专利法》均不要求订立专利许可合同必须具备书面形式,实际上就已为承认默示许可做好了铺垫。因此,将专利默示许可纳入成文法在理论上符合立法规律与大陆法传统,在实践中具备必要性和可行性,专利默示许可应该在专利法中予以明确规定。

二、有利于统一司法和促进运用

“从总体上来看,我国法院并不排斥专利默示许可的适用,但因为没有明文规定,对专利默示许可的适用在不同地区或不同时间曾出现一定差异。”[2]如河南省高级人民法院在河南省天工药业有限公司与广西南宁邕江药业有限公司侵犯发明专利权案中认定,广西公司将专利配方提供给国家使其成为国家标准的行为是在履行法定义务,其并无选择权;同时,默许的意思表示应有法律明确规定才能确定,因此,该案并不存在默示许可。在衡水子牙河建筑工程有限公司与张某某等发明专利权纠纷案中,一审法院、二审法院就是否成立默示许可的意见也不一致。尽管最高人民法院在对辽宁省高级人民法院的复函中首次认可了专利默示许可的存在,但最高人民法院相关负责人在事后的解释中也强调,该复函只是针对个案的答复,而且

---

〔1〕 [美]约翰·亨利·梅利曼:《大陆法系》,顾培东、禄正平译,法律出版社2004年版,第36页。

〔2〕 李江、王津晶、熊延峰等:《中国专利默示许可实践探究》,载《中国专利与商标》2014年第4期。

只针对建筑行业的具体情况，对于其他行业是否适用还有待继续探索。最高人民法院的意见对于各地法院案件审理具有指导意义，但其态度仍然相当慎重，并表示该回复并非在任何案件、任何行业中均能普遍适用。又由于各地法院对有关问题的认识不一，差异化的判决局面仍然可能继续存在。同案同判是公平正义的题中应有之义，千差万别的判决结果不仅有损于司法权威，也无助于达成法律所追求的价值目标。在专利标准化已经成为技术、经济发展趋势的情况下，必然会有更多涉及标准专利的侵权纠纷案件出现，立法及时制定有关专利默示许可的规定，对于统一各地的司法实践，消除实践中对于默示许可、标准专利等相关问题的歧见，意义十分重大。

无论在理论上还是实践中，默示许可作为侵权抗辩理由都是必要且应当的。但我国实践中运用默示许可进行抗辩的侵权案件主要集中在标准专利领域，其他领域还不多见。还有一些关于侵犯专利权抗辩事由的学术研究并未将默示许可作为抗辩事由纳入其中。理论上和实践中漠视甚至无视默示许可的弊端就在于使一部分善意相对人丧失了一项对抗侵权指控的重要武器，也使专利制度失去了一项重要的利益调节工具。在个案中，默示许可发挥侵权抗辩的作用，在整个专利制度中则具有限制专利权滥用的功能，但学术界和实务界对其重要性的认识却并不到位，其中一个重要的原因就在于立法规定的缺失。法律既是承认和反映，也是创设和引导。法律来源于现实生活，同时，也会对现实生活产生导向作用。将默示许可纳入成文法，可以使其具备权威的法律效力，便于形成确定的法律秩序，也能强化人们的意识，引起理论界和实务界的重视，促使其在实践中得到更好的运用。

三、对异见的回应

在《专利法》第四次修改草案中，增设了标准必要专利默示许可的相关规定。[1] 然而，学术界和实务界对此规定存有不同意见。学术界的反对理

---

〔1〕 根据2015年《专利法修订草案(送审稿)》第85条，如果专利权人参加了国家标准的制定但不披露其拥有的标准必要专利的，视为其就该专利进行了授权许可。“视为其许可”实际上就是推定默示许可。参见《国务院法制办公室关于〈中华人民共和国专利法修订草案(送审稿)〉公开征求意见的通知》，载中国政府网2015年12月3日，http://www.gov.cn/xinwen/2015-12/03/content_5019664.htm。

由如下：第一，标准组织的知识产权政策并不要求专利权人承担绝对的披露义务，只要求其“尽合理的努力”及时地披露“必要专利”，并且标准必要专利的界定等也存在争议，不宜由立法采取“一刀切”的方式进行规定。第二，将不披露专利信息的行为视为默示许可，实际上相当于规定了一个专利法定许可制度，违背了《TRIPs 协定》规定的专利非授权许可必须“一事一议”的要求。[1] 实务界代表则认为，该规定的出台将导致中国企业与外国企业在标准专利的竞争中处于不利地位，理由为：第一，在各国现有的专利成文法中，并没有国家规定专利默示许可对标准必要专利权利人进行约束；第二，该条文针对的是国家标准的制定，而对于国际标准直接为我国采用的情况，国际标准专利权人并不受此约束，就导致参与制定国家标准的中国专利权人与拥有国际标准的专利权人的竞争地位失衡；第三，中国企业的专利很难被纳入国际标准，因此纳入国家专利就成为与外国企业抗衡的重要砝码，但此规定将大大打击中国企业参与国家标准制定的积极性；第四，当前中国应当加强知识产权保护而不是对知识产权权利人施加过多的限制。[2] 对此，本部分试分别作如下回应。

针对学术界的质疑，本书有以下观点。第一，正是因为标准组织的知识产权政策对于违反“合理披露义务”的法律后果没有明确规定，专利法才有必要对此予以明确。此外，尽管该条文上升为成文法规定，但其适用是有一定条件的，即是在“参与国家标准制定”过程中、不披露“标准必要专利”等前提下适用的，如果专利权人对此存有异议，完全可以诉诸司法，由法院对是否构成默示许可进行认定。第二，专利法定许可纯粹出于专利政策的考虑，只要公共利益需要，专利法就予以规定。而专利默示许可则是在事实基础上进行倾向性价值选择的结果，是基于专利权人的作为或不作为而作出的符合诚信原则的推定，二者的差别就在于有没有许可的外观事实，其差别的本质就在于二者分属于拟制许可与推定许可，因此是不能一概而论的。

---

〔1〕 参见张伟君：《默示许可抑或法定许可——论〈专利法〉修改草案有关标准必要专利披露制度的完善》，载《同济大学学报（社会科学版）》2016 年第 3 期。

〔2〕 参见宋柳平：《专利法修改草案 82 条——不要缴了中国企业的枪》，载《中国知识产权》（网络版）2015 年 11 月 25 日，http://www.chinaipmagazine.com/news-show.asp? id=18483。

第三,对《TRIPs 协定》条文的规定应当结合上下文和制定背景,全面、综合地进行理解。一般认为,《TRIPs 协定》第 31 条是针对专利强制许可的规定。[1] 由于强制许可是基于公共政策、公共利益的考量而作出的规定,是不考虑专利权人的真实意愿的,对于专利权人的利益影响较大,因此,协议对授予强制许可作出了"一事一议"的规定,同时也反映了促成《TRIPs 协定》的发达国家对于适用强制许可的慎重态度,但该规定是否准用于默示许可不无疑问。同时,《TRIPs 协定》第 30 条也规定缔约国可以对专利权设置有限的例外情况,但前提是"这些例外情况不得与专利的正常利用相抵触,也不得不合理地损害专利权人的合法利益"。标准必要专利默示许可规定的初衷在于防止专利权人借技术标准进一步强化专利权的垄断地位从而攫取高额垄断利润的机会主义行为,在一定程度上限制了专利权的滥用,有利于专利技术的传播和运用,并且该许可是在向专利权人支付合理使用费的前提下进行的,没有不合理地损害专利权人的合法利益,因此是符合《TRIPs 协定》第 30 条规定的。

针对实务界的反对声音,笔者持以下观点。第一,虽然目前并没有成文法对标准专利默示许可进行规定,但英美两国的判例法、衡平法在传统中已经形成丰富的规则群对此进行规制,其衡平法中的禁反言原则等构成要件和法律效果均与默示许可相同,因此,被控侵权人并不缺乏相应的抗辩依据,美国判例法中也早已存在运用默示许可规制标准专利权人机会主义行为的先例。第二,第 85 条约束的是国家标准制定过程中不披露专利的行为而非针对参与国家标准制定的行为。换言之,2015 年《专利法修订草案(送审稿)》第 85 条并非无条件适用,并非要求纳入国家标准的所有专利均视为默示许可,而是要求在制定国家标准的过程中,不披露专利的视为默示许可;如果专利权人披露了,则当然不能适用该条。这实际上是在专利法中对专利权人披露义务的规定,这一规定与标准组织所要求的披露义务实质相同,只不过该条明确强化了违反披露义务的法律后果。第三,默示许可并不

---

〔1〕 参见林秀芹:《TRIPs 体制下的专利强制许可制度研究》,法律出版社 2006 年版,第 2~16 页。认为非授权许可包括强制许可和当然许可,参见刘强:《交易成本视野下的专利强制许可》,知识产权出版社 2010 年版,第 112~136 页。

等同于无偿许可。第 85 条后半段明确规定使用费由双方协商,协商不成还可以提交司法裁决。事实上,凡纳入标准的专利,均应遵守 FRAND 许可原则。就纳入标准的专利技术而言,是否适用默示许可在许可费的确定上并无本质不同。第四,虽然该规定仅针对国家标准不针对国外标准,但本书主张专利默示许可的认定应采取立法规定和司法推定的双轨制,对于在国际或国外标准制定过程中不披露专利的行为,完全可以由司法认定默示许可的存在,从而维护本国企业的利益。第五,默示许可的存在并不影响标准专利权人获利,只是防止专利权人意图通过机会主义行为攫取高额垄断利润。虽然专利权在默示许可存在的前提下不能主张停止侵权救济,但在程序上还可以通过设置相对人的担保义务、使用费给付时限等来保障专利权人的利益。

第二节　专利默示许可的制度构建

我国专利司法、行政部门针对实践中出现的问题,根据现实需要,对专利默示许可规则设计进行了尝试,为专利默示许可制度的建立奠定了基础。

一、我国专利默示许可制度设计的初步做法

基于解决现实问题的需要,早在 2003 年,涉及标准专利的默示许可就在最高人民法院的相关文件中初露端倪。《最高人民法院关于审理专利侵权纠纷案件若干问题的规定(征求意见稿)》第 75 条及其会议讨论稿第 36 条(技术标准与专利许可)规定不披露标准专利的视为授予了免费默示许可。[1] 2009 年《最高人民法院关于审理侵犯专利权纠纷案件应用法律若干问题的解释(征求意见稿)》规定构成标准专利默示许可的,许可使用费应当合理确定。[2] 上述规定和解释对在标准制定过程中未披露专利适用默示

---

〔1〕 参见徐曾沧:《我国技术标准实施中专利侵权问题及立法规制》,载《WTO 经济导刊》2007 年第 11 期。

〔2〕 该征求意见稿第 20 条规定,专利权人同意将相关技术纳入标准,但又未披露该技术为专利技术的,人民法院可以认定专利权人许可他人在实施该标准的同时实施其专利,但专利依法必须以标准的形式才能实施的除外。专利权人要求标准实施人支付使用费的,人民法院应当综合考虑专利的创新程度及其在标准中的作用、标准所属的技术领域、标准的性质、标准实施的范围等因素合理确定使用费的数额。

许可的立场是一致的，只是对该默示许可是免费还是有偿的认识存在争议。由于种种原因，上述关于标准专利默示许可的条款并未纳入最终文本。2016年《最高人民法院关于审理侵犯专利权纠纷案件应用法律若干问题的解释（二）》第24条明确了推荐性标准的标准实施人不得以实施标准无须专利权人许可为由进行抗辩，从一个侧面反映了司法机关对于强制性标准和推荐性标准区别对待的立场，但其并未对强制性标准的默示许可进行明确表态，体现了司法机关在标准专利默示许可问题上的谨慎态度。

2013年，《北京市高级人民法院专利侵权判定指南》将销售专用于产品专利和方法专利的部件或设备的行为纳入不视为侵权的抗辩事由。[1] 这一规定仅限于专利产品或专利方法专用品销售之后的利用，涉及抗辩事由范围相对有限。在处理方式上，该指南将上述两种情况作为不视为侵权的抗辩事由，而且将其作为权利穷竭的一种类型，并没有明确将其规定为默示许可。

2015年，《专利法修订草案（送审稿）》第85条规定，国家标准制定过程中，不披露标准必要专利的行为视为默示许可。该条规定被置于第八章"专利的实施和运用"中，体现了立法者希望通过默示许可促进专利技术实施运用的主观意图以及默示许可本身所具有的客观功能和能够达成的社会效果。与最高人民法院的关注点相同，2015年《专利法修订草案（送审稿）》也聚焦于标准专利的默示许可问题，尝试性地迈出了专利默示许可成文化的第一步，但对于其他默示许可情形则未予提及，其做法相对保守。

国家知识产权局2016年《专利侵权行为认定指南（试行）》将默示许可作为不侵犯专利权的行为进行了专门规定：明确了专利权人默示许可的概念，规定其是默示合同的一种形式，并列举了基于技术标准、基于产品销售和基于先前使用等三种构成默示许可的具体情形，同时，还释明了三种默示许可适用的具体要求。该指南并未将默示许可作为"不视为侵权"的抗辩事

---

〔1〕《北京市高级人民法院专利侵权判定指南》第119条第3项、第4项规定：专利权人或者其被许可人售出其专利产品的专用部件后，使用、许诺销售、销售该部件或将其组装制造专利产品；方法专利的专利权人或者其被许可人售出专门用于实施其专利方法的设备后，使用该设备实施该方法专利，不视为侵权。

由,而是直接规定为“不侵权”,两字之差体现出其对默示许可性质认识上的进步。同时,《专利侵权行为认定指南(试行)》对强制标准和推荐标准进行了区分,对基于产品销售构成默示许可的适用要件进行了明确,吸收了默示许可理论研究的成果,也体现了执法实践对默示许可认识的深化。

二、采取立法、司法认定的制度模式

(一)专利默示许可需要能动的司法

法律概念化、体系化产生了确定的法律秩序。作为人类理性的产物,与人类理性自身的局限一样,高度体系化的法律并非毫无缺陷,能够完全自给自足。“以相对静止之法律应对绝对变动之现实,以有限之规则应对无限之行为,总会发生捉襟见肘和作茧自缚的尴尬。”[1]但又不能像《普鲁士民法典》那样规定16,000条条文,事无巨细地将各种特殊的“事实状态”囊括其中。“立法机关的任务是要从大处着眼确立法律的一般准则。它必须是确立高度概括的原则,而不是陷于对每一个可能发生的问题的琐碎规定。法官的技巧则是要把这些原则付诸实施,要凭借智慧与理性的运用而将其扩大到具体的情况……那些立法者没有时间处理太过于变化多样、太易引起争议的细节,以及即使是努力预见也于事无益或轻率预见则不无危险的一切问题,均可留给判例去解决。我们应留有一些空隙让经验去陆续填补。”[2]

就知识产权法包括专利法而言,法官不仅是制度的适用者,在知识产权因其固有的垄断性而使其正当性备受质疑的情况下,法官还肩负着填补制度漏洞、矫正制度偏颇的重要使命。从动态的视角来看,制度必然存在缺陷,但如其具备自我矫正功能,就仍然具有正当性和合理性。知识产权法定主义与法官造法之争看似水火不容,但二者并非完全不可调和,在法定主义立场下也不应否认司法的相对能动,这一点早已为自由法学、利益法学对概念法学的超越所证实,崇尚立法权的大陆法系也不再固守“法律售货机”的

---

〔1〕 郑成良:《法律之内的正义——一个关于司法公正的法律实证主义解读》,法律出版社2002年版,第135页。

〔2〕 [法]菲内:《法国民法典起草文献全编》,第470页、第475页。转引自[德]K.茨威格特、[德]H.克茨:《比较法总论》,潘汉典等译,法律出版社2003年版,第139页。

僵化做法,赋予了法官解释权和自由裁量权。就专利法领域而言,由于不同产业的创新模式、激励机制不同,法律确立的概念和标准存在弹性空间,需要法官把握尺度,因此,必然要求法官在专利法的适用过程中发挥能动作用。

专利默示许可的认定取决于基础事实,其类型也随着基础事实的变化而不断扩张。构成基础事实主要内容的专利权人的行为千差万别,新兴技术的不断发展也可能促成默示许可在新的领域得到运用。而立法无法一一预见可能出现的各种情形,其所能做的只是确立一个总体的认定原则,将已经成熟的类型结合价值判断的考量确定下来,同时留给司法足够的判断空间。法律上的默示条款和事实上的默示条款以及法律推定与事实推定的共存就较好地实现了原则性与特殊性、确定性与灵活性的平衡。专利默示许可也需借鉴此种做法,采取法律上的默示许可和事实上的默示许可二分类型,由立法和司法分别进行认定。

(二)默示许可在专利法中的位置

专利默示许可在专利法中的位置与理论界对其性质的认识密切相关。如前文所述,目前理论上对专利默示许可性质的认识主要有三种:一是认为其是与明示许可并存的专利权行使方式;二是认为其是侵犯专利权的抗辩事由;三是认为其是一种对专利权的限制,是实现利益平衡的一种方式。与此相关,一种观点主张将专利默示许可作为侵权抗辩事由纳入《专利法》(2020年修正)第75条不视为侵权条款中,但独立于权利穷竭的规定,并根据实践总结对默示许可的类型进行一一列举。或者由专利法就默示许可作为抗辩事由进行原则规定,由司法解释对具体类型予以明确。另一种观点主张单设一章,规定默示许可的概念、类型和适用规则。还有的主张采取原则性规定加上具体列举的方式。在《专利法》条文中明确规定专利许可包括明示许可和默示许可两种形式,在不视为侵权的规定中列举默示许可的具体类型。在实践中,北京市高级人民法院将专利默示许可纳入不视为侵权的抗辩事由,但混淆了默示许可与权利穷竭的区别。国家知识产权局则是在侵权认定的背景下,将专利默示许可作为不侵权的行为,从反面界定了专利默示许可的性质,但还不全面。2015年《专利法修订草案(送审稿)》则将标准必要专利默示许可纳入专利权的实施和运用中，从正面对默示许可的性质和功能进行了诠释。尽管实践中专利默示许可一般以侵权抗辩事由的形式出现，但其并不足以反映专利默示许可的全貌。默示许可首先必须是许可的一种形式，才有作为侵权抗辩事由的可能。因此，法律规定必须顾及法律条文的逻辑性与周延性，在专利权的实施和运用中规定专利默示许可，将其作为与明示许可并存的专利权行使方式。同时，为了突出其作为侵权抗辩事由的性质，可以在专利权的保护部分规定：在默示许可成立的情况下专利权实施者不构成侵权。

（三）采用一般条款加类型化规定的立法模式

与著作权合理使用制度的立法选择类似，为了兼顾原则性与特殊性、确定性与灵活性，并体现立法对于新生事物的包容性，专利默示许可应采取一般条款加类型化规定的立法模式。起源于《德国民法典》的一般条款适用于外延具有不确定性和开放性的概念之中。“概括条款（一般条款）其主要机能在于使法律运用灵活，顾及个案，适应社会发展，并引进变迁中的伦理观念，使法律能与时俱进，实践其规范功能。准此以言，概括条款涉及立法及司法、法官与法律的关系。就立法及司法的关系言，概括条款系留给司法者造法空间，在某个意义上，可以说是‘预先设计的法律对特殊案件个别性的让步。’使法律的适用更能接近社会事实，与法律外的规范体系建立更密切的互动关系。就法官与法律的关系言，概括条款使法官更能创造地参与法律的适用，实践个案正义。”〔1〕在专利默示许可中，通过一般条款的规定，以概念界定的方式，将构成默示许可的基本要件纳入其中，既可以表明立法者的立场，又可以为司法自由裁量提供了空间和参考标准。根据专利默示许可的构成要件，其一般条款可以表述为：在没有直接书面或言辞许可的情况下，专利权人及相关权利人以行为等方式，表明其授予实施专利之许可并足以使善意相对人产生授权许可之信赖，则成立默示许可。

虽然我国2015年《专利法修订草案（送审稿）》规定了不披露标准必要专利的默示许可，但这仅仅是默示许可的一种类型，立法者还应认识到专利

〔1〕 王泽鉴：《法律思维与民法实例——请求权基础理论体系》，中国政法大学出版社2001年版，第245页。

默示许可存在广泛的适用空间以及对于实现个案公正和整个专利制度利益平衡的意义。专利默示许可作为与明示许可并存的一种许可形式,是客观上存在的。专利许可从另一个角度看,就是专利权人对被许可人行使专利权的不起诉承诺,因此,其当然成为侵权诉讼中的抗辩事由。就被许可人而言,重要的不是以何种形式许可,不管是明示抑或默示,只要其能证明获得了专利权人的许可,就可以免于承担侵权责任。但遗憾的是,在司法实践中,运用默示许可进行抗辩的案例还不常见,尽管其作为侵权抗辩事由顺理成章,但是大多数被控侵权人还没有以之作为侵权抗辩事由的意识,不能用、不会用这一对抗侵权指控的重要武器,专利默示许可的价值和意义未能得到应有的重视和充分的认识。因此,专利法应该加强引导,在立法中对专利默示许可进行明确规定。本书建议,专利法对于默示许可的规定应不局限于未披露标准必要专利的情形,而应采取开放的态度,由立法对成熟的默示许可类型进行规定,由司法对个案中的默示许可进行认定。

尽管默示许可在美国专利法上出现的时间较长、运用范围较广泛,但目前在我国还属于一种较新的许可方式和抗辩形式。我国司法实践中出现的默示许可类型主要集中在标准必要专利和专用于专利的零部件(设备)销售的默示许可上。在专利标准化已成趋势以及专利产品内部构成复杂化和制造分工日益细化的情况下,各方利益的博弈必然会使越来越多的案例涉及默示许可问题,因此,将上述两类典型情形纳入默示许可类型具有重要的现实意义。对于专利产品销售后的使用和再销售问题,我国历来采用权利穷竭的方式来处理,因此不应纳入默示许可。此外,在我国时效制度存在的情况下,专利权人的消极不作为即懈怠仍然有适用默示许可的可能。时效制度以三年时间为界,超过三年则专利权人就只能向前推算三年主张损害赔偿。但时效制度是以权利人无合理理由迟延主张为前提的,如果权利人有正当理由,但该理由又不能归咎于权利人和专利实施人任何一方时则无法适用时效制度;而完全否认专利实施人的行为又不尽合理,此时可以通过默示许可来权衡双方利益,只是这一做法仍然有待司法实践进行探索和具体操作,暂时也不宜纳入法律上的默示许可类型中。默示许可的特点就在于权利人以行为等方式造成了许可的暗示,此行为可能是基于先前的合同行为,也可能是带有倾向性的导向行为甚至违约行为。凡此种种,不一而足。一一列举实无必要也无可能,因此,应设立类型化规定的兜底条款,留待司法对其他行为是否构成默示许可进行认定。

(四)具体规则设计

1.默示许可的内容

默示许可的内容极具灵活性,其内容应根据默示许可双方的意思表示合理确定。由于默示许可在一定程度上削弱了专利权人的要价能力和谈判地位,因此,通过实体和程序上的设计充分保障专利权人的报酬获得权就尤为重要。为了防止默示许可被许可人借默示许可的立法规定实施专利,但又利用权利人未能及时掌握其使用情况而逃避向权利人支付许可使用费,立法宜规定,默示许可的被许可人应在实施专利的同时就许可使用费与专利权人和相关权利人进行协商,协商一致的在一定期限内支付使用费;双方不能达成协议的,由专利行政部门裁决,并可就裁决结果提起诉讼。在行政裁决和诉讼期间,如果被许可人需要使用专利,必须提供一定数额的保证金。未能按期支付使用费或者被许可人在一定时限内无正当理由不履行终局判决结果的,专利权人和相关权利人可以提出停止侵权诉讼。

就法律上的默示许可而言,专利权人最担心的就是使用人既使用专利,又不支付许可使用费,致使专利权落空。[1] 这也是实务界人士反对在专利法中规定默示许可的一个重要原因。设立默示许可制度的初衷是为了兼顾各方利益,更有利于促进技术传播和运用,而不是在限制专利权人的同时,使其成为钻制度漏洞之人的“帮凶”。因此,立法应规定被许可人主动协商和支付使用费的义务。专利权人可能会主张,难以发现已经使用专利之默示被许可人,即使立法规定了支付义务,其收益权可能仍然难以实现。但事实上,这是专利权在面临所有侵权性使用时均存在的问题,发现侵权人有赖于专利权人自身的高度注意以及对于本行业、本领域技术动向的精准把握,并非单纯依靠立法可以解决。同时,法律上的默示许可也对专利权人的行为具有导向作用,使其尽量规范自身行为,防止其落入默示许可的规制范围。

---

〔1〕 事实上的默示许可一般是由法院在具体个案中认定的,法院同时会就许可使用费作出裁决,因此不存在此种忧虑。

2. 是否允许附条件适用

当事人就交易条件进行约定一般采取明示的方式,是否允许当事人以明示约定条款限制,甚至排除默示许可的适用,默示条款规则在默示条款与明示条款关系问题上的处理方式可以为我们提供借鉴。法律上的默示条款来源或者说成因主要基于两点:一是源于经过经验和常识检验具有相对规律性的事实或习惯上的默示条款,其主要目的在于弥补当事人意思表示的不足;二是立法者出于对一定法律价值、政策考量和秩序效果的追求而确立的。前者建立在认识论基础上,后者建立在价值论基础上,但二者并不是完全分开的,有些法律上的默示条款既体现认识论又体现价值论。总体来说,法律上的默示条款可以分为任意性默示条款与强制性默示条款。任意性默示条款可以由当事人在不违反法律法规规定的前提下,附约定条件予以限制适用,而强制性默示条款则不允许当事人排除适用。

相应地,法律上专利默示许可的类型也存在任意性与强制性之分。如在标准制定中不披露必要专利的行为被视为一种投机行为,为了避免专利权人不合理地攫取超额利润,法律有必要对此种行为进行限制,其体现了立法价值和公共秩序的考量,是不允许当事人排除适用的。而销售专利产品或方法的专用品,则是建立在常识、常理、常情基础上的推定,当事人可以就其适用的领域、方式等设置一定条件,但不能违反法律规定。因此,法律上的默示许可是否允许附条件不能一概而论,关键看其属于哪种类型。一般来说,强制性默示许可不允许当事人排除适用,但如果因专利技术的性质对其实施有一定要求的(如一次性使用),则可以允许附合理实施条件;任意性默示许可则应尊重当事人的意思自治,如当事人有合理合法约定的,则从其约定。而事实上的默示许可由于是司法根据个案事实作出的认定,在符合诚信、公平的前提下,可以允许当事人提供证据以证明附带条件存在并以此对默示许可及其内容进行反驳。

3. 专利权转让(继受)后默示许可的认定

我国专利法就专利权的变动采取了登记生效主义,即专利权转让合同必须向国家知识产权行政管理部门登记方能生效,并由国家知识产权行政管理部门就该转让事实予以公告。根据公告的公示公信力,如果专利权交易双方向国家专利行政管理部门申请了登记，即应视为不特定之第三人知晓了该权利转让之事实，不特定第三人包括原有默示许可的被许可人，但这并不意味着默示许可必然终止，是否终止还必须结合原有默示许可产生、存在的具体情况进行认定。在原有默示许可无期限暗示，且该默示许可的产生基于原专利权人的行为，带有较强的人身依附性时，应认定默示许可终止；但在销售专利产品或方法的专用品的情况下，该许可并不具有人身依附性，应视为原有的默示许可在该专用品存续寿命之内始终有效，因此，此种默示许可应在专利权转让的情况下继续存在。

小　结

本章对专利默示许可成文化的理由作了进一步论证，并提出了相关立法建议。笔者认为，将默示许可纳入专利成文法符合立法规律和大陆法系传统，有利于统一司法和促进运用。并且，可以通过规则的设计，保证专利权人的利益，因此应当在立法中予以规定。为了应对实践中出现的问题，回应现实需要，我国司法、行政部门已经陆续就默示许可的适用作出了种种规定，但还存在一些问题和不完善之处。笔者主张，应采取立法规定和司法认定的双轨模式，将专利默示许可规定于专利法的专利权实施与运用部分，同时在专利权保护中明确其作为侵权抗辩事由的性质。采用一般性条款对专利默示许可进行总体界定，并列举有必要纳入立法的默示许可类型，同时规定兜底条款，给司法认定留下空间。为保护专利权人利益，立法宜就许可费的给付期限等要求作出明确规定。就限制性条件而言，强制性默示许可不允许当事人排除适用，但如果因专利技术的性质对其实施有一定要求的(如一次性使用)，可以允许附合理实施条件；任意性默示许可则应尊重当事人的意思自治，如当事人有合理合法约定，则从其约定。

参考文献

一、中文参考文献

(一)著作类

1. 傅静坤:《二十世纪契约法》,法律出版社 1997 年版。

2. [英] P. S. 阿狄亚:《合同法导论》,赵旭东、何帅领、邓晓霞译,法律出版社 2002 年版。

3. [日] 星野英一:《私法中的人》,王闯译,中国法制出版社 2004 年版。

4. [英] 雷蒙德·瓦克斯:《法哲学:事实与价值》,谭宇生译,译林出版社 2013 年版。

5. [美] 克里斯托弗·沃尔夫:《司法能动主义——自由的保障还是安全的威胁?》,黄金荣译,中国政法大学出版社 2004 年版。

6. [英] 丹宁:《法律的训诫》,杨百揆、刘庸安、丁健译,法律出版社 2011 年版。

7. [美]本杰明·卡多佐:《司法过程的性质》,苏力译,商务印书馆 1998 年版。

8. 黄茂荣:《法学方法与现代民法》,法律出版社 2007 年版。

9. 何孝元:《诚实信用原则与衡平法》,台北,三民书局 1986 年版。

10. [德] 卡尔·拉伦茨:《德国民法通论》,王晓晔等译,法律出版社 2013 年版。

11. [德] 迪特尔·梅迪库斯:《德国民法总论》,邵建东译,法律出版社

2013 年版。

12. 王泽鉴:《民法总则》,中国政法大学出版社 2001 年版。

13. 张俊浩主编:《民法学原理》,中国政法大学出版社 2000 年版。

14. 丁南:《民法理念与信赖保护》,中国政法大学出版社 2013 年版。

15. [美] E. 博登海默:《法理学:法律哲学与法律方法》,邓正来译,中国政法大学出版社 2004 年版。

16. 卓泽渊:《法的价值论》,法律出版社 2006 年版。

17. [英] 彼得·斯坦、[英]约翰·香德:《西方社会的法律价值》,王献平译,中国法制出版社 2004 年版。

18. [德] 拉德布鲁赫:《法学导论》,米健、朱林译,中国大百科全书出版社 1997 年版。

19. [德] 卡尔·拉伦茨:《法学方法论》,陈爱娥译,商务印书馆 2003 年版。

20. 董美根:《专利许可合同的构造:判例、规则及中国的展望》,上海人民出版社 2012 年版。

21. 马海生:《专利许可的原则——公平、合理、无歧视许可研究》,法律出版社 2010 年版。

22. 邱永清:《专利许可合同法律问题研究》,法律出版社 2010 年版。

23. 郑成良:《法律之内的正义——一个关于司法公正的法律实证主义解读》,法律出版社 2002 年版。

24. [美] Jay Dratler, Jr.:《知识产权许可》,王春燕等译,清华大学出版社 2003 年版。

25. 万琦:《专利产品首次销售侵权抗辩研究——以财产权转移理论为研究进路》,知识产权出版社 2014 年版。

26. [美] Martin J. Adelman, Randall R. Rader & Gordon P. Klancnik:《美国专利法》,郑胜利、刘江彬主持翻译,知识产权出版社 2011 年版。

27. [日] 中山信弘:《多媒体与著作权》,张玉瑞译,专利文献出版社 1997 年版。

28. [澳]彼得·德霍斯:《知识财产法哲学》,周林译,商务印书馆 2008

年版。

29. 郑成思:《知识产权法通论》,法律出版社1986年版。

30. 范长军:《德国专利法研究》,科学出版社2010年版。

31. 尹新天:《中国专利法详解》,知识产权出版社2011年版。

32. 国家知识产权局条法司:《新专利法详解》,知识产权出版社2001年版。

33. [奥]路德维希·维特根斯坦:《逻辑哲学论》,贺绍甲译,商务印书馆1996年版。

34. [美]约翰·罗尔斯:《正义论》,何怀宏、何包钢、廖申白译,中国社会科学出版社2009年版。

35. [德]海德格尔:《在通向语言的途中》,孙周兴译,商务印书馆2004年版。

36. [英]休谟:《人性论》(下),关文运译,商务印书馆1980年版。

37. [美] 希拉里·普特南:《事实与价值二分法的崩溃》,应奇译,东方出版社2006年版。

38. 徐国栋:《诚实信用原则研究》,中国人民大学出版社2002年版。

39. 史尚宽:《债法总论》,正大书局1954年版。

40. 冷霞:《英国早期衡平法概论——以大法官法院为中心》,商务印书馆2010年版。

41. 余立力:《信赖利益新论》,武汉大学出版社2009年版。

42. 李琛:《著作权基本理论批判》,知识产权出版社2013年版。

43. 黄海峰:《知识产权的话语与现实——版权、专利与商标史论》,华中科技大学出版社2011年版。

44. [日]柳泽智也、[法]多米尼克·圭尔克:《形成中的专利市场》,王燕玲、杨冠灿译,武汉大学出版社2014年版。

45. [美]亚当·杰夫、[美]乔西·勒纳:《创新及其不满:专利体系对创新与进步的危害及对策》,罗建平、兰花译,中国人民大学出版社2007年版。

46. 林毅夫:《再论制度、技术与中国农业发展》,北京大学出版社2000年版。

47. 寇宗来:《专利制度的功能和绩效》,上海人民出版社 2005 年版。

48. [美]罗伯特 · 考特、[美]托马斯 · 尤伦:《法和经济学》,张军等译,上海三联书店、上海人民出版社 1994 年版。

49. 王立争:《民法推定性规范研究》,法律出版社 2013 年版。

50. [德]K. 茨威格特、[德]H. 克茨:《比较法总论》,潘汉典等译,法律出版社 2003 年版。

51. 尹新天:《专利权的保护》,专利文献出版社 1998 年版。

52. 张芝梅:《美国的法律实用主义》,法律出版社 2008 年版。

53. [美] 丹 · L. 伯克、[美]马克 · A. 莱姆利:《专利危机与应对之道》,马宁、余俊译,中国政法大学出版社 2013 年版。

54. 徐红菊:《专利许可法律问题研究》,法律出版社 2007 年版。

55. [美] 威廉 · M. 兰德斯、[美]理查德 · A. 波斯纳:《知识产权法的经济结构》,金海军译,北京大学出版社 2005 年版。

56. 董美根:《知识产权许可研究》,法律出版社 2013 年版。

57. [日] 竹中俊子主编:《专利法律与理论——当代研究指南》,彭哲、沈旸、徐明亮等译,知识产权出版社 2013 年版。

58. 刘强:《交易成本视野下的强制许可》,知识产权出版社 2010 年版。

59. 张曼:《著作权法定许可制度研究》,厦门大学出版社 2013 年版。

60. 胡波:《专利法的伦理基础》,华中科技大学出版社 2011 年版。

61. [美]J. M. 穆勒:《专利法》,沈超等译,知识产权出版社 2013 年版。

62. 熊琦:《著作权激励机制的法律构造》,中国人民大学出版社 2011 年版。

63. 李建德:《经济制度演进大纲》,中国财政经济出版社 2000 年版。

64. 卢鹏:《拟制问题研究》,上海人民出版社 2009 年版。

65. 李琛:《论知识产权法的体系化》,北京大学出版社 2005 年版。

66. 张平、马骁:《标准化与知识产权战略》,知识产权出版社 2002 年版。

67. 沈宗灵:《比较法总论》,北京大学出版社 1987 年版。

68. [爱尔兰]J. M. 凯利:《西方法律思想简史》,王笑红译,法律出版社 2002 年版。

69. 杨利华:《美国专利法史研究》,中国政法大学出版社 2012 年版。

70. 梁慧星:《民法解释学》,法律出版社 2015 年版。

71. 陈小君主编:《合同法学》,中国政法大学出版社 1999 年版。

72. 张玉敏主编:《知识产权法学》,法律出版社 2017 年版。

73. [德] 古斯塔夫 · 拉德布鲁赫:《法哲学》,王朴译,法律出版社 2013 年版。

74. [美] 约翰 · 亨利 · 梅利曼:《大陆法系》,顾培东、禄正平译,法律出版社 2004 年版。

75. 王泽鉴:《法律思维与民法实例——请求权基础理论体系》,中国政法大学出版社 2001 年版。

76. [德]马克斯 · 韦伯:《新教伦理与资本主义精神》,李修建、张云江译,九州出版社 2007 年版。

77. 刘春田主编:《知识产权判解研究》(2008 年第 1 卷第 1 期),法律出版社 2008 年版。

78. 郭威:《版权默示许可制度研究》,中国法制出版社 2014 年版。

79. [奥]伊利奇 · 考夫:《专利制度经济学》,柯瑞豪译,北京大学出版社 2005 年版。

80. 林秀芹:《TRIPs 体制下的专利强制许可制度研究》,法律出版社 2006 年版。

(二)论文类

1. 朱理:《惊异于历史的力量——读〈现代知识产权法的演进:英国的历程(1760~1911)〉一书》,载《网络法律评论》2010 年第 1 期。

2. 康添雄:《论知识产权的民法传统和现代性》,载《知识产权》2010 年第 5 期。

3. 张洋:《我国专利当然许可制度的适用性及完善——评〈专利法(修订草案送审稿)〉相关条款》,载《知识产权》2016 年第 6 期。

4. 焦彦:《对〈专利法修订草案(送审稿)〉的几点意见》,载《中国专利与商标》2016 年第 2 期。

5. 张伟君:《默示许可抑或法定许可——论〈专利法〉修订草案有关标准

必要专利披露制度的完善》,载《同济大学学报(社会科学版)》2016 年第 3 期。

6. 刘春田:《知识产权作为第一财产权利是民法学上的一个发现》,载李雨峰主编:《西南知识产权评论》第 6 辑,知识产权出版社 2016 年版。

7. 杨圣坤:《合同法上的默示条款制度研究》,载《北方法学》2010 年第 2 期。

8. 王盛、陈建光:《英美法中的合同默示条款研究》,载《浙江省政法管理干部学院学报》1999 年第 2 期。

9. 胡林龙、江辉:《合同默示条款论》,载《江西社会科学》2003 年第 11 期。

10. 娄家杭:《禁反言规则的比较研究》,对外经济贸易大学 2002 年硕士学位论文。

11. 朱广新:《英国法上的允诺禁反悔》,载《比较法研究》2007 年第 2 期。

12. 胡晓红、乔煜:《允诺禁反言原则——价值功能与适用》,载《科学·经济·社会》2004 年第 3 期。

13. 黄佳:《默示意思表示解释理论研究》,吉林大学 2012 年博士学位论文。

14. 童蕾:《合同法中的错误制度研究——由"意思自治"向"交易安全"复归趋势之探讨》,复旦大学 2013 年博士学位论文。

15. 郭富青:《外观主义思维模式与商事裁判方法》,载《西部法学评论》2015 年第 2 期。

16. 丁南:《论民商法上的外观主义》,载《法商研究》1997 年第 5 期。

17. 张洪松:《外观主义论纲》,载李琦主编:《厦门大学法律评论》第 18 辑,厦门大学出版社 2010 年版。

18. 郑青:《外观主义与禁反言制度在商法中的适用——以德国和美国公司设立瑕疵问题为视角》,载王保树主编:《商事法论集》第 17 卷,法律出版社 2010 年版。

19. 刘昕:《默示条款研究》,吉林大学 2006 年硕士学位论文。

20. 杨帆:《技术标准中的专利问题研究》,中国政法大学 2006 年博士学位论文。

21. 刘强:《自我复制专利侵权问题研究——以 3D 打印等自我复制技术为视角》,载《法商研究》2015 年第 5 期。

22. 梁志文:《论知识产权法的合同限制》,载《国家检察官学院学报》2008 年第 5 期。

23. 韦晓云:《专利的默认许可》,载《人民司法》2007 年第 17 期。

24. 李江、王津晶、熊延峰等:《中国专利默示许可实践探究》,载《中国专利与商标》2014 年第 4 期。

25. 李乃刚:《维特根斯坦和庄子的语言哲学观比较》,载《皖西学院学报》2013 年第 6 期。

26. 王海东:《寻道之路:"不可说"与"不立文字"——维特根斯坦思想与禅宗思想之比较》,载《学术探索》2013 年第 3 期。

27. 侯洪澜:《论庄子的语言哲学观》,载《社科纵横》2008 年第 5 期。

28. 孙伟平:《普特南的"事实与价值二分法的崩溃"评析》,载《山东社会科学》2013 年第 9 期。

29. 刘强:《交易成本与专利强制许可问题研究》,载《行政与法》2009 年第 4 期。

30. 张凤香、黄瑞华:《论专利技术的特殊性对其交易成本的影响》,载《研究与发展管理》2005 年第 1 期。

31. 马忠法:《对知识产权制度设立的目标和专利的本质及其制度使命的再认识——以专利技术转化率低为视角》,载《知识产权》2009 年第 6 期。

32. 唐昭红:《解读专利制度的缘起——从早期专利制度看知识产权正当性的条件》,载《科技与法律》2004 年第 1 期。

33. 张继成:《推定适用的逻辑基础及其条件》,载《华中理工大学学报(社会科学版)》1999 年第 4 期。

34. 费锦红:《法律规则与法官经验交叉视角下的司法推定技术》,载《山东师范大学学报(人文社会科学版)》2011 年第 3 期。

35. 王学棉:《论推定的逻辑学基础——兼论推定与拟制的关系》,载《政法论坛》2004 年第 1 期。

36. 李江海:《经验法则及其诉讼功能》,载《证据科学》2008 年第 4 期。

37. 李树真:《司法证明中的逻辑法则与经验法则》,中国政法大学 2009 年博士学位论文。

38. 董美根:《论专利产品销售所附条件的法律效力》,载《华东政法大学学报》2009 年第 3 期。

39. 王春燕:《贸易中知识产权与物权冲突之解决原则——权利穷竭的含义、理论基础及效力范围》,载《中国人民大学学报》2003 年第 1 期。

40. 康添雄:《美国专利间接侵权研究》,西南政法大学 2006 年硕士学位论文。

41. 和育东:《美国专利权穷竭原则的演变——兼评美最高法院对 Quanta v. LG Electronics 案的判决》,载《电子知识产权》2008 年第 9 期。

42. 董桂文:《贸易自由化下的平行进口法律规制研究》,对外经济贸易大学 2006 年博士学位论文。

43. 袁真富:《专利默示许可制度研究》,载国家知识产权局条法司编:《专利法研究》(2010),知识产权出版社 2011 年版。

44. 贾小龙:《专利法需要怎样的"间接侵权"》,载《电子知识产权》2008 年第 9 期。

45. 文希凯:《当然许可制度与促进专利技术运用》,载国家知识产权局条法司编:《专利法研究》(2011),知识产权出版社 2012 年版。

46. 张志成:《〈专利法〉第四次修订案草案要点解析》,载《法律适用》2015 年第 11 期。

47. 胡建新:《我国专利当然许可制度的构建》,载《知识产权》2016 年第 6 期。

48. 唐蕾:《我国建立专利当然许可制度的相关问题分析——以〈专利法〉第四次修改草案为基础》,载《电子知识产权》2015 年第 11 期。

49. 李文江:《我国专利当然许可制度分析——兼评〈专利法(修订草案送审稿)〉第 82、83、84 条》,载《知识产权》2016 年第 6 期。

50. 宋亮:《浅论著作权非自愿许可》,载《邵阳学院学报(社会科学版)》

2005 年第 3 期。

51. 凌洪斌:《知识产权非自愿许可制度研究》,暨南大学 2006 年硕士学位论文。

52. 曾山金:《论专利实施的强制许可》,载《长沙水电师院社会科学学报》1995 年第 4 期。

53. [美]克里斯托弗 · A. 考托皮亚:《〈与贸易有关的知识产权协定〉下的强制许可和美国最高法院在 eBay v. MercExchange LLC 案中的决定》,王颖莉译,载[日] 竹中俊子主编:《专利法律与理论——当代研究指南》,彭哲等译,知识产权出版社 2013 年版。

54. 曹博:《专利许可的困境与出路》,载张玉敏主编:《西南知识产权评论》第 3 辑,知识产权出版社 2013 年版。

55. 吕淑琴、陈毓江:《版权的法定许可》,载《法学》1990 年第 5 期。

56. 黎运智:《从专利技术标准化看专利法定许可问题》,载国家知识产权局条法司编:《专利法研究》(2006),知识产权出版社 2007 年版。

57. 柳朋明:《专利法定许可制度研究》,湘潭大学 2010 年硕士学位论文。

58. 卢鹏:《法律拟制正名》,载《比较法研究》2005 年第 1 期。

59. 卢鹏:《拟制:一种政治艺术》,载《吉首大学学报(社会科学版)》2005 年第 1 期。

60. 王国柱:《知识产权默示许可制度研究》,吉林大学 2013 年博士学位论文。

61. 刘刚成:《专利权限制基础理论分析》,湘潭大学 2012 年硕士学位论文。

62. [英]杰瑞米 · 菲利普斯:《是天使还是恶魔?专利与知识产权制度》,沈畅译,载[日] 竹中俊子主编:《专利法律与理论——当代研究指南》,彭哲等译,知识产权出版社 2013 年版。

63. 吴辉:《专利权限制研究——以专利法的运行为视角》,华中师范大学 2011 年硕士学位论文。

64. 徐棣枫:《专利权限制的法律体系重构》,载《湖南师范大学社会科学学报》2008 年第 1 期。

65. 袁真富:《基于侵权抗辩之专利默示许可探究》,载《法学》2010 年第 12 期。

66. 周玲:《类型思维及其法学方法论意义》,西南政法大学 2005 年硕士学位论文。

67. 刘晓春:《标准化组织专利披露政策相关规则在美国的新发展——解读高通诉博通案》,载《电子知识产权》2009 年第 2 期。

68. 张平:《论涉及技术标准专利侵权救济的限制》,载《科技与法律》2013 年第 5 期。

69. 宁立志:《专利辅助侵权制度中的法度边界之争——美国法例变迁的启示》,载《法学评论》2010 年第 5 期。

70. [日] 田村善之:《修理、零部件的更换与专利侵权的判断》,李扬译,载吴汉东主编:《知识产权年刊》(2006 年号),北京大学出版社 2007 年版。

71. 李扬:《修理、更换、回收利用是否构成专利权侵害》,载《法律科学(西北政法大学学报)》2008 年第 6 期。

72. 易继明:《专利的公共政策——以印度首个专利强制许可案为例》,载《华中科技大学学报(社会科学版)》2014 年第 2 期。

73. 李菊丹、宋敏:《美国基因专利权利用尽原则的适用与启示》,载《知识产权》2015 年第 2 期。

74. 刘士国:《类型化与民法解释》,载《法学研究》2006 年第 6 期。

75. 胡玉鸿:《韦伯的"理想类型"及其法学方法论意义——兼论法学中"类型"的建构》,载《广西师范大学学报》2003 年第 2 期。

76. 李建华、王国柱:《论专利权默示许可的认定》,载《河南社会科学》2013 年第 12 期。

77. 王超、罗凯中:《专利默示许可研究——以机会主义行为规制为视角》,载《邵阳学院学报(社会科学版)》2015 年第 3 期。

78. 刘强、金陈力:《机会主义行为与知识产权默示许可研究》,载《知识产权》2014 年第 7 期。

79. 邓志伟、黄姝:《论技术标准中的专利默示许可抗辩规则之适用》,载

《法律适用》2013 年第 3 期。

80. 胡波:《共享模式与知识产权的未来发展》,载张玉敏主编:《西南知识产权评论》第 4 辑,知识产权出版社 2014 年版。

81. 魏建、宋微:《财产规则与责任规则的选择——产权保护理论的法经济学进展 》,载《中国政法大学学报》2008 年第 5 期。

(三)其他类

1.《最高人民法院知识产权案件年度报告(2014 年)摘要》,载中国法院网 2015 年 4 月 22 日,http://www. chinacourt. org/ article/detail/2015/04/id/1600446. shtml。

2.《国知局信息速递第 8 期:WIPO 开放式创新会议介绍》,载国家知识产权战略网 2017 年 8 月 8 日,http://www. nipso. cn/onews. asp? id=37248。

3. 南宁市中级人民法院民事判决书,(2006)南市民三初字第 56 号。

4. 广西壮族自治区高级人民法院民事判决书,(2007)桂民三终字第 46 号。

5. 辽宁省高级人民法院民事判决书,(2007)民辽四知终字第 126 号。

6. 最高人民法院(2008)民三他字第 4 号答复函。

7. 2009 年江苏法院知识产权司法保护经典案例。

8. 河北省石家庄市中级人民法院民事判决书,(2009)石民五初字第 00163 号。

9. 河北省高级人民法院民事判决书,(2011)冀民三终字第 15 号。

10. 最高人民法院行政裁定书,(2011)知行字第 99 号。

11. 国家知识产权局《专利侵权行为认定指南(试行)》。

12.《专利法修订草案(送审稿)》。

13.《北京市高级人民法院专利侵权判定指南》。

14.《最高人民法院关于审理侵犯专利权纠纷案件应用法律若干问题的解释(二)》。

二、外文参考文献

(一)著作类

1. Daniel Krauspenhaar, *Liability Rules in Patent Law a Legal and Econom-*

ic Analysis, Springer-Verlag Berlin Heidelberg, 2015.

2. Rosa Castro Bernieri, *Ex-post Liability Rules in Modern Patent Law*, *European Studies in Law and Economics*, Intersentia Publisher, 2010.

3. Nuno Pires de Carvalho, *Patently Outdated: Patents in the Post-industrial Economy*, *The Case for Service Patents*, Kluwer Law International, 2012.

4. Ryo Shimanami, ed., *The Future of the Patent System*, Edward Elgar Publishing Limited, 2012.

5. Frederick M. Abbott, Carlos M. Correa & Peter Drahos, *Emerging Markets and the World Patent Order*, Edward Elgar Publishing Limited, 2014.

6. Ove Grarstrand, *The Economics and Management of Intellectual Property: Towards Intellectual Capitalism*, Northampton, MA, Edward Elgar Publishing Limited, 1999.

(二)论文类

1. Michael J. Swope, *Recent Developments in Patent Law: Implied License—An Emerging Threat to Contributory Infringement Protection*, 68 Temple L. Rev. 281, 1995.

2. Scott A. Chambers, *Exhaustion Doctrine in Biotechnology*, 35 IDEA 289, 1995.

3. Gregory M. Luck, *The Implied License: An Evolving Defense to Patent Infringement*, 16 IPL Newsl. 3, 1997-1998.

4. Christina M. Sperry, *Building a Mystery: Repair, Reconstruction, Implied Licenses and Hewlett-Packard Co. v. Repeat-O-Type Stencil Mfg. Corp.*, 5 B. U. J. Sci. & Tech. L. 193, 1999.

5. Mark D. Janis, *A Tale of the Apocryphal Axe: Repair, Reconstruction, and the Implied License in Intellectual Property Law*, 58 Maryland Law Review 423, 1999.

6. D. Guellec & Y. Ménière, *Markets for Patent: Actors, Workings and Recent Trends*, in Thierry Madies, Dominique Guellec & Jean-Claude Prager eds., Patent Markets in the Global Knowledge Economy Theory, Empirics and

Public Policy Implications, Cambrigde University Press,2014.

7. Amber L. Hatfleld,*Patent Exhaustion,Implied Licenses,and Have-Made Rights:Gold Mines or Mine Fields?* ,2000 Computer L. Rev. & Tech. J. 1,2000.

8. Rachel Clark Hughey,*Implied Licenses by Legal Estoppel*,14 Alb. L. J. Sci. & Tech. 53,2003-2004.

9. Amber Hatfield Rovn, *Practical Guide to Applicationof (or Defense Against) Product-Based Infringement Immunities Under the Doctrines of Patent Exhaustion and Implied License*,12 Tex. Intell. Prop. L. J. 227,2003-2004.

10. Daniel M. Lechleiter,*Dividing the (Statutory) Baby Under Anton/Bauer:Using the Doctrine of Implied License to Circumvent § 271 (c) Protection for Components of a Patented Combination*,The John Marshall Law School 3 J. Marshall Rev. Intell. Prop. L. 355,2004.

11. John B. Campbell Jr. ,*A Decade of Aukerman:An Analysis of Laches and Estoppel in the Federal Circuit*,43 IDEA 299,2003.

12. Mark Finn,*When the Chips Are Down*,24 European Intellectual Property Review 286,2002.

13. Robert P. Merges, *A Transactional View of Property Rights*, Ssrn Electronic Journal (March, 2005), http://www. researchgate. net/publication/228209628_A_Transactional_View_of_Property_Right.

14. Mark A. Lemley,*Intellectual Property Rights and Standrad-Setting Organizations*,90 Cal. L. Rev. 1889,2002.

15. Anne Kelley, *Practicing in the Patent Markeplace*, 78 Chi. L. Rev. 115,2011.

16. Richard A. Posner,*Transaction Costs and Antitrust Concerns in the Licensing of Intellectual Property*,Ev4 J. Marshall Rev. Intell. Prop. L. 325,2005.

17. Coase,R. H. ,*The Problem of Social Cost*,3 Journal of Law and Economics 1,1960.

18. D. Perrott, *When is Exhaustion Exhausted? —Intellectual Property on the Global Scale*,12 Bracton Law Journal 48,1978-1979.

19. Paul Harris & Dr. Janet Strath, *HTC v. Nokia: A Brief Comparison of UK and US Exhaustion/First Sale Doctrines*, 36 European Intellectual Property Review 266, 2014.

20. John C. Paul, Kia L. Freeman, Bart A. Gerstenblith & Jessica R. Underwood, *Us Patent Exhaustion: Yesterday, Today, and Maybe Tomorrow*, 3 Journal of Intellectual Property Law & Practice 465, 2008.

21. Josh Rychlinski, *Interactive Methods and Collaborative Rerformance: A New Future for Indirect Infringement*, 20 Mich. Telecomm & Tech. L. Rev. 215, 2013-2014.

22. Gudio Calabresi & Douglas Melamed, *Property Rules, Liability Rules, and Inalienability: One View of the Cathedral*, 85 Harv. L. Rev. 1089, 1972.

23. Robert P. Merges, *Contracting into Liability Rules-intellectual Property Rights and Collective Rights Organizations*, 84 Calif Law Rev. 1293, 1996.

24. Kenneth Cukier, *A Market for Ideas: A Survey of Patents and Technology*, 22 The Economist 109, 2005.

25. Robert P. Merges & Jeffrey M. Kuhn, *An Estoppel Doctrine for Patentde Standards*, 97 Cal. L. Rev. 1, 2009.

26. Isabel Britton, *Patent: Right to Repair*, 22 European Intellectual Property Review 164, 2000.

27. Dr. Valerio Torti, *Enforcement of a Maximum Licensing Cap in Standardization Environments*, 35 European Intellectual Property Review 261, 2013.

28. Katherine J. Strandburg, *Evolving Innovation Paradigms and the Global Intellectual Property Regime*, 41 Conn. L. Rev. 861, 2008-2009.

29. Katherine J. Strandburg, *User as Innovators: Implications for Patent Doctrine*, 79 U. Colo. L. Rev. 467, 2008.

30. Mark A. Lemley & Philip J. Weiser, *Should Property or Liability Rules Govern Information?*, 85 Texas Law Review 783, 2007.

31. Alistar Russell, *UK Court of Appeal Rejects German Approach, and*

Confirms: You May Prolong the Life of a Patented Article but You Must Not Make a New One Under the Cover of Repair: Schutz(UK) v. Werit UK Ltd.,34 European Intellectual Property Review 208,2012.

32. Adam Garmezy, *Patent Exhaustion and the Federal Circuit's Deviant Conditional Sale Doctrine: Bowman v. Monsanto Co.*, 8 Duke J. Const. L. & Pub. Pol'y Sidebar 197,2012.

(三)其他类

1. Stryker Corp. *v.* Zimmer Inc.,741 F. Supp 509 (DNJ. 1990).

2. AMP, Inc. *v.* United States,389 F. 2d 448(CT. CL. 1968).

3. Lux Controls Ltd. *v.* Pike Signals, R. P. C. 107(1993).

4. Adams *v.* Burke,84 U. S. 453(1873).

5. Lawther *v.* Hamilton,24 U. S. 1 (1887).

6. De Forest Radio Telephone & Telegraph Co. *v.* United States, 273 U. S. 236 (1927).

7. United States *v.* Univis Lens Co.,316 U. S. 241 (1942).

8. General Electric Co. *v.* Continental Lamp Works, Inc., 280 F. 846 (2d Cir. 1922).

9. Cyrix Corp. *v.* Intel Corp., 846 F. Supp. 522 (E. D. Tex.), aff'd, No. 94–1273,1994 WL 685455 (Fed. Cir. Dec. 8,1994).

10. Bandag, Inc. *v.* Al Bolser's Inc.,750 F. 2d 903 (Fed. Cir. 1984).

11. Met-Coil Systems Corp. *v.* Korners Unlimited, Inc., 803 F. 2d 684 (Fed. Cir. 1986).

12. Universal Electronics, Inc. *v.* Zenith Electronics Corp.,846 F. Supp. 641 (N. D. Ill. 1994).

13. Wang Lab. *v.* Mitsubishi Elecs. Am., 103 F. 3d 1571 (Fed. Cir. 1997).

14. Bowman *v.* Monsanto CO.,133. S. Ct. 1761(2013).

15. Organic Seed Growers and Trade Association *v.* Monsanto Co., 718 F. 3d 1350 (Fed. Cir. 2013).

16. Betts *v*. Willmott, LR 6 Ch. 239(1871).

17. National Phonograph Company of Australia Limited *v*. Menck, AC 336 (1911).

18. Solar Thomson Engineering Co. Ltd. and Another *v*. Barton, R. P. C. 537(1977).

19. United Wire Ltd. *v*. Screen Repair Services (Scotland) Ltd., UKHL 42(2000), 4 All E. R. 353 (July 20, 2000).

20. Schutz (UK) Ltd. *v*. Werit (UK) Ltd., EWCA Civ 303(2011).

21. Mallinchrodt, Inc. *v*. Medipart, Inc., 976 F. 2d 700 (Fed. Cir. 1992).

22. Quanta Computer, Inc., et al., Petitioners *v*. LG Electronics, Inc., 128 S. Ct. 2109(2008).

23. Anton/Bauer, Inc. *v*. PAG, Ltd., 329 F. 3d 1343 (Fed. Cir, 2003).

24. Aro Manufacturing Co., Inc., et al. *v*. Convertible Top Replacement Co. Inc., 365 U. S. 336(1964).

25. Wallace *v*. Holmes. 29F. Cas, 74(C. C. D. Conn. 1871).

26. Mogan Envelope Co. *v*. Albany Paper Co., 152 U. S. 425 (1894).

27. BMC Resources, Inc. *v*. Paymentech, L. P., 498 F. 3d 1373 (Fed. Cir. 2007).

28. Akamai Techs., Inc. *v*. Limelight Networks, Inc., 692 F. 3d 1301 (Fed. Cir. 2012).

29. Lifescan, Inc. *v*. Can-Am Care Corp., 859 F. Supp. 392 (N. D. Cal. 1994).

30. Aktie-bolog *v*. E. J. Co., 121 F. 3d 669 (Fed. Cir. 1997).

31. Stukenborg *v*. United States, 372 F. 2d 498 (Ct. Cl. 1967).

32. Carey *v*. United States, 326 F. 2d 975 (Ct. Cl. 1964).

33. E. I. du Pont de Nemours & Co. *v*. Shell Oil Co., 498 A. 2d 1108 (Del. 1985).

34. Cyrix Corp. *v*. Intel Corp. (Cyrix Ⅲ), 879 F. Supp. 666 (E. D. Tex.

1995), aff'd, 77 F. 3d 1381 (Fed. Cir. 1996).

35. Cardiovascular Diagnostic, Inc. *v*. Boehringer Manheim Corp., 985 F. Supp. 615 (E. D. N. C. 1997); 1999 U. S. App. LEXIS 1366 (Fed. Cir. Feb. 1, 1999) (unpublished).

36. Spindelfabrik Suessen-Schurr Stahlecker & Grill *v*. Schubert & Salzer Maschinenfabrik Aktieng. 829 F. 2d 1075 (Fed. Cir. 1987).

37. Rambus *v*. Infineon Technologies AG, 22 F. R. D. 280 (E. D. Va. 2004).

38. Qualcomm Incorporated *v*. Broadcom Corp., 548 F. 3d 1004 (2008).

39. Lane & Bodiey Company *v*. Locke, 150U. S. 193; 145. S. Ct. 78; 37L. Ed. 1049(1893).

40. MeCoy *v*. Mitsuboshi Cutlery, Inc., 67 F. 3d 917 (Fed. Cir. 1995).

41. National Rubber Machinery Co. *v*. Mcneil Machine & Engineering Co., 132 F. 2d 436(6th Cir. 1942).

42. British Leyland Motor Corp. *v*. Armstrong Patents Co., (1986) A. C. 577, (1986) All E. R. 850 (H. L.).

43. Sage Product, Inc. *v*. Devon Industries, Inc., 45 F. 3d 1575 (Fed. Cir. 1995).

44. Kendall Co. *v*. Progressive Medical Technology, Inc., 85 F. 3d 1570 (Fed. Cir. 1996).

45. Hewlett-Packard Co. *v*. Repeat-O-Type Stencil Mfg. Corp., 123 F. 3d 1445(Fed. Cir. 1997).

46. FMC Corp. *v*. Up-Right, Inc., 21 F. 3d 1073(Fed. Cir. 1993).

47. Aro Mfg. Co. *v*. Convertible Top ReplacementCo., 365 U. S. 336 (1961).

48. Goodyear *v*. Beverly Rubber Co., 10F. Cas. 638 (C. C. D. Mass. 1859).

49. Monsanto Company *v*. Scruggs, 459 F. 3d 1328 (Fed. Cir. 2006).

50. Glass Equip. Dev. Inc. *v*. Besten,Inc. ,174F. 3d 1337(Fed. Cir. 1999).

51. Carborundum Co. *v*. Molten Metal Equipment Innovations, Inc. , 72 F. 3d 872 (Fed. Cir. 1995).

52. A. C. Aukerman Co. *v*. R. L. Chaides Construction Co. ,960 F. 2d 1020 (Fed. Cir. 1992).

后　记

本书是在我的博士学位论文基础上修改而成。初定选题时颇为困惑：对于这样一个并不热门的选题，相关参考资料较少，再则，如果对选题的理论意义和实践价值把握不充分，写作的难度可想而知。所幸的是，选题得到了学科组老师们的认可和支持。并且，随着阅读的不断深入，一些周边的、外围性的文献资料也给予了我诸多启示，使我跳出了具体问题，在整个专利制度的背景下来审视专利默示许可的法律性质与现实功能，论文的核心思想也逐渐清晰明朗，并在此基础上安排结构展开论证。从宏观上看，专利默示许可既是专利技术运用的一个环节，能够促进技术传播和使用；也可以作为贯彻诚信原则、维系各方利益平衡的制度工具，兼具尊重事实之真与实现价值之善的制度功能。但是，无论是理论界还是实务界，对相关诸多问题的认识并不到位。专利默示许可在理论中的功能和价值定位、实践中的制度设计和运用、现有的认识中有哪些需要反思和修正之处，这些问题均有必要予以回应和厘清。

客观地看，默示意思表示是与明示许可并存的意思表示形态。本书借鉴民商法和合同法的相关理论，对专利默示许可的法律属性进行了论证，主张其在制度构造、价值选择上可以借鉴民商法的相关制度，提出专利默示许可本质上是建立在外观事实之上的一种法律推定，从而为专利默示许可发挥维系相关各方利益平衡、维护交易安全和交易公平的功能留下了空间。同时，在并无明显规律的案例中，以时间为序对通过案例表现出来的专利默示许可司法适用规则进行了梳理,对专利默示许可与权利穷竭、间接侵权等制度的关系予以厘清,并将其性质定位为责任规则的新类型。此外,对一些既有的认识和观点进行了反思,对《专利法》修改中出现的争议给出了自己的建议。本书写作虽然告一段落,然而缺陷和疏漏之处在所难免,但正是因为缺陷的存在,才能使我正视差距,有了继续前行的动力。

借此机会,要向对我学习、工作和本书出版给予诸多关心和帮助的西南政法大学人工智能法学院的领导们和西南知识产权学科组的所有老师们表示衷心的感谢。感谢你们给予我这样的平台和学习的机会,让我能够站得更高、看得更远。你们的敬业精神、出色的工作能力、卓越的学术水平、谦和的品性修养以及对学生的关爱之情让我由衷地敬佩,并永远是我学习的榜样。高山仰止,景行行止,虽不能至,心向往之。

2021 年 1 月